지능형 물류
LOGISTICS TRENDS 2026
물류트렌드

물류트렌드 2026

1판 1쇄 발행 | 2025년 11월 1일

엮 은 이 | 한국해양수산개발원, 미래물류기술포럼
펴 낸 이 | 이언경, 김철민
편찬위원 | 김엄지, 박혜리, 조지성, 배정준, 김효재
디 자 인 | 홀리데이북스
펴 낸 곳 | 비욘드엑스

출판등록 | 2021년 3월 29일 제333-2021-000020호
주   소 | 서울시 서초구 강남대로 311 드림플러스
전   화 | 070-7776-3235
홈페이지 | www.beyondx.ai
이 메 일 | cs@beyondx.ai

I S B N | 979-11-976790-7-0 04320

값 25,000원

＊이 책의 내용을 재사용하려면 반드시 저작권자와 비욘드엑스
 양측의 동의를 얻어야 합니다.

지능형 물류

LOGISTICS TRENDS 2026

물류트렌드

AI가 만드는 물류의 미래와 지능형 상생 생태계

엮음
한국해양수산개발원 · 미래물류기술포럼

저자
조정희 · 김성진 · 이언경 · 박진규 · 공경철 · 김승환 · 이준호 · 민정웅
고기덕 · 김철민 · 이승엽 · 어재혁 · 최중효 · 임도형 · 김세권 · 이헌수

BEYOND X

펴낸글

청색경제 시대,
바다가 여는 물류 혁명

조정희

한국해양수산개발원 원장

    2026년, 우리는 전례 없는 변혁의 시대를 마주하고 있습니다. 기후변화, 지정학적 갈등 그리고 급속한 기술 발전이 전 세계 물류 시스템을 근본적으로 재편하고 있습니다. 이러한 거대한 변화의 물결 속에서 바다는 단순한 운송 경로를 넘어 미래 경제의 핵심 동력이 되고 있습니다.

    올해 한국해양수산개발원(KMI)이 발간하는 『물류트렌드 2026』은 이 변혁의 시대를 관통하는 핵심 인사이트를 담고 있습니다. 지속가능성, 자율운항, 디지털 혁신 그리고 글로벌 공급망의 재편까지, 물류업계가 직면한 모든 변화를 과학적 근거와 현장 경험을 바탕으로 분석했습니다.

현장에서 찾은 해답, 미래를 여는 정책

30여 년간 수산자원관리와 해양정책 연구에 매진해 온 저에게 물류는 늘 바다와 뗄 수 없는 관계였습니다. 전 세계 무역량의 90% 이상이 해상을 통해 이동하는 현실에서, 해양과 물류는 하나의 생태계를 이루고 있습니다.

특히 코로나19 팬데믹 이후 글로벌 공급망의 취약성이 드러나면서, 우리는 물류가 단순한 운송업이 아닌 국가 안보와 경제 안정의 기반임을 깨달았습니다. 수에즈 운하 봉쇄, 홍해 위기, 파나마 운하의 가뭄까지, 연이은 물류 위기는 우리에게 새로운 패러다임의 필요성을 절실히 보여주었습니다.

이 책에서 다루는 지속가능한 항공물류, 자율운항선박 기술, 공급망 금융(SCF) 혁신, 그리고 조선산업의 글로벌 경쟁 등은 모두 현장에서 일어나고 있는 실제 변화들입니다. 우리 연구진은 이론과 실무를 연결하는 다리 역할을 하며, 정책 결정자와 산업계가 미래를 준비할 수 있는 실질적인 방향을 제시하고자 했습니다.

협력과 혁신으로 만드는 청색경제

제가 추진하는 KMI의 새로운 비전인 '청색경제 혁신을 선도하는 글로벌 정책연구허브'는 바로 이런 시대적 요구에서 나온 것입니다. 청색경제(Blue Economy)는 해양 자원의 지속가능한 이용을 통해 경제 성장과 환경 보전을 동시에 추구하는 개념입니다. 물류 또한 이 철학 위에서 새롭게 정의되어야 합니다.

과거의 물류가 단순한 효율성과 비용 절감에 집중했다면, 미래의 물류는 환경 친화성, 사회적 책임 그리고 기술 혁신을 모두 아우르는 통합적 접근이 필요합니다. 이는 어느 한 기관이나 국가가 단독으로 이룰 수 있는 일이 아닙니다. 정부, 산업계, 학계, 그리고 국제사회의 긴밀한 협력이 반드시 필요합니다.

한국형 해법으로 세계를 선도하다

우리나라는 세계 해운물류의 핵심국가이자 조선산업의 선도국으로 자리매김하고 있습니다. 특히, 삼성중공업, 현대중공업, 한화오션 등이 보유한 세계 최고 수준의 조선 기술은 우리만의 경쟁 우위입니다. 여기에 K-디지털 혁신 역량과 그린 뉴딜 정책이 결합되면서, 한국은 글로벌 물류 혁신을 선도할 수 있는 독특한 위치에 서 있습니다.

하지만 중국의 급속한 성장, 미중 무역갈등의 심화 그리고 신기술 패권 경쟁 등 우리가 직면한 도전도 만만치 않습니다. 이런 상황에서 우리에게 필요한 것은 '한국형 해법'입니다. 우리의 강점을 최대한 활용하면서도, 글로벌 트렌드에 민첩하게 대응할 수 있는 전략적 사고가 절실합니다.

미래 세대를 위한 지속가능한 물류

물류 혁신의 궁극적 목표는 미래 세대에게 더 나은 지구를 물려주는 것입니다. 국제해사기구(IMO)는 2050년까지 해운업계의 탄소 중립을 목표로 설정했고, 이는 물류업계 전체에 근본적인 변화를 요구하고 있습니다.

친환경 연료로의 전환, 디지털 기술을 활용한 효율성 증대, 그리고 순환경제 개념의 도입 등은 더 이상 선택의 문제가 아닌 생존의 조건이 되었습니다. 이 책에서 소개하는 다양한 사례와 전략들이 업계 관계자들에게 실질적인 도움이 되기를 바랍니다.

함께 만들어가는 물류의 미래

『물류트렌드 2026』의 발간을 위해 애써주신 모든 연구진과 외부 전문가분들께 깊은 감사를 드립니다. 특히 현장의 생생한 목소리를 담기 위해 다양한 업계 관계자들과의 소통을 통해 완성된 이 책이 한국 물류산업의 미래 발전에 작은 보탬이 되기를 희망합니다.

변화는 이미 시작되었습니다. 이제 우리에게 남은 것은 그 변화를 능동적으로 이끌어가는 일입니다. 바다에서 시작되는 새로운 미래, 물류의 혁신을 통해 우리 모두가 함께 만들어가길 기대합니다.

펴낸글

연결에서 융합으로, 물류의 진화가 시작된다

김성진

미래물류기술포럼 의장

산업혁명은 기술 혁신을 통해 인류의 생활 방식, 경제 구조, 사회 제도를 근본적으로 변화시켰다. 오늘날 우리는 AI, IoT, 빅데이터, 로봇 등 최첨단 기술이 융합된 제4차 산업혁명의 중심에 서 있으며, 이러한 변화는 제조, 교통, 서비스 등 모든 분야를 마치 공상과학(SF) 영화처럼 혁신하고 있다.

물류 분야도 예외가 아니다. 최근 최첨단 ICT를 활용해 물류의 전 과정을 자동화·지능화·최적화하는 스마트 물류 시스템은 눈부신 속도로 발전하며 거의 모든 분야로 광범위하게 확산되고 있다. 물류의 속도, 정확성, 지속가능성을 동시에 높이고 배송 효율 향상과 비용 절감에도 크게 기여하면서, 스마트 물류는 이제 단순한 저장과 수송을 넘어 지능형 물류 생태계를 구축하는 방향으로 진화하고 있다.

2025년에는 물류 기술의 획기적 변화가 일어났다. 에이전틱 AI, 웨어러블 로봇, 배터리 스와핑, 자율운항 전기 컨테이너선 등 혁신적인 기술들이 상용화 시대를 예고하며 물류의 패러다임을 바꾸고 있다. 2022년 옵티머스 로봇이 테슬라를 몰고 배송하던 그 놀라운 장면이 이제 여러 분야에서 다양한 형태로 현실화되고 있는 것이다.

이 모든 변화를 관통하는 하나의 진실이 있다. 물류는 단순히 물건을 저장하고 수송하는 산업이 아니라, 첨단 기술과 인간의 창의성이 융합된 미래 문명의 기반을 구축하는 핵심 영역이라는 사실이다.

미래물류기술포럼을 운영하면서 가장 인상 깊었던 것은 개별 기술들이 서로 연결되어 창출하는 통섭의 시너지 효과였다. AI가 예측한 수요 패턴을 바탕으로 웨어러블 로봇이 최적화된 작업을 수행하고, 배터리 스와핑 서비스(BSS)로 충전된 자율주행 배송차가 실시간 교통 데이터를 활용해 최단 경로로 배송을 완료하는 통합 생태계가 현실화되고 있다.

『물류트렌드 2026』은 이 거대한 변화를 네 개의 파도로 정리한다. 첫째, 시장 변화, AI가 쿠팡의 로켓배송과 배민의 퀵커머스 뒤에서 복잡한 공급망을 실시간으로 조율한다. 둘째, 기술 혁신, 웨어러블 로봇은 인간을 대체하는 게 아니라 인간의 능력을 증강시킨다. 물류 현장 작업자는 이제 로봇을 지휘하는 오케스트레이터로 진화한다. 셋째, 글로벌 이슈, AI와 자율기술은 예측 불가능한 국제 정세 속에서도 공급망의 회복탄력성을 확보하는 핵심 무기다. 넷째 지속가능성, 지속가능항공연료(SAF)와 배터리 스와핑이 탄소중립을 공허한 슬로건이 아닌 현실로 만든다.

이 네 가지 변화를 관통하는 다섯 가지 키워드—지능 생태계로의 확장, 회복탄력성을 중심에 둔 설계 철학, 지속가능성과 경제성의 동반 성장, 금융과 물류의 융합, 인간 중심의 기술 통합—는 기술 발전이 새로운 가치 창출의 원동력이 될 것임을 시사한다.

특히 공급망 금융(SCF)의 부상은 주목할 만하다. 중소 운송업체들은 서비스를 마친 후에도 평균 67일을 기다려야 대금을 지급 받는 구조 속에서, 그 공백을 메우기 위해 연 8%가 넘는 고금리 단기 대출에 의존하는 경우가 많다. SCF는 이러한 유동성 악순환을 해소하는 핵심 해법으로, 금융(FinTech)과 물류(LogisTech)의 융합을 통해 물류산업을 지식집약적 서비스 산업으로 전환시키는 촉매제로 작용하고 있다.

한국은 이 혁명의 최전선에 서 있다. KAIST의 에이전틱 AI, 엔젤로보틱스의 웨어러블 로봇, 피트인의 BSS, KASS의 자율운항 기술 모두 세계 정상급이다. 특히 세계 1위 조선 기술과 IT 강국의 DNA가 만나며 한국은 독보적 경쟁력을 갖췄다. 선원 부족, 인적 오류, 환경 규제, 공급망 불안정 등 해운·항만 물류 업계의 4대 난제를 한국 기술이 풀어가고 있다.

미래는 이미 타임라인을 따라 펼쳐지고 있다. 단기적으로는 에이전틱 AI와 웨어러블 로봇이 본격 상용화되고 BSS 네트워크가 전국으로 확산될 것이다. 중기에는 완전 자동화 물류센터가 일반화되고 드론과 자율주행차가 라스트마일을 점령할 것으로 예상된다. 장기적으로는 양자컴퓨팅이 글로벌 공급망을 실시간으로 최적화하고, AI가 고객의 주문을 예측해 미리 배송을 준비하며, 탄소중립 물류 생태계가 완성될 것으로 예상된다. 이 여정의 성공 열쇠는 표준화, 오픈 이노베이션, 산학연 협력, 데이터 공유다. 하지만 무엇보다 중요한 것은 사람, 제도, 문화의 통합이다.

물류의 본질은 연결이지만, 미래의 물류는 단순한 연결을 넘어서, 기술과 인간, 현실과 가상, 물류와 금융이 경계를 허물고 융합되는 과학으로 발전하며 새로운 협력 생태계를 구축할 것이다. AI가 인간의 직관과 만나고, 로봇이 인간의 능력을 증강하며, 친환경이 효율성과 결합하고, 금융이 물류와 하나가 될 때, 진정한 혁신이 탄생한다.

『물류트렌드 2026』은 이러한 변화의 흐름을 체계적으로 정리한 나침반이다. 12명의 전문가들이 깊이 있는 통찰과 현장 경험을 바탕으로 기술 융합이 만들어가는 물류의 미래를 구체적이고 실용적으로 제시하며, 물류 기술의 무한한 가능성을 탐구하는 모든 분께 영감과 실질적 방안을 제공하고자 한다.

기술의 힘으로 더 스마트하고, 더 지속 가능하며, 더 인간적인 물류의 미래를 함께 만들어가야 한다. 변화는 이미 시작되었다. 이제 필요한 것은 그 변화를 이해하고 활용할 수 있는 지혜다. 『물류트렌드 2026』이 그 여정에 의미 있는 징검다리가 되고 든든한 동반자가 되기를 진심으로 희망한다.

CONTENTS

펴낸글 청색경제 시대, 바다가 여는 물류 혁명
조정희 한국해양수산개발원 원장 ·· 5

펴낸글 연결에서 융합으로, 물류의 진화가 시작된다
김성진 미래물류기술포럼 의장 ·· 9

총론

불확실성을 기회로 바꾸는 물류 생태계의 대전환
이언경 한국해양수산개발원 해운물류·해사연구 본부장 ········· 15

기술혁신 Technology Innovation

에이전틱 AI, 물류의 판을 바꾸다
박진규 KAIST 산업 및 시스템공학과 교수 겸 ㈜오믈렛 대표 ········· 36

자동화의 한계를 넘어 인간증강의 시대
공경철 KAIST 기계공학과 교수 겸 엔젤로보틱스 의장
김승환 KAIST 기계공학과 | 연구원 ·· 53

물류센터에 등장한 휴머노이드 동료들
이준호 LG CNS 상무, 스마트물류&시티사업부장 ········· 75

CONTENTS

시장변화 Market Transformation

AI가 진화시키는 공급망 관리
민정웅 인하대학교 물류전문대학원 교수 ··· 106

초고속 물류 혁명, 세상을 바꾸다
고기덕 쿠팡 상무(Director | Service Design Excellence) ······················· 129

라스트마일 빅뱅, 플랫폼은 어떻게 우리 동네를 바꾸었나
김철민 비욘드엑스 대표 ··· 162

글로벌 이슈 Global Dynamics

공급망 금융의 게임체인저
이승엽 이마고웍스 사업전략 담당 ··· 192

지정학적 리스크와 물류 대응전략
어재혁 LX Pantos CL사업부장(부사장) ·· 210

조선업계의 기회와 도전
최중효 한화오션 제품전략기술원 책임연구원 ·· 229

지속가능성 Sustainability

바다 위의 자율주행 혁명
임도형 HD현대 아비커스 대표 ··· 246

5분 충전이 바꾸는 배송 생태계
김세권 ㈜피트인 대표이사 ·· 277

하늘을 친환경으로 물들이다
이현수 한국항공대학교 명예교수 ·· 303

총론

불확실성을 기회로 바꾸는 물류 생태계의 대전환

이언경

한국해양수산개발원 해운물류·해사연구본부장 | eklee@kmi.re.kr

고려대학교에서 공급망 관리 분야로 박사학위를 받았다. 서울시정개발연구원과 한국과학기술연구원의 연구원, LG CNS 엔트루컨설팅을 거쳐 한국해양수산개발원에서 해운물류·해사산업연구본부 본부장으로 재직 중이다. 약 20년간 스마트항만물류, 콜드체인 및 공급망 혁신, 수출입물류 위기관리 플랫폼, 미래 신기술 적용 R&D 등을 수행하고 있다. 이에 대한 공을 인정받아 국민훈장 동백장을 받았다. 현재 국가과학기술자문회의 심의회의 공공해양환경전문위원회 위원, 해양수산부 중앙항만정책심의회, 국토교통부 물류정책위원회, 국가교통안전실무위원회 위원으로 활동하고 있다.

1. 프롤로그: 변곡점에 선 물류산업

AI가 난제를 풀어내고, 로봇의 모습이 인간처럼 자연스러워질수록 우리는 한가지 질문을 던지게 된다. 우리가 살고 있는 세상은 로봇이 인간을 지배하는 로보칼립스(Robocalypes)로 향하고 있을까, 로봇과 인간이 함께 협업하는 로보토피아(Robotopia)로 나아가고 있을까? 아마도 그 답은 두 극단의 중간 어딘가로 가고 있을 것이다. 모든 정보를 통합적으로 분석하고 최적의 의사결정을 내리는 초인공지능(ASI, Artificial SuperIntelligence)[1]이 중심이 되어, 인간과 로봇이 경쟁보다는 협력하는 중간지점으로 발전할 가능성이 크다.

요즘 '초인공지능'이 모든 문제를 해결하는 만능 시스템처럼 소개되지만, 실제 현장의 현실은 조금 다르다. 글로벌 조사에 따르면 CEO의 90%가 'AI가 자사 산업에 중대한 영향을 미칠 것'이라고 답했지만, 실제로 디지털 혁신을 시도한 기업은 17%에 불과하며, 그중 성공한 기업은 단 2%에 불과하다. 왜일까? AI를 쓰기 위해서는 전체 시간의 80%를 데이터 정리와 레이블링에 사용하고, 의미 있는 성과가 나오기 전까지 눈에 잘 띄지 않는 이 과정을 반복하며 버텨야 하는데, 많은 기업들이 그 과정을 견디지 못한다.[2] 또한 AI를 포함하여 새로운 기술을 받아들일 준비 정도, 구성원의 학습과 훈련 수준, 변화에 대한 적응력에 따라 초인공지능 시대의 승자와 패자가 갈릴 것이다.

대표적인 사례로 포스코는 AI 전문 중소기업 이씨마이너, 포항공대와 협력해 데이터를 공유하고 꾸준히 정제해, 하루 240톤의 생산량을 높이는 'AI 용광로'를 만들었다. 이 사례는 AI와 로봇은 도구일 뿐, 진짜 변화는 데이터를 다루고 배움을 멈추지 않는 사람의 손에서 시작된다는 것을 보여줬다.[3]

2026년, 물류산업은 큰 전환점 앞에 서 있다. 코로나19로 변화된 소비

---

1) Global Issue Brief, 다가온 미래: AI 발전과 대응과제, NRC & KDI SCHOOL, vol. 28, 2025.9.
2) 박태웅, AI 강의, 한빛비즈, 2023.
3) 박태웅, AI 강의, 한빛비즈, 2023.

행태, 지정학적 긴장, 환경 규제 강화, AI 기술의 빠른 진화는 산업의 기준을 완전히 바꾸었다. 이제는 효율성과 비용 절감만이 아닌, 회복탄력성과 지속가능성이 새로운 기준으로 추가되었다.

이제 물류는 단순히 물건을 A지점에서 B지점으로 옮기는 산업이 아니라, AI와 데이터를 품은 지능형 시스템, 인간과 기술이 함께 일하는 협업 현장, 환경과 사회적 가치를 함께 고려하는 지속가능한 생태계로 진화하고 있다. 2026년, 우리는 바로 그 전환의 문턱에 서 있다.

AXA의 『Future Risks Report 2025』는 물류산업을 둘러싼 다양한 위기

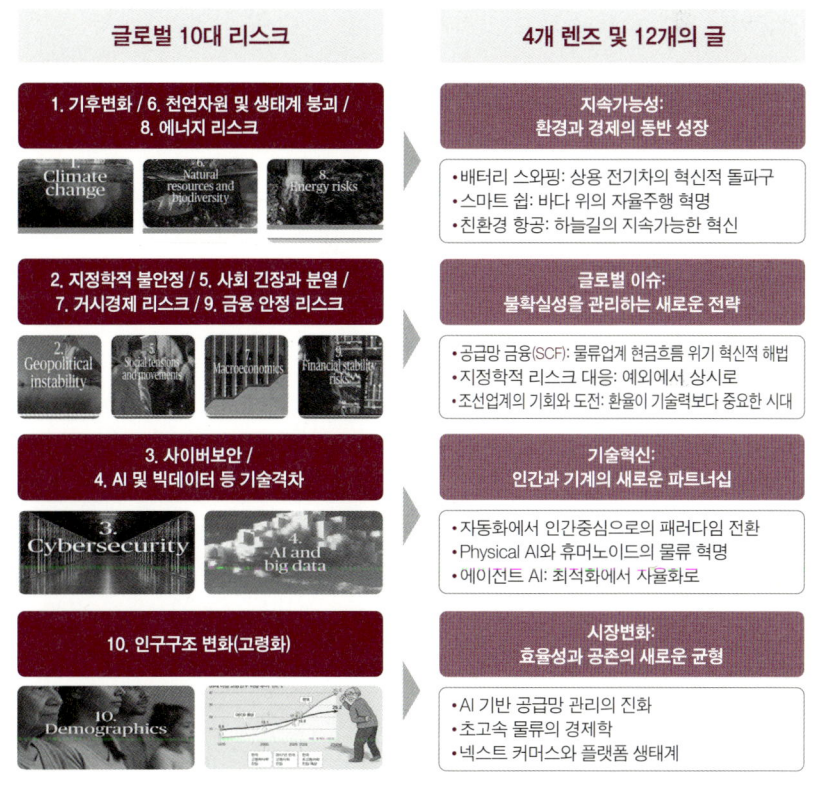

[그림 1] 글로벌 10대 위기와 2026년 물류트렌드 변화의 4개 렌즈 출처: axa, 동아일보 기반 저자 작성

를 10가지로 정리하며, 이들이 서로 얽혀 복합적인 충격을 만들고 있다고 지적한다. 기후변화, 사이버 보안, 에너지 리스크, 인구구조 변화 등은 이미 물류산업의 생존 조건 자체를 바꾸고 있는 요인들이다.[4]

AXA 보고서가 제시한 10대 글로벌 위기는 지속가능성(기후변화, 천연자원·생물다양성 등 생태계 붕괴, 에너지 리스크), 기술혁신(사이버보안, 인공지능·빅데이터 등 기술 격차), 글로벌 이슈(지정학적 불안정, 사회적 긴장·분열, 거시경제 리스크, 금융 안전성), 시장변화(인구구조 변화) 등 4개로 그룹화된다.

이에 이 책에서는 이러한 변화를 기술혁신, 시장변화, 글로벌 이슈, 지속가능성이라는 네 가지 관점의 총 12편의 원고를 통해 단순히 새로운 기술이나 트렌드를 소개하는 것이 아니라, 지금 이 산업의 DNA가 어떻게 바뀌고 있는지를 함께 짚어보고자 한다.

2. 물류 변화를 조망하는 네 개의 렌즈 : 『물류트렌드 2026』 구성

1) 기술혁신: 인간과 기계의 새로운 협업 생태계

디지털 기술이 고도화되면서 물류 현장도 빠르게 변화하고 있다. 이제는 단순한 자동화를 넘어, 사람과 기계가 협업하는 지능형 자율 생태계로 진화하고 있다.

AI, 로봇, 웨어러블 등 다양한 기술이 결합하면서, 물류는 보다 지능적이고 유연하게 반응하는 시스템으로 발전하고 있다. 특히 사이버보안의 위협과 정리되지 않은 빅데이터 등이 증가하면서, 효율성뿐만 아니라

---

4) AXA, Future Risks Report 2025 Edition

안전성과 신뢰성도 기술 혁신의 새로운 핵심 가치로 부상하고 있다.

기술혁신 파트에서는 (1) 작업자의 신체 능력을 확장해주는 도구로 주목받는 웨어러블 로봇, (2) 물류 현장에서 실제 '협업 파트너'로 등장하는 Physical AI와 휴머노이드 로봇, (3) 스스로 판단하고 실행까지 하는 에이전틱 AI(Agentic AI)를 통해 물류 의사결정 판도의 변화를 조망한다.

자동화에서 인간증강으로의 패러다임 전환

단순히 기계가 사람을 대체하는 것이 아니라, 사람의 능력을 보완하고 확장하는 '인간증강(Human Augmentation)' 개념이 주목받고 있다. 산업재해가 늘어나고 있는 지금, 대규모 투자가 어려운 중소 물류업체가 비교적 저렴하고 실용적인 웨어러블 로봇을 통해 작업자의 안전과 생산성을 높이는 방법을 기술하고 있다.

Physical AI와 휴머노이드 로봇의 물류 혁명

휴머노이드 로봇은 단순한 기계가 아니라 주변 환경을 이해하고, 스스로 판단하며, 작업 흐름에 적응하는 물류 동료로 자리 잡고 있다. 물류업계는 이제 단순 자동화의 시대를 넘어, 인간과 기계가 상호보완적으로 협업하는 새로운 국면에 진입했다.

에이전틱 AI: 최적화에서 자율화로

에이전틱 AI는 스스로 목표를 설정하고, 계획을 수립하며, 실행하고 학습까지 수행하는 새로운 자율적 의사결정 주체이다. 1966년의 ELIZA가 단순한 대화 반복 수준에 머물렀다면, 현재의 AI는 맥락을 이해하고, 전략을 설계하며, 실제 행동을 수행하는 능동적 파트너로 진화했다. ChatGPT가 대화의 맥락을 이해한다면, 에이전틱 AI는 한걸음 더 나아가 행동하는 AI로서 물류 현장을 변화시키고 있다.

2) 시장변화: 효율성과 회복탄력성의 균형 모색

오늘날 물류 시장은 '속도'와 '안정성'이라는 두 가지 과제를 동시에 해결해야 하는 시대를 맞이하고 있다. 미·중 관세 전쟁, 고령화로 인한 인력난, 코로나19 이후의 지정학적 위기 등은 공급망을 다시 설계하게 만들었고, 이에 따라 AI 기반의 유연한 대응체계가 절실해졌다.

이에 시장변화 파트에서는 효율성만을 추구하던 과거에서 벗어나, 회복탄력성과 공존이 핵심 키워드로 부상하는 현실을 다루며 (1) AI 기반 공급망 관리, (2) 초고속 물류 시스템, (3) 플랫폼 생태계의 성장과 한계를 살펴본다.

AI 기반 공급망 관리의 진화

과거에는 단순히 비용절감을 목표로 했던 공급망 전략이, 이제는 예측 불가능한 리스크에 대응할 수 있는 회복탄력성 중심의 전략으로 이동했다. AI는 복잡한 공급망의 리스크를 분석하고, 효율적인 대체 경로를 제안하며, 실시간으로 최적화된 의사결정을 내리는 핵심 도구가 되고 있다.

초고속 물류가 만들어내는 '시간의 경제학'

이커머스 시장의 핵심 경쟁력은 '속도'에서 결정된다. 맥킨지에 따르면 배송 시간이 1시간 단축되면, 고객 만족도는 최대 7%, 매출도 2~5%까지 증가한다고 한다. 이처럼 시간의 가치가 경제적 성과로 직결되면서 '시간의 경제학(Time Economics)'과 '밀도 경제학(Density Economics)'이 새로운 전략 개념으로 주목받고 있다.

플랫폼 생태계의 성장과 고민

2025년 현재 플랫폼 기반 유통 시장은 이미 포화 상태에 접어들어, 기업 간 경쟁이 '제로섬 게임' 형태로 전환되고 있다. 즉, 한쪽의 성장은 다른 쪽의 침체를 의미하게 되어, 이제는 효율성과 공존 사이의 균형을 어떻게 찾을 것인가가 향후 플랫폼 생태계의 가장 큰 과제가 되었다.

3) 글로벌 이슈: 상시 불확실성을 관리하는 새로운 전략

과거에는 지정학적 충돌이나 금융 리스크가 '가끔 일어나는 예외적인 사건'으로 인식되었지만, 이제는 불확실성 자체가 일상화된 시대다.

홍해, 수에즈, 파나마 등 주요 해상 경로가 차단되는 사건이 반복되면서, 기업들은 예측과 회복이 가능한 공급망 구조를 구축하기 위해 노력하고 있다.

이에 글로벌 이슈파트에서는 (1) 물류업계의 현금 흐름 위기를 완화하기 위한 공급망 금융(SCF), (2) 예외 상황을 상시 대응하기 위한 디지털 트윈 기반의 모니터링, (3) 조선업의 경쟁력 강화를 을 위한 기술과 금융의 융합전략을 다룬다.

공급망 금융(SCF): 물류업계 현금흐름 위기의 혁신적 해법

SCF(Supply Chain Finance)는 대기업의 신용도를 활용해, 중소기업이 낮은 금리로 자금을 조달할 수 있도록 하는 금융기법이다. 이를 통해 운송업체는 즉시 현금 확보, 화주는 기존 결제일 유지, 금융기관은 낮은 리스크로 안정적 수익을 얻을 수 있다. 결과적으로 SCF는 공급망 전반의 유동성을 높이고, 위기 상황에서도 거래를 지속 가능하게 만드는 핵심 수단으로 평가된다.

지정학적 리스크 대응: 예외에서 상시로

이제 물류산업은 비상대응 산업이 아니라, 상시 리스크 관리 산업으로 재정의되고 있다. 이를 위해서 기업들은 실시간 모니터링, 공급망 다변화, 시나리오 기반의 AI 예측, 디지털 트윈기반 시뮬레이션 등을 통해 단순히 예외 상황에서 비상 대응을 하는 수준을 넘어 상시적으로 변동성을 유연하고 신속하게 관리해야 한다.

조선업계의 기회와 도전: 환율이 기술력보다 중요한 시대

우리나라의 조선산업 경쟁력을 확보하기 위해서는 본질적인 기술력뿐만 아니라 글로벌 금융 환경에 대한 이해와 전략적 제휴 역량이 필수적이다. 특히 환율, 금융, 기술이 맞물리는 복합 경쟁 구조 속에서 조선업은 새로운 전략을 세워야 한다.

4) 지속가능성: 환경과 경제, 두 마리 토끼를 잡아야 할 때

기후위기와 자원 한계, 에너지 전환은 더 이상 미래 이야기가 아니다. 이들은 물류 인프라의 기본 개념을 재편하는 현실적 요인으로 작용하고 있다.

이러한 흐름 속에서 지속가능성 파트에서는 단순한 기술이 아니라 지속가능성을 위한 전략이자 경제적 경쟁력을 높이는 수단으로 (1) 배터리 스와핑(BSS), (2) 자율운항선박(Smart Ship), (3) 친환경 항공 기술 등을 다룬다.

배터리 스와핑: 상용 전기차의 혁신적 돌파구

상용 전기차 도입의 3대 걸림돌은 '충전 시간, 비용, 배터리 수명'이다. 이를 해결할 수 있는 현실적 해법으로 배터리 스와핑 서비스(BSS)가 제

안되었다. 이 개념은 즉각적인 배터리 교체를 통해 운행 중단 시간을 최소화하면서도 비용 효율성을 확보하는 것이다.

스마트쉽: 바다 위의 자율주행 혁명

자율운항선박 기술은 '컨테이너 도입 이후 최대의 해상 물류 혁신'이라 평가된다. 실제로 선원 부족 문제 해결, 인적사고 예방, 효율적인 환경 규제 대응 등의 해법으로 AI 기반 자율운항 기술이 다루어지고 있다.

친환경 항공: 하늘길의 지속가능한 혁신

항공 부문이 탄소 감축 문제를 풀기 위해 SAF(지속가능항공연료), 전기 항공기, 수소 항공기로 이어지는 기술 로드맵을 제시하고 있다. 이러한 지속가능한 항공 기술은 단순한 '환경 대응'이 아니라, 향후 항공사의 생존과도 직결되는 전략이 될 것이다.

3. 『물류트렌드 2026』의 핵심 키워드와 가치 전환

2026년 물류산업을 바라보는 네 개의 렌즈를 통해 다양한 변화를 살펴봤다면, 이번 장에서는 『물류트렌드 2025』에서 제시한 핵심 키워드들이 실제로 어떻게 현실화되었는지를 살펴보고, 『물류트렌드 2026』의 전체 흐름을 관통하는 핵심 키워드와 패러다임의 진화 방향을 정리해 보고자 한다.

1) 『물류트렌드 2025』의 회고

『물류트렌드 2025』에서 제시한 '휴머노이드 로봇과 인간의 협업 일상화(2025)'는 이제 단순한 예측이 아니라 현실이 되었다. 물리적 인공지능(Physical AI)를 장착한 휴머노이드 로봇이 물류현장에 투입되어 인간과 실시간으로 상호작용하고, 웨어러블 로봇 등 인간을 보조하는 다양한 기술들이 빠르게 확산되고 있다.

또한 '지속가능한 물류가 핵심요소로 두각(2025)'은 환경규제 대응 차원을 넘어 지속가능성이 비즈니스 경쟁력의 새로운 기준으로 자리 잡으며, 경제성과 지속가능성을 함께 고려하는 단계로 발전했다.

'AI기반 고객 맞춤형·체험형 리테일 서비스 보편화(2025)' 및 '차별화된 고객만족 서비스 제공업체 약진(2025)' 등은 에이전틱 AI가 데이터를 기반으로 자율적 판단을 내리며 물류, 유통구조 전반을 데이터 효율성 속에서도 인간적 감성과 고객 접점의 가치를 강화하는 지능형 생태계로 재편하는 흐름으로 구체화되고 있다.

'글로벌 공급망 관리 성공사례 찾는 노력 가속화(2025)'는 예측 불가능성이 일상화된 공급망 환경에서, 비상대응이 아닌 상시 리스크 관리체계가 주요 핵심요소가 되었고, 효율성과 함께 회복탄력성이 주요 가치로 부상했다.

'ICT+물류+친환경 기반 물류재편(2025)'은 기존 전통산업과 물류가 접목되는 빅블러가 금융까지 확장되며, 불안정한 물류 공급망의 유동성을 높이고 위기 상황에서도 안정적인 서비스 제공이 가능한 구조로 진화하고 있다.

결국 향후 물류트렌드는 『물류트렌드 2025』의 예측을 포괄하면서 로봇이 인간을 보조하고, AI가 최적 의사결정을 내리는 지능형 물류생태계로의 도약이 예상된다. 또한 위기대응에서 회복탄력성 강화로, 규제준수에서 비즈니스 가치 창출로, 물류와 금융의 결합을 통해 안정적 거래 보장으로 발전하며, 물류는 살아있는 생명체처럼 스스로 학습하고 성장하는 산업으로 진화할 것으로 전망된다.

2) 『물류트렌드 2026』의 핵심키워드 전망

(1) 디지털 전환을 넘어선 지능형 생태계

『물류트렌드 2026』을 구성하는 12편의 글을 관통하는 공통 키워드는 단연 '지능화(Intelligence)'이다. 단순히 디지털 기술을 도입하는 수준을 넘어서, AI와 데이터를 기반으로 스스로 판단하고 실행하는 자율 시스템으로의 진화가 본격화되고 있다.

웨어러블 로봇의 적응형 제어, 에이전틱 AI의 자율적 판단, 스마트쉽의 무인운항, AI 기반 공급망 관리 등은 모두 스스로 판단하고 행동하는 지능형 물류 생태계라는 동일한 방향을 보여준다.

또한 플랫폼 기반의 리테일 서비스는 데이터 효율성 속에서도 인간적 감성과 고객 접점의 가치를 강화하고 있다.

이러한 지능화의 혁신은 물류의 본질 자체를 바꾸고 있다. 과거의 물류가 물리적 운송과 보관이 중심이었다면, 이제는 데이터 분석과 예측, 최적화가 핵심 활동이 되고 있다. 자연스럽게 이러한 변화는 물류 인력 구조와 핵심 역량에도 큰 영향을 줄 것으로 예상된다.

(2) 효율성에서 회복탄력성(Resilience) 중심으로의 설계 철학

불확실성이 일상화된 시대, 단순히 비용을 줄이는 전략은 더 이상 통하지 않는다. 이제 물류는 '얼마나 싸게'가 아니라 '얼마나 빠르게 회복하느냐'가 경쟁력의 핵심 지표가 되었다.

홍해 사태, 기상 이변, 팬데믹처럼 예상치 못한 리스크에 대응하기 위해 기업들은 공급망 다변화, 재고 전략 재설계, 디지털 기반 비상 대응

체계 구축에 집중하고 있다.

특히 AI와 디지털 트윈을 활용한 시나리오 기반 대응 시스템은 불확실성 시대의 핵심 경쟁력으로 자리잡고 있으며, 예측-대응-회복을 실시간으로 연결하는 회복탄력형 물류 운영 모델로 진화하고 있다.

(3) 지속가능성과 경제성의 동반 추구

예전에는 지속가능성과 경제성을 서로 반대되는 개념으로 봤다. 이제는 서로를 강화하는 상호보완적 가치로 바라보고 있다. BSS(배터리 스와핑)는 탄소 저감은 물론 비용 효율까지 잡았고, 스마트쉽은 연료를 줄이면서도 운항 효율을 높였으며, SAF와 전기 항공기 등은 운영비 절감과 친환경성을 동시에 달성하고 있다.

이러한 사례들은 단순히 규제에 대한 대응을 넘어, 새로운 비즈니스 기회를 창출하는 지속가능 경영의 수단으로 해석되고 있다. ESG는 더 이상 선택이 아니라, 물류기업의 생존 전략이자 투자 유치의 전제조건이 되었다.

(4) 금융과 물류의 융합: SCF가 여는 새로운 지평

물류는 이제 단순한 운송 서비스가 아니라, 금융과 융합된 복합 산업으로 진화하고 있다.

SCF(공급망 금융)는 단순히 현금을 조기 회수하는 수단이 아니라, 전체 물류 공급망의 유동성과 신뢰를 높이는 핵심 수단이다. 특히 역팩토링(Reverse Factoring) 구조를 통해 중소 운송업체가 대기업의 신용을 바탕으로 자금을 조달할 수 있게 되면서, 공급망 전체의 안정성과 생태계 회복력이 강화되고 있다.

즉, 물류가 금융을 품고, 금융이 물류를 지탱하는 이 구조적 결합은

글로벌 10대 리스크 및 물류변화의 4개 렌즈

① 지속가능성: 환경과 경제의 동반 성장
1. 기후변화 / 6. 천연자원 및 생태계 붕괴 / 8. 에너지 리스크

- 배터리 스와핑: 상용 전기차의 혁신적 돌파구
- 스마트 쉽: 바다 위의 자율주행 혁명
- 친환경 항공: 하늘길의 지속가능한 혁신

③ 기술혁신: 인간과 기계의 새로운 파트너십
3. 사이버보안 / 4. AI 및 빅데이터 등 기술격차

- 자동화에서 인간중심으로의 패러다임 전환
- Physical AI와 휴머노이드의 물류 혁명
- 에이전틱 AI: 최적화에서 자율화로

② 글로벌 이슈: 불확실성을 관리하는 새로운 전략
2. 지정학적 불안정 / 5. 사회 긴장과 분열 / 7. 거시경제 리스크 / 9. 금융 안정 리스크

- 공급망 금융(SCF): 물류업계 현금흐름 위기 혁신적 해법
- 지정학적 리스크 대응: 예외에서 상시로
- 조선업계의 기회와 도전: 환율이 기술력보다 중요한 시대

④ 시장변화: 효율성과 공존의 새로운 균형
10. 인구구조 변화(고령화)

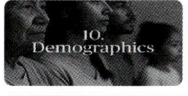 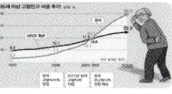

- AI 기반 공급망 관리의 진화
- 초고속 물류의 경제학
- 넥스트 커머스와 플랫폼 생태계

물류트렌드 2026의 5가지 핵심 키워드

1. 디지털 전환을 넘어선 지능형 생태계 (③)
- 물류가 물건 이동을 넘어 상황변화에 자율적 의사결정을 하는 판단 주체

2. 회복탄력성 중심의 설계 철학 (①+②)
- 예측 불가능성 증가로 물류가 비용 최적화보다 빠른 충격 흡수와 회복능력이 중요

3. 지속가능성과 경제성의 동반 추구 (①)
- ESG 경영 등 지속가능성이 경제적 경쟁우위의 원천으로 작용

4. 금융과 물류의 융합: SCF가 여는 새로운 지평 (②)
- 유동성 악순환을 해소하는 핵심 해법으로 물류산업을 지식집약적 서비스로 전환

5. 인간중심의 기술 통합 (③+④)
- AI 등의 기술이 인간의 능력을 확장, 기술과 인간이 협력하여 새로운 가치 창출

[그림 2] 2026년 물류트렌드 5가지 핵심키워드 도출

'물류+금융' 융합 산업이라는 새로운 패러다임의 출발점이 되고 있다.

(5) 인간 중심 기술: 기술은 사람을 돕는 방향으로

기술이 발전하면서 흔히 드는 걱정인 '일자리가 사라질 것'이라는 우려와 달리, 물류 현장에서는 기술이 인간의 부담을 덜고 역량을 확장하는 방향으로 작용하고 있다.

웨어러블 로봇은 작업자의 신체적 피로와 부담을 줄여주고, 에이전틱 AI는 현장의 판단을 보조하며 의사결정을 고도화한다.

결국 기술은 사람을 대체하는 것이 아니라, 사람의 능력을 확장하고 새로운 가치를 함께 만들어가는 파트너로 자리매김하고 있다.

3) 2026년 이후 우리가 풀어야할 과제

(1) 단계별 디지털 전환 및 기술 상용화 준비

『물류트렌드 2026』에서 다루고 있는 자율운항선박의 상업 운항, 웨어러블 로봇과 휴머노이느 로봇의 물류 현장 적용 확대, 에이전틱 AI를 활용한 물류 의사결정, BSS 기반 전기 상용차의 보급 등은 모든 기업이 한 번에 동일한 방법으로 도입할 수 있는 기술이 아니다. 기업의 규모와 여건에 따라 상용화 단계와 디지털 전환 로드맵을 구체적으로 설계해야 한다.

대기업은 AI, 로봇, 자율주행 등 첨단 기술의 선제적 도입으로 시장을 선도하고, 중소기업은 웨어러블 로봇, 클라우드 기반 WMS 등 상대적으로 접근 가능한 기술부터 단계적으로 도입, 확산 시켜야 한다.

무엇보다 중요한 것은 기술 자체보다, 해당 기술이 고객 가치와 운영 효율성 향상에 얼마나 기여하는지, 투자 대비 효과(ROI)가 얼마나 명확한지에 따라 도입 여부를 판단해야 한다.

(2) 물류 인력의 미래 역량 개발 및 인재 확보

AI와 로봇 기술이 현장에 본격적으로 도입되고, 자율주행차가 상용화되면, 트럭운전사와 같은 전통적인 직업이 점차 사라질 가능성이 있다.[5] 이런 변화는 새로운 현상이 아니다. 예를 들어, 영어권에서 가장 흔한 성씨 중 하나인 '스미스(Smith)'는 철기시대 대장장이에서 유래했지만, 산업혁명과 대량생산 시대가 오면서 그 직업은 역사 속으로 사라졌다.[6]

이처럼 물류산업의 디지털 전환과 지능화는 인력 구조의 근본적 재편을 불가피하게 만들고 있다. 단순 반복 업무는 자동화되는 반면, 데이터 분석, 시스템 관리, 전략 기획, 고객 관리 등 고부가가치형 업무의 비중이 점점 확대될 것이다.

기술이 직업을 바꾸는 건 맞지만, 인간의 역할은 오히려 더 정교하고 중요해질 것이다. 앞으로는 기계와 협업하고, 감성적 판단력과 데이터 해석 능력을 갖춘 '인지형 노동자'가 핵심 인력으로 부상할 것이다.

이러한 변화에 대응하기 위해서는 지능형 생태계에 적합한 물류 직업훈련 프로그램 개발, 기존 인력 재교육, AI 및 로봇 전문 교육기관 확대, 산학협력 및 평생교육체계 강화가 필수적이다.

특히, 웨어러블 로봇과 협업하는 작업자, 에이전틱 AI를 운영하는 관리자, 글로벌 공급망을 조율하는 코디네이터 등 새로운 직무군에 특화된 맞춤형 훈련 프로그램이 시급하다.

향후 물류업계는 데이터 사이언티스트, AI 엔지니어, 로봇 전문가 등

---

5) 제이슨 생커, 로봇 시대 일자리의 미래, 미디어숲, 2021.
6) 제이슨 생커, 로봇 시대 일자리의 미래, 미디어숲, 2021.

전문 인력을 적극적으로 채용, 육성해야 하며, 동시에 디지털 네이티브 세대와 기존 베테랑 인력이 상호 협력 가능한 조직 문화와 실패를 용인하는 혁신 문화를 만들어야 한다.

(3) 지속가능한 물류 생태계 구축

한국이 2050년 탄소중립을 실현하기 위해서는 육해공 전영역에서의 물류 대전환이 필수적이다. 도로 운송의 경우 화물차가 온실가스 배출의 주요 원인으로, BSS 기반 전기 상용차 보급, 친환경 연료 개발, 모달 시프트 촉진 등 다층적 접근으로 이 문제를 해결해야 한다. 이를 실현하기 위해서는 충전 인프라 구축, 구매 보조금 확대, 친환경 운송수단 구매 및 전환 의무제 도입 등의 정책적 지원이 병행되어야 한다.

또한 에이전틱 AI를 활용해 포장재 재활용, 역물류, 공유물류 등을 최적화하면 불필요한 운송과 중복 물류를 줄여 전체 물류량을 감소시키면서도 서비스 품질은 유지할 수 있다. 나아가 친환경 연료 기반의 자율운항선박, 자율주행차량, 친환경 항공기 등의 단계적 도입을 위해 기술개발-상용화기반 마련-제도개선 등이 유기적으로 추진되어야 한다.

(4) 에이전틱 AI기반 글로벌 공급망 관리의 경쟁력 구축

지정학적 리스크가 상시화되는 시대에, 한국이 중립적이고 안정적인 물류 허브로 자리매김하면 글로벌 기업의 우리나라 물류 의존도가 높아질 것이다. 이를 위해 부산항과 인천항 등의 스마트 기능 및 환적 기능 강화, 항공화물 허브 확충, 육상 운송망 연계 등 복합운송 효율성 제고 등을 통해 글로벌 공급망에서의 입지를 강화해야 한다.

제이슨 생커가 지적했듯이, 스마트폰을 통해 누구나 '손안의 상점'을 이용하는 시대의 도래로 전통적 백화점과 오프라인 소매 유통망은 빠르게 사라질 것이라 언급했다.[7] 대도시의 백화점들이 문을 닫거나 새로운 형태의 시도를 하는 것을 보면 이 가설은 맞는 것 같다. 경쟁의 중심은 판매 공간이 아니라 주문 후 배송까지의 공급망 처리 속도와 자동화 수준으로 이동했다. 이러한 변화에 발맞춰 한국 물류산업은 글로벌 전자상거래와 고객 맞춤형 손안의 상점이 가능한 주문형 물류의 중심 허브로 진화해야 한다. 즉 물류는 단순 운송이 아닌 데이터 분석, 리스크 관리, 지속가능성 컨설팅과 결합된 고부가가치 산업으로 전환되어야 한다.

한편 K-뷰티, K-푸드, K-패션 등 K-브랜드의 글로벌 확산은 물류산업에 새로운 성장 동력을 제공한다. 이들 제품의 해외 수요 확대에 발맞춰, 데이터 기반 자동화 물류 시스템, 스마트 풀필먼트 센터, 통합 유통 플랫폼을 구축하면 한국은 지정학 리스크 시대에 공급망 허브이자 디지털 소비시장의 교차점으로 부상할 수 있다.

한편, 범용인공지능(AGI, Artificial General Intelligence)이 보편화되더라도 지식 활용 능력과 에너지 공급 역량의 격차가 국가간 불편등을 심화시킬 가능성이 있다. 모두에게 평등하게 지식이 전달되더라도 사용자의 활용능력뿐만 아니라 에너지 공급 능력에 따라 차이가 발생할 수 있다. 특히 재미있는 것은 자동화, 친환경화가 되고 에이전틱 AI 분석을 하려면 전기에너지가 필수적이다. 이로 인해 AI시대 부국과 빈국은 인간의 분석능력뿐만 아니라 에너지 공급 능력에 따라 결정될 수 있다. 이에 AI시대 부국이 되기 위해 충분한 전기 에너지를 확보하기 위한 기반도 마련해야 한다.

---

7) 제이슨생커, 로봇 시대 일자리의 미래, 미디어숲, 2021.

(5) 물류-금융 융합 생태계 육성

지정학적 불안정성이 지속되더라도 공급망의 탄력성이 강화되고, SCF (Supply Chain Finance)가 확대되기 위해서는 물류와 금융이 유기적으로 연결되어야 한다. 이를 위한 조건은 블록체인 기반의 스마트 계약 구축, 실시간 화물 추적 시스템 확보, 디지털 문서화를 통한 업무 효율화 등이다.

또한, 중소기업의 자금 접근성을 높이기 위해 핀테크 기업과의 협력, 대안 신용평가 모델 도입 등도 필요하다.

정부는 이를 뒷받침하기 위해 법률 정비, 표준 계약서 개발, 분쟁 조정 체계 마련 등 제도적 기반을 강화해야 하며, 민간은 단순히 금융을 지원으로 보지 않고, 전략적 파트너십으로 재해석하는 노력이 필요하다.

4. 에필로그: 로보칼립스와 로보토피아 사이, 승자가 되려면

2026년을 향한 물류의 미래는 그리 평탄하지 않다. 기술은 급속히 진화하고, 시장구조는 빠르게 재편되고 있으며, 지정학적 불안정과 환경 규제도 일상적인 변수가 되었다. 하지만 바로 이 혼란과 불확실성 속에서 새로운 기회가 생겨나고 있다는 것이 중요하다.

웨어러블 로봇이 보여주는 인간과 기계의 협력, 에이전틱 AI가 제시하는 자율적 의사결정, 스마트쉽이 구현하는 무인 운항, BSS가 열어가는 친환경 물류, 넥스트 커머스가 추구하는 효율성과 공존의 균형, SCF가 여는 물류-금융 융합의 새로운 지평 등은 모두 기존의 한계를 극복하고 새로운 가능성을 열어가는 혁신의 사례들이다.

한국은 이미 세계적 수준의 제조 기반, ICT 경쟁력, 인재 풀, 전략적 입지를 보유하고 있다. 이러한 강점을 바탕으로 한국 물류산업은 글로벌 물류 생태계의 리더로 도약할 충분한 잠재력을 갖고 있다.

다만 그 잠재력을 현실로 만들기 위해서는, 기존의 성공 방식을 고수하는 것에서 벗어나야 한다. 새로운 기술에 대한 과감한 투자, 산업생태계를 통합적으로 보는 시각, 상반된 가치 사이에서 균형을 찾는 전략이 요구된다. 기술과 인간, 효율성과 지속가능성, 글로벌과 로컬, 경쟁과 협력 등의 상반된 가치들 사이의 균형점을 찾아가는 지혜가 필요하다.

물류는 단순히 물건을 옮기는 산업이 아니다. 글로벌 경제의 혈관이자, 사회 발전의 동력이며, 지속가능한 미래를 만들어가는 핵심 인프라이다. 2026년을 넘어 2030년대, 2040년대를 내다보며 물류산업이 인류의 번영과 지구의 지속가능성에 기여하는 산업으로 발전해 나가기를 기대한다.

변화의 소용돌이 속에서 방향을 잃지 않고 미래를 향해 나아가는 모든 물류인들에게 깊은 경의를 보낸다. 우리가 함께 만들어갈 물류의 미래가 더 나은 세상을 향해 나아가는 등불이 되기를 바라며, 이 총론을 마친다.

참고문헌

AXA, Future Risks Report, 2025 Edition.

동아일보, https://www.donga.com/news/Economy/article/all/20190618/96038847/1

박태웅,『AI 강의』, 한빛비즈, 2023.

제이슨 섕커,『로봇 시대 일자리의 미래』, 미디어숲, 2021.

Global Issue Brief, "다가온 미래: AI 발전과 대응과제", NRC & KDI SCHOOL, vol. 28, 2025.9.

TECHNOLOGY INNOVATION
기술혁신

에이전틱 AI, 물류의 판을 바꾸다

최적화에서 자율화로, 물류 혁신의 새로운 패러다임

박진규

KAIST 산업 및 시스템공학과 교수 겸 ㈜오믈렛 대표 | jinkyoo.park@kaist.ac.kr

박진규 교수는 KAIST 산업 및 시스템공학과 부교수이자 ㈜오플렛 CEO로, 의사결정 중심 AI(Decision-Centric AI) 분야의 선도적 전문가다. 서울대 건축공학 학사, 스탠포드대 전자과 석사 및 토목공학 박사 학위를 보유하고 있으며, 산업 현장의 복잡한 물류 문제를 AI 기반 의사 결정 시스템으로 해결하는 혁신적 연구를 이끌고 있다.

물류산업이 거대한 변화의 파도 앞에 서 있다. 전자상거래 시장이 폭발적으로 성장하고, 소비자들은 당일 배송을 당연하게 여기며, 글로벌 공급망은 점점 더 복잡해지고 있다. 이런 상황에서 에이전틱 AI(Agentic AI, 자율적으로 판단하고 행동하는 인공지능)의 등장은 단순한 기술적 진보를 넘어서, 물류산업 전체의 패러다임을 바꾸는 혁신이 되고 있다.

필자는 인공지능 전문가로서, 그리고 AI 최적화 플랫폼 기업 오믈렛의 창업자로서 이 변화를 최전선에서 목격하고 있다. 물류 전문가는 아니지만, 때로는 외부자의 시선이 내부자가 놓치기 쉬운 본질적인 변화와 새로운 가능성을 발견할 수 있다고 생각한다. 이 글에서는 AI가 어떻게 물류의 근본적 문제를 새롭게 정의하고 해결하는지, 그리고 우리가 어떻게 이 기술을 현실에 적용하고 있는지 생생한 경험을 공유하려 한다.

물류란 무엇인가: 시공간을 연결하는 복잡한 퍼즐

산업공학자의 관점에서 물류를 정의하면, 생산과 소비 사이의 시간적, 공간적 간극을 메우는 거대한 시스템이다. 원자재가 가공되어 제품으로 만들어진 후부터 최종 소비자에게 전달되기까지, 모든 과정을 아우르는 복잡한 네트워크다.

	First-mile	Middle Mile	Last Mile	User
전산화	Digital Forwarding	TMS	WMS·OMS	TMS
자동화	Autonomous Ship	Autonomous Trucking	Warehouse Automation	Robot Delivery
지능화 (AI가 할 수 있는 일)	· 선박 경로 최적화 · 컨테이너 적재 최적화	· 트럭 배차/경로 최적화 · 화주-연주 최적 매칭	· 물류 로봇 운영 최적화 · 재고 관리/발주 최적화 · 박스 사이즈 최적화 · AMR/AGV 동선 최적화	· 음식 배달 최적화 · 택배 배송 최적화
세계 시장 규모	$550B	$3,000B	$1,010B	$160B
물류 비용 지출	$82.5B (15%)	$750B (25%)	$202B (20%)	$48B (30%)
최적화로 절약 가능 금액	$8.3B (10%)	$75.0B (10%)	$20.2B (10%)	$4.8B (10%)

Sources: Drewry, IATA (2024), Statista (2023), World Bank (2023), Research and Markets (2023), McKinsey, Last Mile Market Report (2023)

[그림 1] 물류 시스템 전체 프로세스 플로우

이 시스템이 직면하는 가장 큰 적은 '불확실성'이다. 공급 쪽에서는 원자재 조달 시기가 예측하기 어렵고, 생산 스케줄이 갑자기 바뀌기도 한다. 수요 쪽에서는 소비자 취향이 하루아침에 바뀌고, 계절적 변동이 끊임없이 발생한다. 최근에는 소셜 미디어의 영향으로 특정 제품의 수요가 하루 만에 10배 이상 폭증하는 일도 흔해졌다.

여기에 기후 변화로 인한 자연재해, 지정학적 갈등, 팬데믹 같은 예상치 못한 변수까지 더해지면 물류 운영의 복잡성은 기하급수적으로 증가한다. 이런 요소들은 독립적으로 움직이는 것이 아니라 서로 영향을 주고받으며 복잡한 연쇄반응을 일으킨다.

그럼에도 물류 시스템은 안정적인 재화의 흐름을 보장해야 한다. 적절한 시점에 발주를 넣고, 최적의 재고 수준을 유지하며, 효율적인 운송 경로를 설계하는 종합적인 관리가 필요하다. 현재 대부분의 물류 기업들은 전사적 자원관리(ERP), 창고관리시스템(WMS), 운송관리시스템(TMS) 등 다양한 정보 시스템을 활용하지만, 여전히 인간의 경험과 직감에 크게 의존하고 있다. 급변하는 환경에 실시간으로 대응하는 데는 한계가 분명하다.

그렇다면 수십 년간 발전해온 전통적 최적화 기법들로는 이런 복잡성을 해결할 수 없을까?

전통적 최적화의 딜레마: 이론의 벽과 현실의 간극

물류 분야의 최적화 문제는 1950년대부터 개발된 선형계획법, 정수계획법, 동적계획법 등의 수학적 방법론으로 접근해왔다. 이런 전통적 방법은 문제를 수학식으로 정의하고(Formulation), 알고리즘으로 최적해를 찾는(Solving) 두 단계로 구성된다.

하지만 최적화 기술을 실제 산업 현장에 적용하면서 전통적 접근법의 근본적인 한계를 절감했다.

첫 번째 벽: 계산 복잡도

물류 최적화 문제의 대부분은 NP-Hard(현실적인 시간 내에 최적해를 찾기 어려운 매우 복잡한 문제)로 분류된다. 예를 들어, 50개의 배송지를 가진 차량경로문제의 경우, 이론적으로 가능한 경로의 수는 50팩토리얼($50\times49\times48\times...\times1$)에 달한다. 이는 현재의 컴퓨터로도 현실적으로 탐색이 불가능한 규모다.

두 번째 벽: 현실의 단순화

더 근본적인 문제는 수학적 모델로 변환하는 과정에서 현실 문제의 복잡한 측면들을 포기해야 한다는 점이다. 배송 시간대 제한, 차량 진입 제약, 날씨에 따른 변동성, 작업자의 숙련도 차이 등은 현장에서는 당연히 고려되지만, 이를 모두 수학적 모델에 포함시키면 현재의 알고리즘으로는 풀 수 없는 문제가 된다.

세 번째 벽: 정적 사고의 한계

전통적 접근법은 정적인 문제 해결에는 강하지만, 연속적으로 도착하는 주문이나 실시간 제약 반영에는 한계가 있다. 새로운 주문이 계속 들어오고, 교통 상황이 실시간으로 변하는 동적 환경에서 정적 최적화의 해답은 금세 무용지물이 된다.

이런 한계를 극복하려면 근본적으로 다른 접근이 필요했다.

AI 기반 생성형 최적화: 게임 체인저의 등장

지난 9년간 'Formulation & Solving' 패러다임에서 'Data-driven Generation' 패러다임으로의 전환을 연구해왔다. 이는 문제를 수학적으로 정의하고 해를 찾는 것이 아니라, 데이터로부터 직접 좋은 해를 생성해내는 혁신적 방식이다.

이 접근법의 영감은 두 가지 혁신에서 얻었다. 첫째는 ChatGPT 같은 생성형 AI가 텍스트를 단어 단위로 점진적으로 만들어내는 방식이었다.

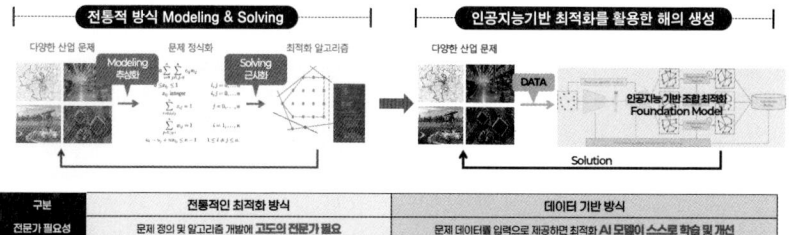

[그림 2] 전통적 최적화 vs AI 생성형 최적화 비교

둘째는 알파고가 강화학습을 통해 바둑을 학습한 방법이었다.

이 두 가지를 결합하면 놀라운 일이 일어난다. 복잡한 수식으로 문제를 정형화할 필요가 없다. 대신 문제에 대한 맥락을 입력받아 해를 생성하는 모델과, 그 해를 성능 관점에서 평가하여 학습시키는 강화학습만으로도 복잡한 문제를 풀 수 있다.

강화학습의 핵심 장점은 명시적 수학 모델링 의존도를 낮춘 정책 탐색형 최적화다. 사용자가 원하는 핵심성과지표(KPI)를 정의하고, 의사결정이 가져오는 효과만 평가할 수 있다면, 현장의 필요에 맞는 의사결정 시스템을 학습을 통해 직접 구축할 수 있다.

물론 강화학습에도 명확한 한계와 도전과제가 존재한다. 학습 초기에는 효과적이지 않은 의사결정이 나오고, 좋은 의사결정을 얻기 위해 반복적인 시행착오가 필요하다. 시뮬레이션과 현실 간의 차이, 안전 제약 위반 위험, 탐색 비용, 그리고 대규모 데이터와 컴퓨팅 자원 요구 등은 여전히 해결해야 할 과제다. 다행히 최근에는 시뮬레이션을 통한 학습, 안전 강화학습, 최소한의 데이터로도 학습할 수 있는 few-shot learning 등 다양한 방법론들이 개발되어 이런 한계를 점진적으로 극복하고 있다.

예측을 넘어 의사결정으로: AI의 진화

산업 현장에서 인공지능을 이야기할 때, 여전히 주어진 패턴을 학습하고 무언가를 예측하는 모델에 집중하고 있다. 하지만 최근 ChatGPT 같은 대규모 언어모델(LLM)이 단순한 언어 모델에서 도구 사용, 계획 수립, 에이전틱 실행이 가능한 의사결정 보조 시스템으로 확장되고 있다. 산업 현장에서는 단순히 예측보다 실제 산업 시스템에 효과를 낼 수 있는 의사결정을 도출하는 것이 훨씬 중요하다.

〈표 1〉 예측 중심 AI vs 의사결정 중심 AI 비교

물류 상황	예측 중심 AI	의사결정 중심 AI
배송 수요 대응	내일 강남 지역 주문량이 평소보다 30% 증가 예상	강남 지역에 2톤 트럭 3대를 오전 7시에 추가 배치하고, 기사 2명을 대기 배치
재고 관리	A제품의 3일 후 재고 소진 예상	A제품 500개를 오늘 오후 3시에 긴급 발주하고, B창고에서 100개를 즉시 이동 배치
교통 상황 대응	경부고속도로 2시간 후 정체 예상	차량 #15는 국도 우회, 차량 #23은 출발 30분 지연, 차량 #7은 경로 변경
창고 운영	오후 2-4시 입고 물량 폭주 예상	작업자 3명 추가 배치, 2번 도크 우선 개방, 임시 적재 구역 C 활성화
배송 지연	우천으로 평균 배송시간 20분 지연 예상	우선순위 고객부터 배송, 사전 안내 문자 발송, 익일 특급 배송 5건 전환

예를 들어 물류에서 수요를 예측하는 것도 중요하지만, 이를 토대로 얼마나 재고를 보유할지, 어떤 경로로 배송할지, 언제 추가 차량을 투입할지를 결정하는 것이 더 중요하다. "내일 강남 지역의 배송 수요가 30% 증가할 것"이라는 예측보다는, "그래서 몇 대의 차량을 몇 시에 어

디로 배치해야 하는가"에 대한 구체적인 의사결정이 현장에서는 필요한 것이다.

오믈렛이 개발한 AI 기반 생성형 최적화는 바로 이런 의사결정 중심의 AI를 구현한 것이다. 우리 AI는 예측에 그치지 않고, "주어진 차량과 인력, 시간 제약 하에서 어떤 순서로 배송해야 전체 비용을 최소화하면서도 서비스 수준을 유지할 수 있는가"에 대한 구체적인 행동 계획을 생성한다.

이는 물류 문제를 바라보는 관점 자체를 바꾸는 것이다. 문제를 수식으로 정의하고 푸는 대신, 경험 데이터로부터 직접 의사결정을 생성하는 방식으로 전환하는 것이다.

오믈렛의 도전: 연구실에서 현실로

2023년 4월, 나는 KAIST 동료 교수와 함께 연구실에서 개발한 AI 최적화 기술을 실제 산업에 적용하기 위해 오믈렛을 창업했다. 단순히 기술로 사회에 임팩트를 만들고 싶었을 뿐만 아니라, 최적화를 전공한 문제 해결사들이 행복하게 일할 수 있는 회사를 만들고 싶었다.

창업 과정에서 깨달은 가장 중요한 교훈은 **기술만으로는 충분하지 않다**는 것이었다. 아무리 뛰어난 AI 기술도, 현장에서 실제로 사용되지 않으면 가치가 없다. 이를 위해서는 기술을 현장의 맥락에 맞게 조정하고, 사용자가 쉽게 이해하고 활용할 수 있도록 만들어야 했다.

오믈렛은 현재까지 수배송 최적화부터 시작하여 재고 관리, 창고 운영 최적화, 인력 스케줄링 등 다양한 물류 문제에 AI 기술을 적용해왔다. 한 중견 물류 기업의 경우, 3개월간의 파일럿 프로젝트를 통해 일일 평

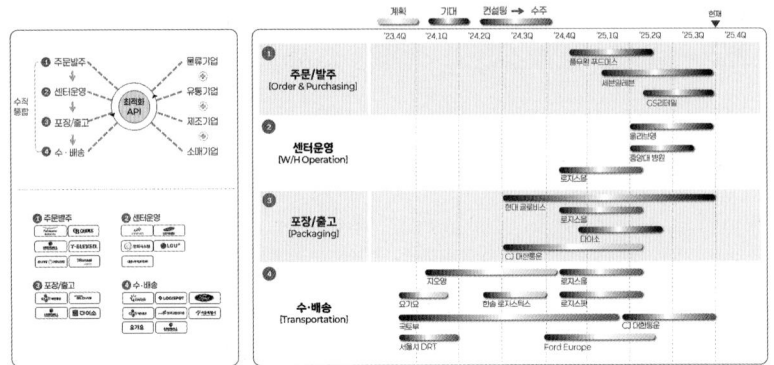

[그림 3] 오믈렛 창업 및 성장 과정

균 배송 거리를 20% 단축시켰다. 또 다른 이커머스 기업은 AI 기반 재고 최적화를 통해 재고 회전율(매출원가를 평균재고로 나눈 값으로, 재고 효율성을 나타내는 지표)을 이전 분기 대비 35% 개선했다.

물론 모든 프로젝트가 성공적이었던 것은 아니다. 초기에는 현장 데이터의 품질 문제, 기존 시스템과의 통합 어려움, 현장 작업자들의 저항 등 예상치 못한 난관들을 만났다. 특히 중소 물류 기업들의 경우 체계적인 데이터 관리 시스템이 없어서, 데이터 수집과 정제에만 전체 프로젝트 기간의 40% 이상을 할애해야 했다.

이런 경험을 통해 우리는 각 고객사의 고유한 특성과 제약을 인정하고, 표준화된 솔루션보다는 유연하게 적응할 수 있는 시스템을 구축하는 것이 중요함을 깨달았다.

최적화의 민주화: 알고리즘에서 플랫폼으로

오믈렛을 운영하면서 직면한 가장 큰 도전은 확장성의 문제였다. 각

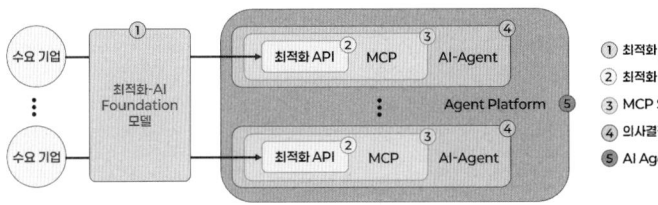

[그림 4] 최적화의 민주화 5단계 진화 과정

고객사마다 독특한 요구사항이 있었고, 전통적인 시스템 통합(SI) 방식으로는 시간과 비용이 너무 많이 들었다. 이를 해결하기 위해 우리는 '최적화의 민주화'라는 비전을 세웠다. 소수 전문가의 전유물이었던 최적화 기술을 누구나 활용할 수 있는 도구로 만들겠다는 것이다.

1단계: 문제 해결 역량의 원천 - 최적화 AI Foundation 모델

세상에 존재하는 모든 문제마다 알고리즘을 개별적으로 개발하는 것은 막대한 비용과 시간을 요구한다. 오블렛은 각 산업군의 대표적인 문제들을 범용적으로 해결할 수 있는 최적화 AI Foundation 모델을 개발했다. 이는 대규모 언어모델(LLM)이 다양한 언어를 처리하는 방식과 유사한 접근이다. LLM이 기본 언어 구조를 학습한 후 특정 언어로 파인튜닝되듯이, 오블렛의 최적화 AI Foundation 모델도 동일한 문제 클래스에 속한 다양한 변형들을 처리할 수 있다. 예를 들어, 경로 최적화 Foundation 모델은 물류 배송, 여행 일정 계획, 드론 비행 경로 등 다양한 도메인에 적용되며, 각 분야의 특성에 맞게 파인튜닝되어 성능을 극대화한다.

이 Foundation 모델의 개발과 공급은 최적화 민주화를 향한 첫걸음이다. 그러나 여전히 이 기술을 활용하기 위해서는 상당한 전문 지식이 필요했고, 이는 다음 단계의 혁신을 요구했다.

2단계: 알고리즘의 대중화 - API화

최적화 알고리즘은 오랫동안 박사급 전문가들만이 이해하고 구현할 수 있는 영역이었다. 오믈렛은 수많은 기업과 프로젝트를 통해 문제를 해결하면서 개발한 AI 기반 생성형 최적화 알고리즘을 안정화하고, 이를 표준화된 RESTful API(웹 서비스 간 데이터 교환을 위한 표준 방식)로 제공했다.

이는 단순한 기술적 전환이 아니었다. 복잡한 수학적 지식 없이도 HTTP 요청 하나로 최적화 결과를 받을 수 있게 되면서, 최적화가 '특별한 지식'에서 '일반적인 서비스'로 전환되었다. 마치 GPS가 지도학 전문가의 영역에서 모든 운전자의 일상 도구가 된 것처럼, 최적화도 접근 가능한 기술이 되기 시작했다.

3단계: AI가 최적화를 활용하는 시대 - MCP Server

그런데 API만으로는 여전히 한계가 있었다. API를 호출하려면 프로그래밍 지식이 필요했고, 이는 현장 전문가들에게는 여전히 높은 진입장벽이었다. 더 중요한 통찰은, 미래의 최적화 사용자가 인간이 아닐 수도 있다는 것이었다.

모델 컨텍스트 프로토콜(MCP)은 대규모 언어모델이 외부 도구를 이해하고 활용할 수 있도록 하는 표준화된 인터페이스다. 우리는 MCP Server를 구축하여 최적화 엔진을 ChatGPT, Claude, Cursor 같은 AI 도구들이 이해하고 활용할 수 있는 형태로 제공했다.

이제 개발자가 "우리 물류 센터는 화요일마다 특별 관리 구역이 있고, 오후 2시 이후에는 5톤 이상 차량 진입이 제한되는데, 이런 제약을 반영한 배송 스케줄링 앱을 만들어줘"라고 AI 코딩 도구에 요청하면, AI는 MCP를 통해 우리의 최적화 엔진을 활용하는 맞춤형 애플리케이션을 즉시 개발한다.

더 놀라운 것은, 개발된 애플리케이션을 현장 관리자가 자연어로 사용할 수 있다는 점이다. "오늘은 비가 와서 특별 관리 구역을 먼저 처리하고 싶어"라고 말하면, AI가 이를 이해하고 최적화 엔진을 통해 새로운 스케줄을 생성한다. 최적화 알고리즘과 인간 사이의 복잡한 인터페이스가 AI를 통해 자연스러운 대화로 바뀐 것이다.

4단계: 스스로 판단하고 행동하는 시대 - 자율 AI 에이전트

MCP를 기반으로 우리는 한 걸음 더 나아갔다. 단순히 요청에 응답하는 것이 아니라, 스스로 판단하고 행동하는 자율 AI 에이전트를 개발했다.

재고 관리 에이전트는 24시간 재고 수준을 모니터링하며, 수요 예측과 리드타임을 고려해 최적의 발주 시점을 스스로 결정한다. 배송 계획 에이전트는 실시간 교통 정보와 날씨 데이터를 반영하여 경로를 동적으로 조정한다. 이들은 단순한 자동화 도구가 아니라, 경험을 축적하고 학습하며 진화하는 지능형 시스템이다.

5단계: 집단 지성의 구현 - AI 에이전트 플랫폼과 마켓플레이스

최적화 지식의 진정한 민주화는 공유와 협업에서 완성된다. 우리는 현업 담당자들이 직접 자신만의 에이전트를 만들 수 있는 플랫폼을 구축했다. 드래그 앤 드롭 방식의 워크플로우 디자이너로 복잡한 비즈니스 로직을 시각적으로 구성할 수 있고, 산업별 템플릿을 통해 빠르게 시작할 수 있다.

더 나아가, 마켓플레이스를 통해 우수한 에이전트들이 공유되고 거래된다. 한 기업이 개발한 '신선식품 배송 최적화 에이전트'를 다른 기업이 구매하여 자신의 환경에 맞게 수정할 수 있다. 이는 단순한 소프트웨어 거래가 아니라, 산업 전체의 최적화 노하우가 축적되고 진화하는 생태계다.

AI 최적화의 리스크와 거버넌스

AI 기반 최적화가 가져올 혁신은 분명하지만, 동시에 신중하게 관리해야 할 리스크도 존재한다.

설명 가능성과 감사 가능성의 딜레마

강화학습 기반 AI가 내린 의사결정의 근거를 명확히 설명하기 어려운 경우가 많다. 이는 규제 준수나 사고 발생 시 책임 소재를 가리는 데 어려움을 야기할 수 있다. 우리는 이를 해결하기 위해 모든 의사결정 과정을 로깅하고, 주요 결정 포인트에서는 규칙 기반 안전장치를 두는 하이브리드 접근을 채택했다.

데이터 의존성과 편향의 함정

AI는 학습 데이터에 존재하는 패턴을 그대로 학습하므로, 과거 데이터에 편향이 있다면 이를 증폭시킬 수 있다. 예를 들어, 특정 지역에 대한 배송 우선순위가 낮았던 과거 패턴을 학습한 AI는 해당 지역에 대한 서비스 차별을 지속할 수 있다.

시스템 안정성과 복원력

AI 시스템에 과도하게 의존할 경우, 시스템 장애나 사이버 공격 시 전체 물류 운영이 마비될 수 있다. 따라서 항상 수동 개입이 가능한 백업 메커니즘과 다중 백업 시스템을 구축해야 한다.

인간 전문성의 약화

AI에 과도하게 의존하면 현장 전문가들의 직관과 문제 해결 능력이

퇴화할 수 있다. 이는 예상치 못한 상황이나 AI가 처리할 수 없는 예외 상황에서 심각한 문제를 야기할 수 있다.

이런 리스크를 관리하기 위해서는 명확한 거버넌스 체계가 필요하다. AI 의사결정의 범위와 권한을 명확히 정의하고, 정기적인 성능 모니터링과 감시를 수행하며, 지속적인 인간 감독과 개입 메커니즘을 유지해야 한다.

새로운 일하는 방식과 인재 양성

에이전틱 AI 시대의 물류 전문가는 직접 모든 세부사항을 관리하는 대신, 에이전트들을 관리하고 조율하는 '오케스트레이터' 역할을 하게 된다. 비즈니스 목표와 제약조건을 설정하고, 에이전트들이 이를 달성하도록 가이드하며, 예외 상황이나 전략적 의사결정에 집중한다.

〈표 2〉 전통적 물류 전문가 vs AI 시대 물류 전문가

항목	전통적 물류 전문가	AI 시대 물류 전문가
일일 업무 시간 배분	세부 사항 관리 및 실행에 많은 시간 소요	에이전트 관리 및 전략적 의사결정에 집중
주요 업무 내용	물류 운영 과정의 직접 관리	에이전트 설정, 조율 및 예외 상황 대처
필요 스킬셋	물류 운영에 대한 기술적 이해, 문제 해결 능력	에이전트와 소통 능력, 비판적 사고, 시스템 설계 능력
의사결정 과정	주로 경험과 직관에 의존	데이터 기반의 전략적 의사결정
학습 및 적응	기술 습득에 집중	학습 능력과 회복탄력성 중시

이런 변화는 필요한 역량도 재정의한다. 미래에는 에이전트와 효과적으로 소통하고, 그들의 제안을 비판적으로 평가하며, 전체 시스템을 전략적으로 설계하는 능력이 더 중요해진다. 이는 단순히 기술을 배우는 것이 아니라, 복잡한 시스템을 이해하고 다양한 이해관계자와 소통하며 불확실성 속에서 의사결정을 내리는 종합적 역량을 의미한다.

교육의 변화도 필요하다. 중요한 것은 정의된 문제를 이해시키고 학습시키는 것이 아니라, 문제 자체를 발굴하고 해결하는 과정을 디자인하고 실행하며, 실패에서 배워 다시 시도하는 과정을 경험하게 하는 것이다. AI가 제시한 해답이 현실적으로 타당한지 판단할 수 있는 비판적 사고력, 예상치 못한 상황에 대처할 수 있는 문제 해결 능력, 그리고 기술과 인간의 협업을 설계할 수 있는 시스템적 사고가 핵심이다.

오믈렛의 경험에서 배운 것은, 가장 중요한 역량은 '학습 능력' 그 자체라는 점이다. AI 기술은 빠르게 진화하고, 물류 현장의 요구사항도 계속 변한다. 이런 환경에서는 현재의 지식보다 새로운 것을 빠르게 습득하고 적용할 수 있는 능력, 그리고 실패를 통해 배우고 개선할 수 있는 회복탄력성이 더 중요하다.

지속가능성과 사회적 책임

AI 물류 기술의 발전은 경제적 효율성뿐만 아니라 환경적, 사회적 측면에서도 중요한 의미를 지닌다. AI 기반 경로 최적화는 총 주행 거리를 줄여 탄소 배출을 감소시킨다. 정확한 수요 예측은 과잉 생산과 재고를 줄여 자원 낭비를 방지한다. 특히 유통기한이 있는 제품의 경우, 폐기물 감소 효과가 크다.

사회적 측면에서도 AI는 긍정적인 변화를 가져올 수 있다. AI가 복잡한 스케줄링과 경로 계획을 담당하면, 인간 작업자들은 과도한 야근이나 비효율적인 동선으로 인한 피로를 줄일 수 있다. 또한 위험한 작업을 AI와 로봇이 대신하면서 산업재해도 감소할 수 있다.

그러나 AI 기술에 접근할 수 있는 대기업과 그렇지 못한 중소기업 간의 격차가 벌어질 위험이 있다. 오믈렛은 MCP 같은 기술을 통해 AI의 문턱을 낮추고, 중소기업도 쉽게 AI 기술을 활용할 수 있도록 노력하고 있다. 또한 AI로 인한 일자리 변화에 대한 체계적인 재교육 프로그램과 전직 지원도 필요하다.

오믈렛은 AI 기술 개발에 있어 인간 중심의 원칙을 고수한다. AI는 인간을 대체하는 것이 아니라 돕는 도구여야 하며, AI의 의사결정 과정은 투명하고 설명 가능해야 한다. 모든 이해관계자에게 공정해야 하며, 환경과 사회에 미치는 영향을 항상 고려해야 한다.

물류산업의 미래를 그리며

에이전틱 AI 시대의 물류는 큰 가능성을 품고 있지만, 동시에 신중한 접근이 필요하다. 예측을 넘어 의사결정으로, 자동화를 넘어 자율화로 나아가는 이 여정에서 중요한 것은 기술만이 아니다. 현장의 목소리에 귀 기울이고, 실제 문제를 해결하며, 사람들과 함께 성장하는 과정이 필요하다.

AI 최적화는 만능 해결책이 아니다. 여전히 해결해야 할 기술적 한계가 있고, 예상치 못한 리스크도 존재한다. 그러나 이런 한계를 인정하고 단계적으로 극복해 나간다면, AI는 물류산업의 효율성과 지속가능성을 크게 향상시킬 수 있는 강력한 도구가 될 것이다.

산업공학이 오랜 시간 다뤄온 문제 정의와 최적화 역량은 AI 시대에도 여전히, 아니 더욱 중요해지고 있다. 변화의 시대일수록 본질은 더 강력한 경쟁력이 된다. 오믈렛의 여정은 이제 막 시작되었지만, 우리가 추구하는 미래는 명확하다.

의사결정을 잘하는 AI가 인간과 협업하며 더 나은 세상을 만들어가는 것, 그것이 우리가 그리는 최적화 시대의 모습이다.

〈표 3〉 물류산업의 미래 전망

시기	기술·플랫폼 핵심	현장 활용·운영 변화	인재·조직 역량
2026-2028 도입/표준화 단계	• 최적화 API 표준화 (REST) • MCP Server로 LLM-최적화 엔진 연결·데이터 기반 생성형 최적화의 초기 상용화·시뮬레이션·안전강화학습(FRL) 파일럿	• 수배송·재고·창고 운영에 파일럿/부분 도입 • 자연어 지시 → 최적화 실행(현장 관리자도 사용) • TMS/WMS/ERP와 연동, Human-in-the-Loop 운영	• 오케스트레이터 역할 등장(목표·제약 설정, 예외 판단) • 비판적 평가·시스템적 사고·학습 역량 강화
2029-2031 확산/자율화 단계	• 자율 AI 에이전트의 본격 상용화 • 실시간 동적 라우팅(교통·날씨 반영) • Multi-agent 협업·연합 최적화 • Continuous Learning·Edge 추론	• 재고 자동 발주, 운송·피킹 동적 재계획 상시화 • SOP 재설계, 예외 중심 운영 정착 • 현장-본사 간 결정 파이프라인 자동화	• 오케스트레이터 정착, Agent PM/Designer 역량 확산 • 시뮬레이션 엔지니어·DecisionOps 체계 고도화
2032-2035 플랫폼/생태계 단계	• AI Agent 플랫폼 & 마켓플레이스 정착 • 상호운용 산업 표준 확립(MCP 에코시스템 성숙) • AI+로봇 통합 FMS, 자가치유형 공급망 • 카본 인텔리전트 라우팅·스케줄링	• 기업 간 네트워크 오브 에이전트가 공급망 전역을 관리 • SLA/계약 자동화, 중소기업까지 대중화 • 지속가능성·회복탄력성 내재화	• 시스템 아키텍트/AI 거버넌스 매니저 • 현장 전문가-에이전트 협업 설계자 • 고도화된 의사결정·설계 능력

자동화의 한계를 넘어 인간증강의 시대

웨어러블 로봇이 만드는 물류의 미래

공경철

KAIST 기계공학과 교수 겸 엔젤로보틱스 의장 | kckong@kaist.ac.kr

로봇공학 분야의 전문가로서 KAIST 기계공학과의 교수이자 KAIST 인간증강연구센터의 센터장을 맡고 있다. 약자를 도와주는 웨어러블 로봇 기술을 연구하여 상용화에 성공, 엔젤로보틱스를 창업했다. 이후 대표이사로서 기업을 이끌며 코스닥 상장을 이루었고, 현재는 이사회 의장과 CTO를 역임하고 있다. 여러 부처 장관 표창을 비롯하여 국무총리 표창 등을 받았고, 사이배슬론 국제대회에 출전하여 2016년 동메달, 2020년과 2024년에는 2회 연속 금메달을 수상했다.

김승환

KAIST 기계공학과 | 연구원 | shkim512@kaist.ac.kr

프롤로그: 자동화 시대, 남겨진 사람들

기계가 사람을 대신하는 자동화 시대가 본격화되었다. 물류산업도 예외가 아니다. 대형 물류센터에서는 AGV(무인운반로봇), AMR(자율이동로봇), AI 기반 분류 시스템이 하루 수십만 건의 물량을 처리한다. 물류 프로세스는 과거와 비교할 수 없을 만큼 정밀해졌다.

하지만 모든 물류 현장이 자동화된 것은 아니다. 라스트마일 배송과 상하차 작업은 여전히 높은 인력 의존도를 보인다. 좁은 골목과 계단, 예측 불가능한 현장 상황, 다양한 형태의 비정형 화물 앞에서 자동화 기술은 한계를 드러낸다. 물류업체의 대부분을 차지하는 중소규모 기업들에게는 자동화를 위한 초기 투자 자체가 부담이다.

이런 자동화 사각지대의 현실을 보여주는 것은 산업재해 통계다. 고용노동부의 2023년 산업재해 통계에 따르면 운수·창고업 사고 재해자는 전년 대비 21.1% 증가했고, 그중 절반 이상이 근골격계 질환과 연관되어 있다.

이런 맥락에서 인간증강(Human Augmentation) 기술이 주목받고 있다. 컴퓨터 마우스의 아버지 더글라스 엥겔바트가 말했듯, 기술의 진정한 가치는 인간을 대체하는 것이 아니라 인간의 능력을 확장시키는 데 있다. 사람의 능력을 확장하고 보호하는 기술, 웨어러블 로봇이 이러한 가능성을 열고 있다.

물류 자동화, 성공 신화와 그 뒷이야기

기술 융합이 만든 변화의 바람

물류 자동화는 지난 10년간 괄목할 성과를 거두었다. 처리 속도는 빨라졌고, 정확도는 높아졌으며, 24시간 멈추지 않는 물류센터가 현실이 되었다.

부산신항 서컨테이너터미널 2-5단계는 2024년 4월 개장한 국내 첫 완전 자동화 항만이다. 무인 원격 컨테이너 크레인과 자동 이송 장비를 도입했다. 과거 크레인 기사들이 높은 곳에서 위험을 감수하며 수행하던 작업을 이제는 관제센터에서 원격으로 관리한다.

이커머스 물류 분야의 변화도 두드러진다. 아마존이 2012년 키바(Kiva) 로봇을 도입하여 GTP(Goods-to-Person)방식을 구현한 것이 전환점이었다.

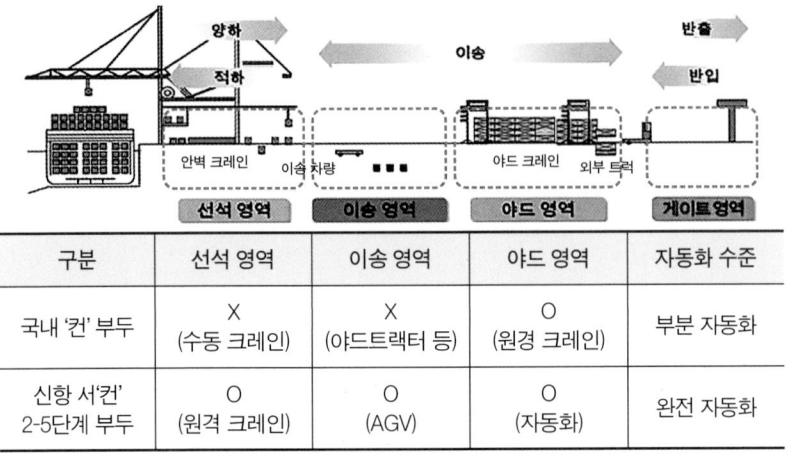

구분	선석 영역	이송 영역	야드 영역	자동화 수준
국내 '컨' 부두	X (수동 크레인)	X (야드트랙터 등)	O (원격 크레인)	부분 자동화
신항 서'컨' 2-5단계 부두	O (원격 크레인)	O (AGV)	O (자동화)	완전 자동화

[그림 1] 부산항만공사 자동화 터미널 구조도 출처: 부산항만공사 보도자료

작업자가 상품을 찾아 돌아다니는 대신 로봇이 상품을 작업자에게 가져다주는 GTP방식은 작업자의 이동 거리를 90% 이상 줄이고 시간당 처리량을 3배 이상 증가시켰다.

국내에서는 쿠팡 대구 풀필먼트 센터가 축구장 46개 규모로, 아시아 최대 수준의 물류센터로 꼽힌다. 하루 100만 개 이상의 상품을 처리한다. AGV가 상품 위치를 확인하여 선반을 작업자에게 가져다주고, 소팅봇(Sorting Bot)이 배송지별로 상품을 자동 분류한다.

자동화 기술은 단순한 기계 도입을 넘어 여러 기술이 융합되는 방

[그림 2] 쿠팡 대구 풀필먼트 센터의 AGV 로봇
출처: 쿠팡 뉴스룸

향으로 진화하고 있다. 개별 자동화 장비들은 WMS(창고관리시스템)와 WCS(창고제어시스템)의 통합을 통해 재고 관리부터 출고까지 전 과정을 실시간으로 최적화한다. AI가 수요를 예측해 재고를 사전에 배치하는 하나의 통합된 시스템으로 진화하고 있다. 더 나아가 디지털 트윈기술은 물류센터 전체를 가상공간에서 시뮬레이션하며 병목 구간을 미리 파악하고 개선할 수 있는 수준까지 발전했다.

물류 자동화 투자는 지속적으로 확대되고 있다. GM Insights(2024)에 따르면 글로벌 물류 로봇 시장은 연평균 15% 이상 성장하고 있으며, 국내에서도 BGF리테일이 500억 원 규모의 자동화 시스템을 구축하고, CJ대한통운이 메가 허브 터미널을 건설하는 등 대규모 투자가 이어지고 있다.

자동화가 닿지 못하는 곳

물류 자동화가 많은 성과를 거두었음에도 불구하고, 기술적 한계와 경제적 현실로 인해 자동화가 미치지 못하는 영역이 존재한다.

상하차 작업과 라스트마일 배송은 '물류 자동화의 마지막 난제'로 불린다. DHL은 2023년 보스턴다이내믹스의 박스 핸들링 로봇 스트레치(Stretch)를 상업적으로 최초 도입했다. 스트레치는 다양한 크기와 상태의 박스를 개별적으로 처리할 수 있지만, 비닐 포장이나 완전히 불규칙한 형태의 화물 처리에는 한계가 있었다.

라스트마일 배송 자동화도 기대만큼 진전되지 못하고 있다. 아마존은 자율주행 배송 로봇 '스카우트(Scout)'를 미국의 일부지역에서 운영하였으나, 기술적 한계와 경제성 문제로 2022년 10월 프로그램을 중단했다.

좁은 공간, 계단, 예측하기 어려운 환경은 로봇이 대응하기 어려운 변수들이다. 라스트마일 배송은 단순히 물건을 전달하는 역할을 넘어 고객과 소통하고, 현장 상황에 유연하게 대처해야한다. 이렇듯 유연성과 판단력은 아직 기술로 대체하기 어려운 영역으로 남아 있다.

늘어나는 부담, 줄어드는 사람

물류산업이 성장하면서 물동량은 계속 늘어나지만, 자동화되지 않은 영역에서 근로자들의 신체적 부담은 갈수록 커지고 있다.

고용노동부 통계에 따르면 근골격계 부담 작업으로 인한 질환이 전체 업무상 질병의 57.2%를 차지하며, 물류업에서는 허리 부상 비율이 71.5%에 달한다. 반복적인 중량물 운반과 부자연스러운 작업 자세가 주요 원인으로 지목되고 있다.

생산가능인구 감소로 물류 현장의 평균 연령이 높아지는 것도 변수다. 작업 강도는 예전과 같거나 오히려 증가했는데, 작업자의 평균 연령은 계속 높아지고 있다. 50대 작업자가 20-30대와 같은 속도로 작업을 한다는 것은 현실적으로 무리가 있지만, 대안을 찾기는 쉽지 않은 상황이다.

이러한 현실은 물류 현장에 역설적 상황을 만들어냈다. 수백억 원을 투자한 자동화 물류센터도 상하차나 예외 상황에서는 여전히 사람에게 의존하고, 투자 여력이 없는 중소 물류기업은 작업자들이 더 많은 부담을 떠안는 구조가 고착화되고 있다.

웨어러블 로봇, 네 개의 다른 시선

자동화가 어려운 물류 현장에서 웨어러블 로봇이 주목받고 있다. 하지만 같은 기술도 보는 관점에 따라 평가가 달라진다. 엔지니어에게는 과학적으로 검증된 성과이지만, 현장 근로자에게는 아직 불편한 장비일 수 있다. 사업주는 비용과 효과를 저울질하고, 정부는 육성과 규제의 균형을 고민한다.

인간증강(Human Augmentation)의 등장

"우리는 기계와 경쟁하는 대신 기계와 함께 일해야 한다."

MIT 디지털 경제 이니셔티브의 에릭 브린욜프슨(Erik Brynjolfsson) 교수의 말은 물류산업의 현실과 맞닿아 있다. 인간증강은 사람을 대체하는 것이 아니라 사람의 능력을 확장하고 보호하는 기술이다.

인간증강의 개념은 1960년대 사이버네틱스 연구에서 시작되었지만, 실질적인 응용은 2010년대 들어서야 가능해졌다. 배터리 기술의 발전으로 경량화가 가능해지고, 센서와 액추에이터의 정밀도가 향상되면서 실용적인 웨어러블 로봇이 등장하기 시작했다.

독일의 German Bionic, 일본의 Cyberdyne, 미국의 Sarcos Robotics 등이 산업용 외골격 로봇을 상용화하면서 물류 현장 적용이 본격화되었다.

웨어러블 로봇은 크게 수동형(Passive)과 능동형(Active)으로 나뉜다. 수동형은 스프링이나 탄성체를 활용해 신체 부담을 분산시키는 방식으로, 배터리가 필요 없어 가볍고 경제적이다. 능동형은 모터와 센서를 통해 적극적으로 근력을 보조하는 방식으로, 더 큰 힘을 낼 수 있지만 그만큼 무게가 나가고 가격도 높다.

엔지니어의 확신: "데이터가 말한다"

엔지니어들은 웨어러블 로봇의 효과를 데이터로 설명한다. 다양한 분야의 기술이 융합되고 실증 데이터가 축적되면서 실제 현장 적용을 위한 과학적 근거들이 확보되고 있다고 말한다.

[그림 3] Nature Scientific Reports에 게재된 서울대학교 연구팀의 실험
출처: Nature Scientific Reports 게재 논문

미국 국립산업안전보건연구원(NIOSH)은 작업자의 척추 압력 안전 기준을 3,400N으로 제시하고 있다. 25kg 박스를 반복적으로 들어 올리는 작업을 기준으로 보면 4,000-6,000N으로 안전 기준을 크게 초과하며, 15kg 박스 작업 기준으로도 약 3,000-3,500N으로 연속 작업 시 작업 근골격계 질환의 주요 원인이 될 수 있다.

2025년 Nature Scientific Reports에 게재된 서울대학교 연구팀의 논문은 산업용 웨어러블 로봇에 대한 체계적인 평가를 실시했다. 15명의 건강한 성인 남성을 대상으로 15kg 박스를 반복적으로 들어 올리는 작업을 수행한 결과, 표면 근전도(EMG) 측정을 통해 요추 기립근(LES), 대둔근(GM), 대퇴이두근(BF) 등 허리 신전에 관여하는 주요 근육의 부담이 현저히 줄어들었음을 확인했다.

실제 측정 결과, 15kg 박스 작업 시 심박수가 평균 15% 감소했는데, 이때 척추 압력은 웨어러블 로봇 착용 전 약 3,000-3,500N에서 착용 후 2,100-2,400N으로 30% 감소했다.

근로자의 솔직한 속내: "거추장스럽다"

물류 현장의 근로자들 사이에서는 웨어러블 로봇에 대한 다양한 의견이 나온다. 그 중 가장 많은 반응은 "거추장스럽다"는 것이다. 아무리 도움을 준다고 해도, 몸에 뭔가를 걸치고 일한다는 것 자체가 부담스럽다는 반응이다.

최근에는 600g 정도로 가볍고 간편한 의류형 초경량 제품도 출시되었지만, 여전히 몸에 밀착되는 구조다. 항균성 원단과 세탁 기능을 고려하여 만들어졌다고는 하지만, 매일 땀과 먼지에 노출되는 장비의 관리는 번거롭다. 개인 장비로 하기엔 비싸고 공용으로 쓰기엔 찝찝하다.

고용 형태에 따라서도 반응이 확연히 갈린다. 정규직이나 장기 계약직은 장기적인 건강 관리 측면에서 관심을 보이는 반면, 일용직이나 단기 근로자들은 당장의 불편함에 더 민감하게 반응한다.

나이가 들수록 웨어러블 로봇을 바라보는 시각이 달라진다. 고령 근로자들의 경우 웨어러블 로봇을 '보조' 장비를 넘어 '보호' 장비로 인식한다. 젊었을 때는 힘으로 버텼지만, 나이가 들면서 허리와 무릎의 통증을 일상적으로 겪게 된 이들에게 웨어러블 로봇은 작업을 계속할 수 있게 해주는 보호막이다.

기업의 고민: "투자일까, 비용일까"

기업에서는 웨어러블 로봇 도입을 놓고 여러 고민을 하게 된다. 투자 대비 수익(ROI)을 따져봐야 하는 것은 기본이고, 근로환경 개선을 통한 지속가능경영(ESG) 실현과 산업안전 법규 준수라는 과제도 함께 고려해야 한다.

웨어러블 로봇의 초기 도입 비용은 완전 자동화 설비나 AGV 시스템과 비교하면 상대적으로 적은 편이다. 컨베이어 라인 하나 설치하는 비

자동화의 한계를 넘어 인간증강의 시대

[그림 4] 엔젤로보틱스의 웨어러블 로봇 출처: 엔젤로보틱스

용으로 수십 대의 웨어러블 로봇을 구입할 수 있다. 하지만 물류기업 입장에서는 여전히 고민스러운 투자다.

중대재해처벌법 시행 이후 근로자 안전이 경영의 핵심 과제로 부상했다. 물류센터에서 발생하는 산업재해의 상당 부분이 중량물 취급으로 인한 근골격계 질환인 만큼, 웨어러블 로봇의 예방 효과를 정량적으로 입증할 수 있다면 투자 대비 비용 절감 효과는 명확해진다.

기업들이 실질적으로 관심을 갖는 부분은 장기적인 효과다. 작업자의 신체 부담 감소가 이직률 감소로 이어질 수 있다는 기대가 있다. 숙련 작업자를 유지하는 것이 신규 인력을 계속 채용하고 교육하는 것보다 비용 효율적일 수 있다는 계산이다.

정부의 딜레마: "혁신과 안전 사이"

웨어러블 로봇은 정부에게 새로운 형태의 정책 과제를 던지고 있다.

로봇 산업을 미래 먹거리로 키워야 한다는 요구와, 산업재해로부터 근로자를 보호해야 한다는 안전 정책의 의무가 한 지점에서 만나기 때문이다.

현재 정부의 정책 도구는 크게 두 가지로 나뉜다. 중대재해처벌법을 통한 규제 압박이 있고, 다른 한편으로는 R&D 지원이나 구매 보조를 통한 산업 육성이 있다. R&D 지원도 주로 제품 기술 개발에 국한되어 있어, 실제 현장 적용이나 효과검증, 작업자 교육 등 인프라에 대한 지원은 부족한 실정이다.

과거 안전모나 안전화가 보편화된 과정을 보면, 처음에는 비용 부담과 불편함으로 외면받았지만, 법적 의무화와 함께 기술 개선이 이루어지고, 정부 지원과 대량 생산으로 가격이 낮아지면서 결국 산업 현장의 필수품이 되었다. 웨어러블 로봇도 비슷한 경로를 통해 물류 현장의 표준 안전 장비로 자리잡을 가능성이 충분하다.

현장이 말하는 진짜 이야기

웨어러블 로봇이 실제 물류 현장에 도입되면서 이론과 현실의 간극, 예상했던 효과와 예상하지 못했던 부분들이 발견되고 있다. 성공과 실패의 경험들이 축적되면서 더 나은 도입 전략의 윤곽이 보이기 시작했다.

국내 기업들의 도전

CJ대한통운 × 엔젤로보틱스: 택배 현장의 실험
CJ대한통운은 2021년 9월부터 엔젤로보틱스와 파트너십을 맺고 물류 현장에서 웨어러블 로봇 도입을 시도했다. 택배 하차 작업에서 작업자들은 하루에도 수천 개에 달하는 무거운 택배 화물을 처리해야 하는 현실적인 어려움에 직면해 있었다. 특히 바닥 높이에서 화물을 들어 올리는 동작에서 가장 큰 신체 부담을 호소했다.

[그림 5] CJ대한통운 웨어러블 로봇 적용
출처: CJ대한통운 뉴스룸

CJ대한통운은 실제 물류 현장을 테스트베드로 제공하고, 작업자들의 피드백을 체계적으로 수집했다. 엔젤로보틱스는 현장 피드백을 바탕으로 제품을 지속적으로 개선했다. 첫 프로토타입은 4.4kg으로 무거웠지만 2.4kg까지 경량화했고, 허리 동작 범위를 확대했으며, 팔 근력 지원 모듈을 탈착식으로 변경하는 등 현장 적용성을 높였다.

현장 테스트 결과는 고무적이었다. 작업자의 허리와 허벅지 등 주요 근육 사용량이 23% 이상 감소했고, 산소 소모율도 15% 이상 줄어들었다. 무엇보다 작업자들의 피로 누적이 현저히 감소했다는 점이 주목할 만했다.

한국로지스풀의 아토운 실험

한국로지스풀이 위탁 운영하는 경기도의 한 유통업체 물류센터는 2019년 11월, 일본 파나소닉 계열사 아토운(ATOUN)의 웨어러블 로봇 'MODEL Y'를 도입했다. 4.5kg의 무게에 수동형방식으로 작동하는 구조인 MODEL Y는 현장에서 작업자들의 허리 부담이 누적되는 피킹공정에 투입되었다.

당시 현장 적용 결과는 긍정적이었다. LCE 측은 MODEL Y 도입 이후 현장 데이터를 분석한 결과, 생산성이 평균 10~20% 증가했다고 밝혔다. 정량적 지표 외에도 실제 착용하는 작업자들과 현장관리자들 모두 허리 부담이 크게 감소했다는 평가를 내렸다.

해외 물류 현장의 경험

[그림 6] German Bionic의 웨어러블 로봇 현장 적용 출처: German Bionic

DHL의 하이브리드 전략

DHL은 2022년 독일 마그데부르크 물류센터에 German Bionic의 웨어러블 로봇 Cray X를 도입했다. 작업자들이 무거운 화물을 들어올릴 때 최대 30kg의 보조력을 제공하는 웨어러블 로봇 Cray X는 입고, 피킹, 포장 작업 전반에 활용되었다.

도입 6개월이 지난 시점에서 작업자 만족도가 크게 향상되었고 특히 50대 이상 고령 작업자들의 작업 지속 가능성이 눈에 띄게 개선되었다.

DHL은 완전 자동화와 인간 증강을 병행하는 하이브리드 전략을 채택했다. 표준화된 팔레트 단위 화물은 자동화 로봇이 처리하고 비표준 화물이나 예외 상황은 웨어러블 로봇을 착용한 작업자가 담당하는 방식이다. 완전 자동화의 한계를 인정하고 사람과 기계의 협업을 통해 현실적인 물류 자동화를 구현했다.

ID Logistics의 복지 중심 접근

프랑스의 ID Logistics는 2019년부터 EXHOS와 협력해 웨어러블 로봇 도입과 실증연구를 진행하며 독특한 접근을 시도했다.

도입 초기부터 프랑스 표준화기구(AFNOR)의 X35-800표준을 참고했는데, 이 표준은 작업환경과 작업자의 특성을 고려한 선별적, 단계적 적용을 권장하는 지침이다. 실증연구 결과 모든 작업자에게 일률적으로 적용하기보다 요통이나 척추 질환을 겪는 직원에게 우선 적용하는 것이 더 효과적임이 확인되었다.

웨어러블 로봇을 단순한 생산성 향상의 도구가 아닌 일종의 의료 보조기구 개념으로 접근했고, 이러한 접근은 작업자들의 심리적 저항을 줄이고 자발적 사용률을 높이는 효과로 이어졌다.

실패와 성공에서 배운 것들

국내외 도입 사례들을 종합해보면, 성공적인 도입을 위한 몇 가지 중요한 시사점을 발견할 수 있다.

<u>명확한 목표가 성공의 첫걸음이다.</u> CJ대한통운처럼 '바닥 높이에서 화물을 들어 올리는 동작'이라는 구체적인 문제를 정의하고 접근한 기업들이 실질적인 성과를 거두었다. 막연한 작업자 보호보다는 특정 공정, 특정 동작에 집중하는 것이 효과적이었다.

<u>단계적 접근이 현장 수용성을 높인다.</u> DHL이나 ID Logistics처럼 파일

럿 테스트로 시작해 효과를 검증한 후 확대하거나, 특정 작업자 그룹부터 시작하는 방식이 전면 도입보다 성공 가능성이 높았다.

현장 작업자의 목소리가 핵심이다. CJ대한통운과 엔젤로보틱스의 협업 사례처럼 작업자의 피드백을 지속적으로 반영해 제품을 개선한 경우, 초기의 거부감이 점차 수용으로 바뀌는 모습을 보였다.

완벽보다는 현실적 개선이 답이다. DHL의 하이브리드 전략처럼 표준화된 작업은 자동화 로봇에, 비정형 작업은 웨어러블 로봇을 착용한 작업자가 담당하는 방식이 현실적이었다. 모든 문제를 한 번에 해결하려 하기보다는 가장 시급한 문제부터 개선하는 접근이 효과적이었다.

성공적인 도입 사례들의 공통점은 "one-size-fits-all" 식 일률적 도입을 피하고 현장과 작업자 특성에 맞춘 맞춤형 전략을 채택했다는 점이다.

성공하는 도입 전략과 미래 전망

도입을 검토하는 기업들은 여러 현실적 고민에 직면한다. 초기 투자비용부터 현장 적합성, 직원들의 수용도, 그리고 실제 투자 효과까지 불확실한 요소들이 산적해 있다.

특히 중소 물류기업들에게는 더욱 막막한 문제다. 대기업처럼 대규모 투자를 감당하기 어렵고, 리스크도 상대적으로 크다. 하지만 인력난과 안전 문제는 기업 규모와 관계없이 당면한 현실이다. 오히려 자동화 투자 여력이 부족한 중소기업일수록 웨어러블 로봇이 더 현실적인 대안이 될 수 있다.

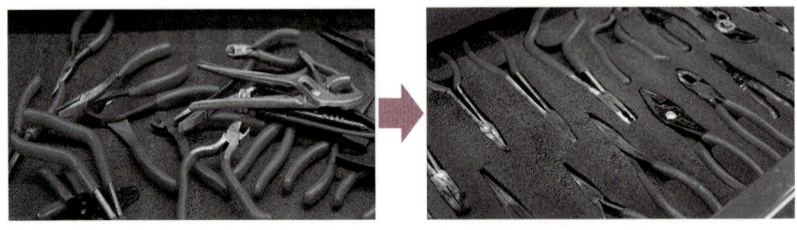

[그림 7] 같은 '펜치'라는 이름을 가지고 있지만, 각각의 용도와 작업 환경에 따라 전혀 다른 형태와 기능을 갖춘 도구들이다. 웨어러블 로봇도 마찬가지다.

맞춤형 솔루션으로 접근하기

웨어러블 로봇 도입에서 중요한 것은 '획일화된 하나의 장비'가 아니라 사용자의 특성을 고려한 "개인 맞춤형 장비"와 현장을 위한 "현장 맞춤형 전용 장비"를 포괄하는 솔루션으로 이해하는 것이다.

실제로 초기 웨어러블 로봇 도입이 기대에 미치지 못했던 것도 현장 특성을 충분히 고려하지 못했기 때문이다. 범용 제품을 그대로 적용하려던 시도는 사용자와 현장의 상황이 맞지 않아 활용도가 떨어졌다.

이러한 통합 솔루션은 크게 세 가지 측면에서 접근할 수 있다.

개인 맞춤형 솔루션

사용자마다 체형, 근력, 작업 숙련도가 다르기 때문에 획일적인 설정으로는 효과를 보기 어렵다. 같은 작업이라도 신입 사용자와 숙련 사용자가 필요로 하는 보조 수준이 다르고, 체격 조건에 따라 착용감도 달라진다. 다양한 사이즈와 세밀한 보조력 조정 기능을 통해 사용자에게 맞춤형 보조를 제공한다.

현장 맞춤형 전용 장비

현장의 환경적 제약 조건과 공정을 고려해야 한다. 상하차 작업에서

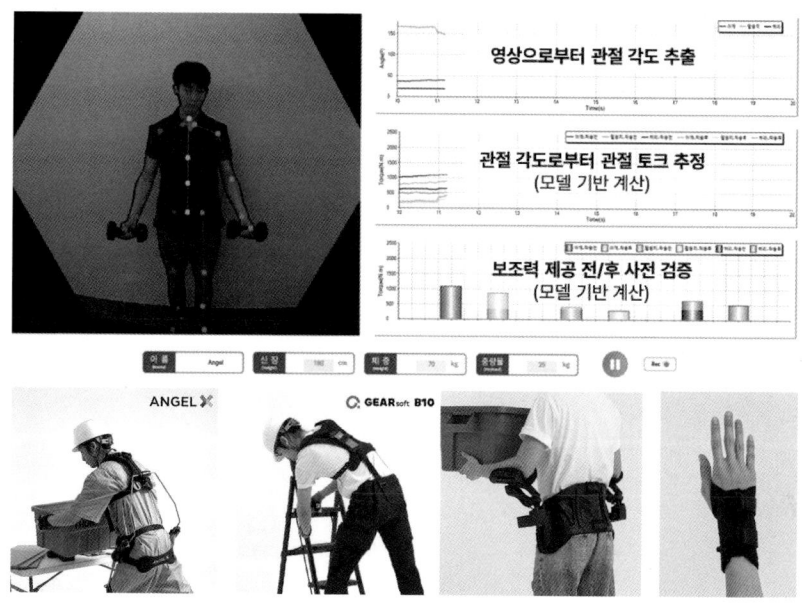

[그림 8] 다양한 작업 환경에 맞춰 변화하는 웨어러블 로봇의 형태 출처: 엔젤로보틱스

는 반복적인 동작 전환이, 클린룸이나 의약품 물류센터에서는 방진 성능이나 위생 관리가 요구된다. CJ대한통운과 엔젤로보틱스의 협업 사례가 이러한 맞춤형 접근의 효과를 보여준다.

통합 운영·관리 체계

개인 맞춤형 장비와 현장 전용 장비 도입도 효과적이지만, 체계적인 운영 관리가 더해지면 장기적 성과를 극대화할 수 있다. 보관 시설, 위생 관리, 착용 효율성, 유지보수 체계를 갖춘 관리 시스템이 구축되면 지속적으로 높은 활용도를 유지할 수 있다.

데이터가 만드는 새로운 가능성

웨어러블 로봇의 가치는 물리적 보조를 넘어 작업 지식의 디지털화에 있을지도 모른다. 현재 대부분의 웨어러블 로봇은 단순히 무게를 분산시키고 근육의 부담을 줄이는 기계적 보조에 집중하고 있다. 그러나 웨어러블 로봇이 작업 중 생성되는 부하와 동작 패턴을 분석하고 활용한다면 물류 현장에 새로운 변화를 가져올 수 있다.

작업 지식의 디지털화

물류 현장에는 오랜 경력을 가진 베테랑 작업자들이 있다. 전문가들이 체득한 작업 노하우는 그 어떤 매뉴얼로도 대체할 수 없는 귀중한 자산이다. 무거운 화물을 들 때의 자세, 힘의 분배, 타이밍 등 말로 설명하기 어려운 암묵적 지식들이다.

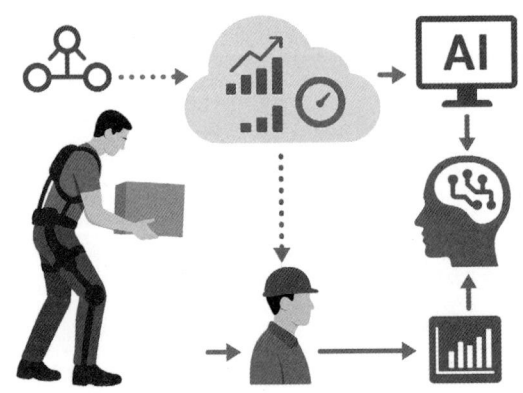

[그림 9] 작업 지식의 디지털화와 피지컬 AI 시대 준비
출처: ChatGPT 인포그래픽

이러한 동작의 '요령'은 말로 설명하기 어렵지만, 웨어러블 로봇을 통

해 각 관절에 가해지는 힘의 크기와 타이밍, 움직임 패턴을 정량적으로 측정할 수 있다.

현장의 숙련된 근로자들이 체득한 노하우와 전문성이 점차 사라지고 있는 시점에서, 웨어러블 로봇은 이러한 암묵지를 데이터로 변환하고 보존하는 도구가 될 가능성이 있다.

피지컬 AI 시대 준비

이러한 작업 지식의 디지털화는 특히 피지컬 AI의 학습에 중요한 의미를 갖는다. 현재 개발되고 있는 휴머노이드 로봇의 학습은 대부분 유튜브와 같은 영상 데이터에 의존하고 있다. 영상으로는 동작의 형태는 학습할 수 있지만, 얼마나 힘을 써야 하는지, 어떤 타이밍에 힘을 조절해야 하는지는 알 수 없다.

반면 웨어러블 로봇이 생성하는 힘과 동작의 정량적 데이터는 이러한 한계를 보완할 수 있다. 작업자의 실제 근력 사용 패턴, 관절 움직임의 순서와 타이밍 등이 기록되어 향후 휴머노이드 로봇이나 자동화 시스템 개발에 활용될 수 있다.

이러한 변화에 따라 새로운 전문 분야가 등장할 수 있다. 경험이 풍부한 작업자는 '작업 동작 전문가'로 직무를 전환하여, 축적한 기술과 지식을 체계적으로 정리하고 신입 작업자에게 효과적으로 전달하는 역할을 하며 중장년 작업자에게 새로운 경력 전환의 기회를 제공하게 된다.

에필로그: 사람을 위한 기술의 시작

컨베이어 벨트가 도입되고 AGV가 돌아다니는 물류 현장. 자동화는 계속 진행되고 있지만, 사람의 손길이 필요한 영역은 사라지지 않는다.

웨어러블 로봇은 현재와 미래를 잇는 다리다. 아직은 제한적인 작업 보조 장비이지만, 동시에 미래 자동화 기술에 필요한 데이터를 생성하는 유일한 수단이기도 하다.

이러한 가능성에도 불구하고 현실은 녹록지 않다. 우리가 살펴본 것처럼 각 이해관계자의 시선은 엇갈린다. 엔지니어는 효과를 강조하지만 작업자는 불편함을 호소하고, 경영진은 투자 대비 효과를 따져보며, 정부는 지원과 규제 사이에서 균형점을 찾고 있다.

오랜 개발 역사에도 불구하고 물류 현장에서의 본격적인 확산은 더디다. 그 과정에서 우리가 배운 것들이 있다. 기술이 아무리 발전해도 현장에서 실제로 받아들여지지 않으면 성공하기 어렵다는 것, 그리고 작업자와 함께 만들어가는 기술이어야 한다는 점이다. 또한 웨어러블 로봇이 생성하는 데이터가 단순한 기록을 넘어 작업 지식의 보존과 미래 기술 개발의 자산이 될 수 있다는 점도 주목할 만하다.

5년 후, 10년 후 물류 현장은 어떤 모습일까? 웨어러블 로봇이 안전 장비처럼 보편화될 수도 있고, 전혀 다른 기술이 등장할 수도 있다. 확실한 것은 그때도 사람이 있을 것이고, 그들의 안전과 건강을 지키는 일이 여전히 중요할 것이라는 점이다.

웨어러블 로봇은 만능 해결사가 아니다. 하지만 사람을 보호하고 더 오래 건강하게 일할 수 있도록 돕는, 사람을 위한 기술의 실천적 형태다.

물류산업의 미래는 사람과 기술이 함께 만들어간다. 웨어러블 로봇이 그 과정에서 더 안전한 작업 환경을 향한 의미 있는 걸음이 될 수 있기를 바란다.

참고문헌

- https://www.busanpa.com/kor/Board.do?mode=view&mCode=MN1445&idx=30908
- https://news.coupang.com/archives/26330/
- 서울대학교 Nature Scientific Reports 게재 논문(이 부분 논문 정식 제목 확인)
- https://www.cjlogistics.com/ko/newsroom/news/NR_00000963
- https://www.germanbionic.com/news/exia-unveiled
- https://www.germanbionic.com/
- 이상직, 2023, '지난 20년의 산업재해 발생 추이 및 구조', "한국의사회동향", 한국통계청 https://kostat.go.kr/board.es?mid=a90104010301&bid=12307&act=view&list_no=428630&nPage=2&ref_bid=12303%2C12304%2C12305%2C12306%2C12307%2C12308%2C12309%2C12310%2C12311%2C12312%2C12313%2C12314
- GM Insights, 2024, 글로벌 물류 로봇 시장 분석, https://www.gminsights.com/ko/industry-analysis/logistics-robots-market
- https://biz.chosun.com/industry/business-venture/2025/01/02/W5K4VWZSORABNI2R6A57X4WKRI/
- https://www.cjenc.co.kr/kr/information/report-view.asp?idx=196#
- https://www.monthlymaritimekorea.com/news/articleView.html?idxno=52318
- 미국 국립산업안전보건연구원(NIOSH)

주요 레퍼런스 및 인용 출처

산업재해 통계
- 산재특성분석논문_물류_N0620180313
- 산재원인논문_물류_N0620210114
- 출처: 한국통계청

- URL: https://kostat.go.kr/board.es?mid=a90104010301&bid=12307&act=view&list_no=428630&nPage=2&ref_bid=12303%2C12304%2C12305%2C12306%2C12307%2C12308%2C12309%2C12310%2C12311%2C12312%2C12313%2C12314

시장 동향 및 투자 현황
- GM Insights(2024) 글로벌 물류 로봇 시장 분석
- URL: https://www.gminsights.com/ko/industry-analysis/logistics-robots-market

기업 투자 사례
- BGF리테일 자동화 투자
- URL: https://biz.chosun.com/industry/business-venture/2025/01/02/W5K4VWZSORABNI2R6A57X4WKRI/
- CJ대한통운 메가 허브 터미널
- URL: https://www.cjenc.co.kr/kr/information/report-view.asp?idx=196#

해외 사례
- 부산신항 자동화 터미널
- URL: https://www.monthlymaritimekorea.com/news/articleView.html?idxno=52318

학술 연구
- Nature Scientific Reports 게재 서울대학교 연구팀 논문 (2025년)
- 연구 내용: 15명 건강한 성인 남성 대상 15kg 박스 반복 들기 작업 실험
- 측정 방법: 표면 근전도(EMG), 심박수, 척추 압력 측정

안전 기준
- 미국 국립산업안전보건연구원(NIOSH) 척추 압력 안전 기준: 3,400N

물류센터에 등장한 휴머노이드 동료들

Physical AI가 바꾸는 물류 현장의 모든 것

이준호

LG CNS 상무, 스마트물류&시티사업부장 | junhlee@lgcns.com

> 물류 관련 IT, 컨설팅, 자동화 엔지니어링 분야에서 25년 이상의 경력을 가지고 있으며 현재 LG CNS 스마트물류&시티 사업부장으로 재직 중이다. 그동안 크로스벨트 소터 등 물류 자동화 장비의 국산화와 물류 현장의 DX 전환을 리딩하였고, 최근에는 물류 로봇 및 휴머노이드 로봇의 현장 적용에 앞장서고 있다. 제23회 한국로지스틱스학회 주최 로지스틱스 대상을 수상하기도 하였다.

2024년 3월, 시애틀 인근 아마존 물류센터에서 일하는 직원들은 특별한 '신입 동료'를 만났다. 키 175㎝, 파란 몸체에 반짝이는 흰색 눈을 가진 휴머노이드 로봇 'Digit'. 새처럼 걷는 이 로봇은 하루 종일 빈 토트(Tote) 박스를 선반에서 컨베이어로 옮기는 작업을 묵묵히 반복했다.

SF영화에서나 볼 법한 장면이지만, 이제는 현실이다. 엔비디아 젠슨 황 CEO가 2025년 CES에서 선언한 "AI의 다음 프론티어는 Physical AI"라는 말이 단순한 전망이 아니라 이미 시작된 변화임을 보여주는 상징적 사건이었다.

Physical AI란 인공지능이 현실세계에서 물리적 환경과 상호작용하고 조작할 수 있는 능력을 갖춘 기술이다. 즉, AI가 인지와 추론, 언어나 이미지 생성을 넘어 물리 세계에서 실제 행동과 실행을 수행하는 단계로 발전한 것이다.

Physical AI가 자율주행차, 산업용 로봇, 휴머노이드 등 다양한 하드웨어와 결합하면서 현실 세계의 복잡한 문제를 해결하고 다양한 분야에서 인간의 노동을 대체할 것이라는 기대가 높아지고 있다. 특히 제조와 물류산업에서의 자동화 혁신을 이끄는 핵심 기술로 주목받고 있다.

이 글에서는 Physical AI 기술 동향과 산업 혁신, 그중에서도 제조와 물류산업에서의 자동화 혁신을 이끄는 핵심 기술의 의미를 알아보고 이를 통한 물류 자동화 영역의 변화와 미래 전망을 살펴보겠다.

4단계로 진화하는 AI, 마침내 몸을 얻다

AI 기술이 지난 몇 년간 비약적인 발전을 이루면서 우리 사회와 경제, 일상 생활 전반에서 근본적인 변화를 가져오고 있다. 컴퓨터가 인간처럼 학습하고 생각하고 추론하는 능력을 갖추게 되면서 이제까지 불가능하다고 생각되던 일들이 가능해지고 상상하지 못했던 새로운 서비스들이 출현하고 있다.

엔비디아 CEO 젠슨 황은 AI 발전단계를 다음의 4단계로 제시했다.

1단계: Perception AI(인지 AI)

Perception AI는 인간의 감각 기관처럼 이미지, 소리, 단어 등을 이해하는 기술이다. AI가 이미지 인식, 음성 인식, 패턴 분석 등을 통해 데이터를 해석하고 분류하는 기능을 담당한다. 컴퓨터 비전(Computer Vision), 자연어 처리(Natural Language Processing), 머신러닝 알고리즘이 핵심 기술이며, 얼굴 인식이나 음성 인식, 영상 분석 등에 활용되고 있다.

2단계: Generative AI(생성형 AI)

Generative AI는 새로운 콘텐츠를 창작하고 생성하는 기술이다. AI가 기존 데이터로 학습한 패턴을 바탕으로 텍스트, 이미지, 음악, 비디오와 같은 새로운 콘텐츠를 만들어낸다. AI가 데이터의 분포를 이해하고 이를 바탕으로 기존에 존재하지 않던 유사하거나 창의적인 결과물을 생성하는 능력을 가진 것이다.

생성형 AI 핵심 기술 중 하나인 LLM(Large Language Model, 대형언어모델)은 초기에는 텍스트 모델이 주를 이루었지만 점차 이미지, 오디오, 비디오 등 다양한 데이터를 통합적으로 처리하는 멀티모달 AI로 발전하고 있다. 기업들은 생성형 AI 도입으로 고객경험 개선을 통한 고객 확보, 매출 증대, 비용 최적화 등의 실질적인 사업 성과를 기대하고 있다.

3단계: Agentic AI(에이전틱 AI)

Agentic AI는 단순히 정보를 인식하고 새로운 콘텐츠를 생성하는 것을 넘어 자율적으로 의사결정을 내리고 목표 지향적인 행동을 취하는 기술이다. 사용자가 목표를 설정하면 AI가 이를 이해하고 목표 달성을 위한 워크플로우를 자율적으로 수행하는 AI 시스템이다.

Gartner에서는 '인간 개입 없이 스스로 목표를 달성하기 위해 작업 계획, 도구 사용, 가드레일(Guardrail, 안전장치) 준수 등의 기능과 결합하여 실행하는 자율 AI 시스템'으로 정의하고 있다. Agentic AI의 가장 큰 특징은 '자율성'을 확보하여 'Action'을 수행한다는 점이다.

4단계: Physical AI(물리적 AI)

Physical AI는 센서를 통해 현실 세계를 인지하고 액추에이터(Actuator) 등의 구동장치를 통해 물리적 행동을 수행하여 실제 환경에서 능동적으로 상호 작용하는 기술이다. 이는 AI가 가상의 정보 처리를 넘어 실제 세계에서 물체를 조작하고 변화시키는 능력을 갖게 되는 중요한 변화다.

센서 융합(Sensor Fusion), 실시간 제어, 환경적응 학습 등이 핵심기술이며 최근 빠르게 발전하고 있는 LLM 및 멀티모달 기술과 결합하여 더욱 빠르게 진화할 것으로 예상된다. 휴머노이드 로봇, 자율주행차 등의 형태로 구현된다.

72억달러가 몰린 휴머노이드 열풍

휴머노이드 로봇에 대한 투자 열기는 상상을 초월한다. 2024년 로보틱스 관련 스타트업들은 72억달러의 투자를 유치했으며, 골드만삭스는 휴머노이드 로봇 시장이 2035년까지 380억달러 규모로 성장할 것이라고 전망했다. 이는 1년 전 예측치인 60억달러보다 6배 이상 상향 조정된 수치다.

특히 주목할 만한 것은 거대 기술 기업들의 대규모 투자다. 2024년 2월 휴머노이드 로봇 스타트업 Figure AI는 제프 베이조스, 마이크로소프트, 엔비디아, OpenAI 등으로부터 6억 7,500만달러를 투자받아 기업 가치 26억달러로 평가받았다. 2025년 2월에는 구글이 참여한 3억 5,000만달러 규모의 투자 라운드가 Apptronik에 진행되기도 했다.

이러한 투자 급증의 배경에는 명확한 경제적 논리가 있다. 2024년 12월 기준 미국 물류창고 근로자의 평균 시급은 24달러로, 전년 대비 꾸준히 상승하고 있다. 반면 휴머노이드 로봇 제조 비용은 기존 5만~25만달러에서 3만~15만달러로 하락하여 경제성이 빠르게 개선되고 있다.

로봇의 두뇌가 깨어나다: 파운데이션 모델

Physical AI 기술 발전과 함께 자연어 명령을 직접 로봇의 물리적 동작으로 변환하기 위한 범용 로봇 파운데이션 모델(Foundation Model, 기초 모델)이 등장했다. 사용자들이 챗봇이나 대형언어모델(LLM)에 요청하듯이 로봇에 원하는 작업을 자연스럽게 지시할 수 있도록 하는 모델로 기존의 특정 작업만 수행하던 로봇에서 벗어나 주변 환경을 인지하고 명령에 따라 다양한 작업을 수행할 수 있는 범용 로봇 탄생을 가져온 핵심 기술이다.

이 모델은 말 그대로 로봇의 기초 지능을 만드는 대형 인공지능으로 인간처럼 다양한 상황을 이해하고, 언어를 해석하고, 눈으로 본 것을 판단하며, 손과 몸을 써서 행동할 수 있게 도와주기 위한 것이다. 과거에는 단일 작업을 로봇에게 하나하나 가르쳐야 했다면, 이제는 한 번에 수많은 작업을 배워두고, 필요할 때 꺼내 쓰는 똑똑한 AI 로봇이 만들어지고 있다. 이런 파운데이션 모델을 통한 학습으로 다양한 상황에 적용할 수 있는 똑똑한 뇌를 가진 로봇이 되는 것이다.

인간의 두뇌를 가진 로봇을 만들기 위해서는 언어, 시각, 행동을 동시에 가르치는 멀티모달 학습(Multimodal Learning)이 필요하다. 예를 들어 '책을 책상 위에 올려놔'라는 사람의 명령을 수행하기 위해서는 로봇은 먼저 말의 의미를 이해하고 책과 책상이 어디에 있는지를 확인하고 그럼 어떻게 들어서 어디에 놓을지 행동을 계산해야 한다. 따라서, 로봇에게 다양한 감각을 동시에 학습시키는 것이 중요하다.

이를 위해 로봇이 다양한 감각의 학습을 통해 물리세계를 이해하도록 영상이나 이미지를 학습하는 VLM(Vision Language Model, 비전언어모델) 모델과 인지한 주변 환경 정보를 기반으로 물리적 행동을 수행하기 위한

VLA(Vision Language Action, 비전언어행동) 모델이 등장했다. 빅테크 기업이나 AI 스타트업을 중심으로 관련 모델 개발이 진행되고 있다.

구글의 경우는 Gemini 2.0을 기반으로 텍스트, 이미지, 음성, 영상 등의 데이터를 처리하고 현실 세계에서 직접 행동(Action)하는 인공지능 모델인 Gemini Robotics를 출시했다. Gemini Robotics는 사전에 학습하지 않은 새로운 환경과 사물을 즉석에서 이해할 수 있고 주변 환경을 실시간으로 분석하여 변화에 즉시 적응하는 상호 작용 능력을 가진 것으로 알려져 있다.

로봇이 현실 세계를 더 잘 이해하고 상황에 맞는 행동을 수행하기 위해서는 다양한 대량 데이터로 학습을 시켜야 한다. 로봇 학습에 필요한 데이터는 단순 문자나 이미지 데이터가 아니라 언어, 시각, 행동을 동시에 포함하는 데이터이기 때문에 대량 데이터 확보에 한계가 있다. 이런 한계를 극복하기 위해 다양한 방법으로 로봇을 학습시키고 있다.

그중 하나는 사람이 직접 로봇을 조정하여 작업을 수행하고 그 동작 데이터로 로봇을 학습시키는 텔레오퍼레이션(Teleoperation, 원격조작) 방식이다. 로봇이 자율적으로 학습하기엔 너무 복잡하거나 실패율이 높기 때문에 사람이 직접 좋은 예시를 보여주는 방식으로 행동 모방 학습의 기반이 되는 데이터다.

다양한 산업과 가정 및 일상 작업에 대한 데이터를 수집하기 위해 '데이터 수집 공장'을 구축하는 사례도 나타나고 있다. 중국의 AI 로봇 기업인 Agibot은 로봇 100대에서 수집된 100만 개 이상의 다양한 학습 세트를 포함한 데이터 세트를 공개하기도 했다.

동영상을 통해 사람의 행동을 이해하고 모방하는 학습 방법이나 생성형 AI를 통해 대량의 합성 데이터를 생성하여 학습하는 방법도 로봇 학습을 위해 활용되고 있다. 엔비디아는 AI 로봇 개발을 가속화할 수 있도록 자율주행, 로보틱스, 합성 환경 등에서 수집한 2,000만 시간 분량의 데이터가 포함되어 있고 9,000조 개의 토큰 데이터로 학습된 파운데이션 모델을 공개했다.

가상 세계에서 학습한 모델을 실제 환경에서 활용하기 위해서는 Sim-to-Real(시뮬레이션-현실 전환) 기술 적용이 필요하다. 색, 빛, 질감, 마찰력, 소리, 카메라 왜곡 등 작은 차이 때문에 시뮬레이션에선 잘 되던 로봇이 현실에서는 엉뚱한 행동을 할 수 있기 때문이다. 대표적인 Sim-to-Real 기술은 다음과 같다.

- **Domain Randomization(도메인 랜덤화)**: 시뮬레이션 속 환경을 일부러 다양하게 바꿔가며 학습시키는 방법으로 조명의 밝기, 배경 색, 컵의 질감 등을 매번 무작위로 변경하여 현실 세계에서 마주칠 예측 불가능한 변수에 더 잘 적응하기 위한 기술이다.
- **Domain Adaptation(도메인 적응)**: 현실에서 수집한 일부 데이터를 시뮬레이터 튜닝에 사용하여 시뮬레이션을 실제 환경처럼 보이게 만들어서 학습 효과를 높이는 방법이다.
- **Fine-tuning(파인튜닝)**: 시뮬레이션에서 훈련된 모델을 사람의 피드백이나 강화학습을 활용하여 실제 환경에서 조금씩 다시 학습시켜 조정하는 방법이다.
- **Sim + Real Joint Learning(시뮬레이션-현실 결합 학습)**: 시뮬레이션 데이터와 현실 데이터를 함께 학습시켜 두 세계 모두에 적응할 수 있도록 하는 학습 방식이다.

이와 같은 Sim-to-Real 기술을 통해 로봇이 가상에서 학습한 기술이 현실에서도 오류 없이 작동될 수 있게 된다.

물리세계에 발을 디딘 AI: 협업에서 자동화까지

Physical AI 발전으로 로봇은 기계적 능력에 인지, 판단, 학습 등의 인공지능 기능이 융합된 지능형 로봇으로 진화하고 있다. 로봇이 단순한 동작 작업 능력을 넘어서 복잡한 주변 환경을 스스로 판단하고 환경 변화에 실시간 반응함은 물론 다양한 과제를 동시에 수행하는 능력을 갖추게 됨에 따라 새로운 개념의 자동화 시스템 구현 가능성을 열어주고 있다.

유연성 및 확장성

전통적인 산업 자동화는 반복성이 높은 작업, 규칙이 명확한 공정에서 탁월한 성능을 발휘해 왔다. 그러나, 비정형 작업, 증설, 개조/개선 등 변화에 민감한 산업 환경에서는 기존 자동화 설비의 한계가 뚜렷하게 드러났다. 이런 상황에서 Physical AI는 산업 자동화의 고정성 문제를 극복하는 핵심 기술로 주목받고 있다.

기존 자동화 설비는 정해진 공정 외에는 유연하게 대응하기 어렵고, 공정 변경 시 큰 비용이 발생한다. 반면 Physical AI 기반 시스템은 학습과 경험을 통해 작업 조건이 바뀌어도 적응할 수 있어, 작업 환경 변화에도 유연하게 대응할 수 있다.

또한, Physical AI 기술이 접목된 휴머노이드 로봇은 사람과 유사한 신체 구조와 감각 인지 능력을 가지고 있어 사람이 하던 작업을 대체하거나 협력하는 형태로 자동화의 범위를 확장할 수 있다. 기존 자동화가 커버하지 못했던 조립, 포장, 분류, 검사 등 고난이도 작업을 자율적으로 수행할 수 있으며, 사람과의 협업을 통해 전체 작업 속도와 품질도 향상될 수 있다.

휴머노이드 로봇은 사람이 사용하는 도구, 기계, 환경에 그대로 적응할 수 있어 기존 설비의 재설계 없이 투입 가능하다는 점에서 설비 유연성 확보, 전환 비용 절감, 공간 활용 최적화 등의 효과도 가져올 수 있다.

인간-로봇 협업 중심의 작업 환경으로 전환

휴머노이드 로봇의 가장 큰 강점 중 하나는 사람과의 협업이다. 기존 산업용 로봇은 안전펜스나 고정된 작업 공간 내에서 동작해야 했지만 휴머노이드는 시각, 청각, 힘 센서 등의 멀티모달 인지 능력을 활용해 사람과 같은 공간에서 협업 작업이 가능하다. 특히 고령화와 인력 부족이 심화되는 산업 현장에서 단순 반복작업을 휴머노이드 로봇이 대체하고 사람은 고부가가치 작업에 집중할 수 있는 구조로의 전환이 가속화될 전망이다.

또한, 자연어 명령 이해, 제스처 인식 등이 가능하여 로봇이 사람과 직접 소통할 수 있어 비전문 인력도 로봇 활용이 가능하다. 이로 인해 기존에 자동화에 어려움을 가지고 있던 중소규모 제조업이나 서비스업에서도 휴머노이드 로봇을 활용한 자동화가 현실화될 수 있고, 이는 전 산업에 걸쳐 새로운 효율성과 생산성 향상을 가져올 수 있다.

데이터 기반 운영 체계로 전환

Physical AI는 물리적 작업을 수행할 뿐만 아니라, 그 과정에서 현장의 다양한 상황에 대한 센싱과 피드백을 기반으로 작업을 수행하기 때문에 다양한 데이터의 수집도 가능하다. 이는 현장의 모든 동작이 디지털화되어 실시간 분석과 최적화에 활용될 수 있음을 의미한다. 결과적으로 산업 현장이 지능형 데이터 허브로 진화하게 되는 것이다.

예를 들어, 로봇이 부품을 조립하면서 발생하는 미세한 진동 변화, 작업 시간의 편차, 부품 위치 오차 등을 감지하여 품질 이상을 사전에 예측하거나 작업자의 움직임을 분석해 위험 요소를 자동으로 감지하고 회피하는 시스템이 구축될 수 있다. 이는 예지 보전(Predictive Maintenance), 품질 향상, 에너지 효율화 등 현장 운영을 최적화하기 위한 데이터의 기반이 구축되는 것이다.

이와 같이 Physical AI 기반의 지능형 로봇은 산업 자동화의 패러다임 전환을 이끌 핵심 요소로 평가된다. 그러나 실제 산업 현장에서 이 기술이 안정적으로 활용되기 위해서는 넘어야 할 과제도 많이 남아 있다.

ROI 6개월, 물류 자동화의 경제학

기업들이 물류 자동화에 주목하는 이유는 간단하다. 돈이 되기 때문이다.

2024년 McKinsey 조사 결과가 이를 증명한다. 기업들은 향후 5년간 자본 지출의 25%를 자동화에 투입할 계획이며, 물류 영역에서는 그 비율이 33%를 넘어 전 산업 중 가장 높다. 망설일 이유가 없는 투자수익률 때문이다.

구체적 수치를 보자. 자동화된 물류센터는 재고 정확도 99% 달성(기존 대비 76% 개선), 연간 인건비 3% 절감, 1일 내 출고율 100%(40% 개선)라는 성과를 낸다. 자동 보관·인출 시스템 ASRS(Automated Storage and Retrieval System)의 경우 투자회수 기간이 불과 6~18개월. 이런 투자처를 마다할 경영진은 없을 것이다.

더 놀라운 것은 개별 기술의 효과다. AI 기반 디팔렛타이징(Depalletizing, 팔레트 분해) 로봇은 시간당 600~1,000개 화물을 처리한다. 인간의

350~400개와 비교하면 압도적이다. 피킹 자동화는 속도를 10배 향상시켜 2~3년 내 투자금을 회수할 수 있다.

장밋빛 전망 뒤의 현실적 벽

하지만, 화려한 수치 뒤에는 냉정한 현실이 있다.

2024년 Interact Analysis 조사에서 기업들은 모바일 로봇 도입의 가장 큰 장벽으로 '예산 부족'을 꼽았다(33%). 아무리 좋은 기술도 돈이 없으면 그림의 떡이다. 더 심각한 문제는 프로젝트 실패율이다.

McKinsey는 자동화 프로젝트의 상당 부분이 실패한다고 지적한다. 실패 요인 3가지는 통합적 비전 부족, 경영진의 기술 이해 부족, 조직 내 갈등이다. 실제 사례도 있다. 한 소비재 기업이 1억 5,000만 달러를 들여 완전 자동화 시설을 구축했지만, 수요 예측을 잘못해 첨단 기능들을 제대로 활용하지 못했다. 기술은 완벽해도 사람과 조직이 준비되지 않으면 실패한다는 교훈이다.

글로벌 휴머노이드 경쟁: 누가 먼저 완주선을 통과할 것인가?

휴머노이드 로봇 개발은 이제 국가 차원의 경쟁이 되었다.

미국 진영에는 Figure AI, Boston Dynamics, Tesla가 있다. 중국은 Unitree Robotics, Fourier Intelligence로 맞선다. 독일의 Neura Robotics, 노르웨이의 1X Technologies도 치열한 경쟁에 뛰어들었다.

특히 중국의 전략적 접근이 눈에 띈다. 2023년 11월 중국 정부는 2025

년까지 휴머노이드 로봇 대량 생산 계획을 발표했다. 그 결과가 벌써 나타나고 있다. Unitree의 H1 로봇은 2024년 시속 11.7km의 이족보행 속도 기록을 세웠고, 가격은 9만 달러로 서구 경쟁사의 절반 수준이다.

상용화 타임라인도 점점 구체화되고 있다. 2024~2026년은 단순 반복작업(토트 박스 이동, 팰리타이징), 2027~2030년은 복합 작업(피킹, 검수), 2030년 이후에는 완전 자율 물류센터가 가능할 전망이다.

사회적 영향과 인력 전환

휴머노이드 로봇 도입이 일자리에 미치는 영향에 대한 우려도 현실적이다. 하지만 Amazon의 사례를 보면 흥미로운 패턴을 발견할 수 있다. Amazon은 현재 75만 대 이상의 로봇을 운영하면서도 동시에 700개 이상의 새로운 직무 유형을 창출했다고 발표했다.

Goldman Sachs는 제조업에서 5~15%의 노동 대체율을 가정할 때, 전 세계적으로 110만~350만 대의 휴머노이드 로봇 수요가 발생할 것으로 분석했다. 하지만 이는 완전한 대체보다는 협업 모델로 발전할 가능성이 높다. 위험하고 반복적인 작업은 로봇이, 창의적이고 전략적인 업무는 인간이 담당하는 역할 분화가 진행될 것이다.

안정성과 규제 이슈

휴머노이드 로봇이 본격적으로 적용되기 위해서는 기술 발전 속도에 맞추어 관련 법규와 제도적 기반도 마련되어야 한다. 의도하지 않은 로봇의 오작동에 의한 인명 피해 가능성과 해킹 위험, 데이터 수집 과정에서의 개인정보 문제, 그리고 로봇 사고 발생 시 책임 소재를 명확히 규정하기 위한 법적/윤리적 책임 문제 등이 우선 해결 과제로 생각된다.

이미, 산업용 로봇 안전 요구사항을 정의한 ISO 10218이나 협동로봇 안전 규격을 정의한 ISO/TS 15066 등과 같은 국제 규격, 지능형 로봇의 개발과 보급을 촉진하기 위한 '지능형 로봇법', 산업 현장에 로봇 도입 시 안전 관련 사항을 규정한 '산업 안전법'과 같은 국내 법규가 존재하지만 휴머노이드 로봇에 대한 특화된 기준은 부족한 실정이다. 휴머노이드 로봇의 안전한 개발과 도입을 위한 기본적인 규제 체계가 마련되어야 기업들은 이를 준수함으로써 법적 리스크를 최소화할 수 있게 된다. 특히, 휴머노이드 로봇은 AI 기술 기반의 자율적인 판단과 행동을 수행하기 때문에 AI 시스템의 신뢰성과 안전성을 보장하기 위한 안전/윤리 관리 체계도 함께 고려해야 한다.

로봇과 함께 일하는 시대: 물류센터의 진화

물류 현장에서의 기술 변화는 다른 산업 현장보다 더 빠르게 일어나고 있다. 특히, 자동화 영역은 AI, 로보틱스 등의 신기술을 빠르게 적용하면서 스마트 물류센터로 진화하고 있다. 스마트 물류센터로의 변화 과정과 휴머노이드 등의 지능형 로봇이 가져올 변화 모습을 살펴보겠다.

스마트 물류센터로의 진화

자동화 초기 단계에는 상품 입고부터 보관, 분류, 피킹, 이송, 포장, 출고의 일련의 과정에 대한 단위업무 중심의 부분 자동화가 진행되었다.

즉, 보관이나 분류 등의 단위 프로세스 자동화를 위해 주로 해외의 자동화 설비를 가져와서 단위 업무의 효율화를 진행했다. 이때는 자동화가 많이 진행된 것이 아니어서 일반 랙 중심의 적치, 보관 및 피킹 전략 또는 웨이브(Wave, 작업 단위) 관리와 같은 배치 기능을 강화한 WMS(Warehouse Management System, 창고관리시스템)의 구축에 중점을 두었다.

이커머스가 활성화되고 온라인 주문이 폭발적으로 증가하면서 물류센터 내 수작업 또는 부분 자동화로는 급증하는 주문 물량을 한정된 시간 내 처리하기에 한계가 존재한다는 것을 깨닫게 되었다. 단위업무 중심의 자동화로는 주문 이행을 위한 핵심 프로세스인 물류센터 내 하차, 검수, 적재, 분류, 상차 등의 과정을 병목없이 빠르게 처리하기에 한계가 존재하기 때문이다.

이에 따라 전체 프로세스를 바라보는 관점의 자동화가 필요하게 되었고 물류센터 운영방식도 변화하게 되었다. 단위설비 별 제어 기능에 국

1) AS/RS : Automated Storage/ Retrieval System 2) QPS : Quick Picking System

[그림 1] 확장된 물류센터 자동화 영역 출처: LG CNS

한되지 않고 센터 전체 관점의 통합 운영 계획, 제어 및 모니터링이 중요하게 되었고, 이를 위해 전체 센터를 통합 관제할 수 있는 WCS(Warehouse Control System, 창고제어시스템)을 적용하여 자동화 설비 간 통합제어 및 설비 간의 유기적인 연계 프로세스를 구현하게 되었다.

또한, 물류센터 각 요소에 최적화 기술을 적용하여 전체 프로세스의 최적화를 추진하게 되었다. 최적화란 설비 하나의 최적화를 위해서 즉 하나의 설비에서 여러 대의 움직이는 장비가 있을 경우 어떤 장비가 먼저 움직이고, 어떤 동선 및 경로로 움직이고, 오더의 처리를 어떤 순서로 처리할지 등의 방안을 결정하는 것이다. 이런 최적화가 단위 설비에도 필요하고 단위 설비 간 우선순위 선정, 하나의 설비에서 병목지점(Bottleneck)을 조정해주는 것에도 필요하다. 이런 것이 단위의 최적화, 전체의 최적화 기술이고 물류센터에서 현장에서 많이 작동하고 있다.

더 가벼운 무게와 즉각적인 고출력을 요하는 로봇의 특성을 고려하여 로봇 전용 배터리 기술 개발도 진행되고 있다. 액추에이터는 로봇이 사람과 같은 동작 구현을 위한 핵심 부품이다. 특히, 사람의 손동작과 같은 정밀한 동작을 구현하기 위해서는 고출력, 초소형, 딥러닝 기반의 정밀제어 등과 같은 기술 고도화도 지속되어야 한다.

| AI와 로보틱스 기술발전이 물류에 미친 영향

AI와 로보틱스 기술발전은 물류센터의 자동화 운영 수준을 한 단계 업그레이드시켰다. 앞서 기술한 것처럼 물류 운영 효율을 극대화하기 위해 프로세스 각 단계에 자동화 설비를 도입하고 운영 최적화를 위해 제어 시스템과 최적화 알고리즘 등을 적용하고 있지만, 아직도 비효율적인 부분과 전체 생산성을 저해하는 병목 프로세스 등은 존재한다. 현재 물류 현장에는 이런 문제 해결을 위해 AI Vision, 강화학습 등의 AI 기술이 활발히 적용되고 있다.

AI 팰릿타이징/디팰릿타이징 로봇

물류센터에 화물이 입고되거나 출고될 때, 이송이 수월하도록 팔레트 위에 화물을 쌓아 입출고하는 것이 일반적이다. 팔레트를 이용해서 한 번에 많은 물량을 처리하는 것이 다양한 상품들을 보다 효율적으로 처리할 수 있기 때문이다. 화물을 팔레트로 적재하는 팰릿타이징(Palletizing, 팔레트 적재) 작업은 대부분 사람이 하게 되는데 대상 화물들이 서로 상이한 크기, 모양, 무게를 가지고 있어 표준화된 적재가 어렵고, 적재 중 박스가 무너지거나 파손되는 문제도 발생할 수 있다.

특히, 이커머스 물류센터는 SKU(Stock Keeping Unit, 재고관리단위) 수가 많아 혼합 팰릿타이징이 일상적이다. 이렇게 다양한 종류의 화물을 높이 제한, 하중 제한, 파손 위험 등을 고려해 사람이 수작업으로 처리하기에는 생산성 측면에서 한계가 있고 피크 시즌에는 처리량을 따라가지 못해 병목 현상이 발생하는 문제도 발생한다. 이런 문제 해결을 위해 다음과 같은 AI 기술이 적용되고 있다.

- **AI Vision 기반 객체 인식 기술**: 딥러닝 기반 CNN(Convolutional Neural Network, 합성곱 신경망)을 활용하여 비정형 화물을 포함한 다양한 형태의 화물 크기, 무게, 라벨 등을 실시간 인식한다.
- **딥러닝 기반 최적 적재 알고리즘**: 강화학습(Reinforcement Learning)을 통해 다양한 팔레트 구성 시나리오를 학습하여 공간 효율을 극대화하고 안정성을 유지하는 적재 순서와 패턴을 생성한다.
- **AI 로봇 제어**: AI 기반 궤적 생성, 충돌 회피 경로 탐색 기술을 적용하

여 로봇팔이 화물을 정밀하게 이동 및 배치하도록 제어한다.

이와 같은 AI 기술 기반의 팰릿타이징 로봇을 적용함으로써 적재 공간 낭비를 최소화하고 사람 대비 최대 2배 빠른 적재 작업이 가능해진다.

팔레트에서 화물을 개별 단위로 분리하고 분류하는 디팰릿타이징에서도 AI 기술이 적용되어 작업 성능을 개선하고 있다. AI Vision 객체 인식 기술을 활용해 팰릿 위의 개별 화물의 위치, 크기, 모양, 회전 각도 등을 실시간으로 인식하고 강화학습 기반의 그리핑(Gripping, 물체 집기) 모델을 적용하여 인식한 화물의 모양, 무게중심, 위치에 따라 최적의 그리퍼(Gripper, 로봇집게) 위치와 경로를 계산한다.

일반적으로 사람이 작업 시 시간당 350~400개 정도를 처리할 수 있지만, AI 기술이 적용된 디팰릿타이징 로봇 적용 시에는 시간당 평균 600개에서 최대 1,000개 화물을 처리할 수 있다. 일정한 모양의 화물을 처리할 경우에는 동시에 2개의 화물을 잡을 수 있는 그리퍼를 적용함으로써 생산성을 획기적으로 높일 수도 있다.

[그림 2] AI 기반 팰릿타이징/디팰릿타이징 로봇 출처: LG CNS

AI 자동 3분류

택배 터미널에서 가장 인력이 많이 소요되는 곳은 상하차 작업이다. 택배 허브 터미널의 하차 라인에서는 각 지역에서 터미널로 입하된 상품을 벌크(Bulk, 대량) 하차 후 사람이 화물의 크기와 형상을 보고 중대형, 소형, 이형 소터 라인으로 손으로 밀어주거나 당겨주는 작업을 진행하고 있다.

사람이 육안으로 임의 판단하기 때문에 분류 정확도도 떨어지고 생산성도 사람에 따라 천차만별이다. 이와 같은 인력에만 의존했던 상품 분류의 한계를 극복하고자 Vision 기반의 AI 자동 3분류 솔루션을 도입하려는 움직임이 보편화되고 있다.

딥러닝 모델을 활용하여 화물 이미지를 학습시키고 화물이 3D 카메라 센서를 통과하는 순간 화물의 형태와 부피를 자동으로 인식하여 소형/중대형/이형 소터로 화물을 자동으로 분류해 주는 기술을 적용하고 있는 것이다. 이를 통해 택배 하차대를 작업자 없이 운영함에 따라 비용 절감뿐 아니라 작업자에 의한 오류도 줄이는 효과를 보고 있다.

AI 피킹 로봇

물류센터의 오더 처리과정에서 인력투입이 가장 많은 분야 중 하나가 피킹(Picking, 선별) 업무다. 물류센터에는 너무도 다양한 형태의 상품들이 고객의 주문 박스에 담겨 정해진 시간 내에 옮겨져야 하기 때문에, 이를 자동화하는 것은 복잡하고 어려운 일로 간주되었다.

AI 피킹 로봇은 이런 피킹 업무에 사람을 대신하여 로봇을 적용하는 기술이다. 로봇 팔 끝에 카메라와 센서를 달아 물건을 인식하고 AI가 이를 분석해 정확히 집어 올린다. 물체 인식에는 컴퓨터 비전 기술이, 집는 동작에는 로봇 그리퍼와 모션 제어 기술이 적용된다. AI가 다양한 형태와 크기의 물건을 학습해 피킹해야 할 상품을 구분하고 스스로 파지점을 찾아 집어 올리는 것이다.

하지만 아직까지 한계점도 명확하다. 대형 이커머스 물류센터에서 취급하는 상품이 수십만 개에 달하는데 이 모든 상품을 딥러닝 학습을 통해 구분하여 인식하는 것은 기술적으로 한계가 있다. 또한, 새로운 상품이 들어오면 AI의 추가 학습이 필요하여 AI 모델의 유지 관리에도 많은 시간과 비용이 발생하고 있다. 그리고, 형태나 재질이 불규칙한 상품(예: 부드러운 비닐 포장, 반짝이는 표면)의 경우는 비전 인식과 그리핑 측면에서도 어려운 문제가 존재한다.

이런 기술적 문제로 본격적인 상용화 및 확산이 더디게 진행되고 있지만, 앞으로 AI 기술 발전에 따라 사람과 로봇이 함께 일하는 형태가 일반화될 것으로 예상된다.

AGV 경로 최적화

AI 기술은 상품 이송에 쓰이는 AGV(Automated Guided Vehicle, 무인운반차) 이동 경로 최적화에도 쓰이고 있다. 물류센터에서는 다양한 형태의 AGV가 활용되고 있다. 상품이 적재되어 있는 Pod를 주문 순서에 따라 작업자가 있는 피킹 스테이션으로 자동 공급해주는 Pod형 AGV, AGV 위에 수직으로 움직이는 레일과 수평으로 움직이는 로봇팔을 부착하여 랙에 보관된 박스나 토트를 반출하고 자동으로 피킹 스테이션으로 공급해주는 다단 적재형 AGV, 상단에 컨베이어 벨트나 틸트 트레이를 장착하고 이동하면서 위에 올려진 상품을 목적지별로 분류하는 분류형 AGV 등이다.

AGV는 바닥에 격자 형태로 부착된 QR 코드를 따라 목적지로 이동하게 되는데, 이때 출발지와 목적지의 이동 경로를 최적화하기 위해 다익

스트라(Dijkstra) 등의 수리적 알고리즘을 적용하는 것이 일반적이다. 최근에는 Deep Q-Learning 알고리즘 기반의 강화학습을 통해 이동 시간을 더욱 줄이기 위한 노력도 진행되고 있다. 이동 시간이 10% 줄어든다면 기존 10대의 로봇으로 처리하던 업무를 9대의 로봇만으로도 처리할 수 있기 때문이다.

이처럼, 물류 현장은 단위 프로세스 자동화부터 전체 최적화 기술, AI와 로보틱스 기술까지 새로운 기술을 빠르게 적용해 가면서 스마트물류센터로 변화해 오고 있다. 하지만, 기술적 제약 등으로 여전히 자동화하기에 어려운 프로세스도 많이 남아 있는 것도 현실이다. 범용 인공지능을 가진 휴머노이드 로봇의 출현이 다양한 자동화 관점의 여러 난제를 해결할 기술로 주목받고 있는 이유도 여기에 있다.

휴머노이드 로봇이 가져올 변화

산업 현장에서 휴머노이드 로봇에 주목하는 이유는 기존의 자동화 설비나 물류로봇 등은 특정 업무만을 위한 로봇이었지만 휴머노이드 로봇은 인간과 비슷하게 작업할 수 있는 제너럴리스트(Generalist, 범용형)로 진화하고 있기 때문이다. 물류 현장은 여전히 수작업으로 진행되는 업무가 많이 남아 있어 노동력 부족, 반복 업무로 인한 부상 위험, 수요 변화에 탄력적 인력 운영 문제 등의 어려움을 겪고 있다. 이런 환경 속에서, 사람의 형태와 유연성을 가진 휴머노이드 로봇이 만능 해결사로 부상하고 있는 것이다.

휴머노이드 로봇은 다양한 산업 현장에서 활용성을 검증하고 있다. 휴머노이드 로봇을 생산하고 있는 대부분의 기업들은 일차적으로 제조

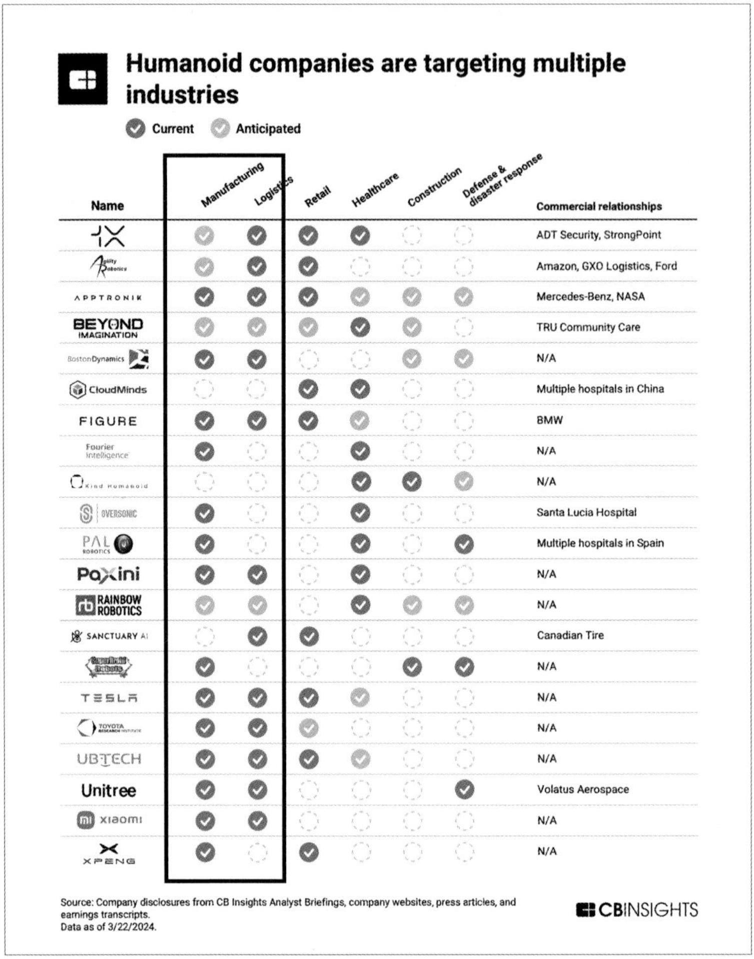

Humanoid companies are targeting multiple industries

✓ Current ○ Anticipated

Name	Manufacturing	Logistics	Retail	Healthcare	Construction	Defense & disaster response	Commercial relationships
1X	✓	✓	✓	✓	○	○	ADT Security, StrongPoint
Agility Robotics	✓	✓	✓	○	○	○	Amazon, GXO Logistics, Ford
APPTRONIK	✓	✓	✓	✓	✓	✓	Mercedes-Benz, NASA
BEYOND IMAGINATION	✓	✓	✓	✓	○	○	TRU Community Care
Boston Dynamics	✓	✓	○	○	✓	✓	N/A
CloudMinds	○	○	✓	✓	○	○	Multiple hospitals in China
FIGURE	✓	✓	✓	○	○	○	BMW
Fourier Intelligence	✓	○	○	✓	○	○	N/A
Kind Humanoid	○	○	○	✓	✓	✓	N/A
OVERSONIC	✓	○	○	✓	○	○	Santa Lucia Hospital
PAL ROBOTICS	✓	○	○	✓	○	✓	Multiple hospitals in Spain
Pa×ini	✓	✓	○	○	○	○	N/A
RAINBOW ROBOTICS	✓	✓	○	✓	✓	✓	N/A
SANCTUARY AI	○	✓	✓	○	○	○	Canadian Tire
(Sirius)	✓	○	○	○	✓	✓	N/A
TESLA	✓	✓	✓	○	○	○	N/A
TOYOTA	✓	✓	○	○	○	○	N/A
UBTECH	✓	✓	✓	✓	○	○	N/A
Unitree	✓	✓	○	○	○	✓	Volatus Aerospace
xiaomi	✓	✓	○	○	○	○	N/A
XPENG	✓	○	✓	○	○	○	N/A

Source: Company disclosures from CB Insights Analyst Briefings, company websites, press articles, and earnings transcripts. Data as of 3/22/2024.

CBINSIGHTS

[그림 3] 휴머노이드 기업 목표산업 출처: CB Insights

와 물류산업을 목표로 하고 있다. 물류센터는 SKU 증가, 온라인 주문 증가, 라스트마일(Last Mile, 최종배송) 단축을 위한 자동화 투자가 지속되고 있지만 필요 인력 수요는 장기적으로 증가 추세이며 임금 또한 증가하고 있기 때문에 기업들의 비용 압박이 확대되고 있다.

자동차 제조도 대표적인 근로자 임금 상승 및 파업으로 인해 기업들의 비용 부담이 큰 산업이다. 2023년 전미 자동차 노조 파업으로 GM, Ford, Stellantis는 첫 파업 2주간 약 40억 달러의 손실이 발생했다고 알려져 있다.

자동차 제조 라인의 경우 저숙련 반복 작업 위주로 완성차 기업들의 휴머노이드 테스트가 진행 중이다. 벤츠와 BMW가 휴머노이드 로봇 시범 도입을 진행하고 있고 테슬라를 비롯한 현대자동차, 토요타도 휴머노이드 로봇 적용을 계획하고 있다. 물류의 경우는 아마존이 Agility Robotics와 협력하여 Digit이라는 2족 보행형 휴머노이드 로봇을 2023년 말부터 물류센터에 시범 도입하여 빈 토트 박스를 수거하거나 이동하는 등 반복적이고 단순한 작업에서의 효용성을 검증하고 있다.

미국 물류기업인 GXO는 휴머노이드 로봇의 시범 적용을 마치고 Agility Robotics와 정식 계약을 맺고 물류 현장에서 토트 박스를 자율 이동 로봇과 컨베이어 시스템 사이에서 옮기는 작업에 휴머노이드를 활용하고 있다.

물류 현장에서 휴머노이드 로봇은 하차부터 보관, 분류, 피킹, 패킹, 상차까지 각 프로세스별 상품 처리를 위한 단순 업무부터 각 프로세

[그림 4] 휴머노이드 로봇 적용 작업 유형 출처: LG CNS

간 이동을 위해 상품을 이/적재하는 업무 등에 활용 가능할 것으로 예상된다. 우선은 컨베이어나 자율 이송 로봇 등에서 물건이 담긴 토트 박스나 상자를 옮기는 작업과 같은 단순하고 정밀한 손 동작을 요하지 않는 작업과 고중량의 상품을 핸들링해야 하는 업무, 낙상 위험이나 복잡한 구조물로 인해 사고 위험이 있는 환경에서 이루어지는 업무, 유해 환경에서의 작업에 휴머노이드 로봇이 활용될 것이다.

휴머노이드 로봇이 산업 현장에서 제대로 된 역할을 하기 위해서는 현장 적용을 위한 기술 발전도 필요하다. 그중, 가장 중요한 것은 현장 데이터 기반의 추가 학습이다. 휴머노이드 로봇이 범용 인공지능을 가지고 있더라도 투입되는 작업에 최적화된 것은 아니다. 우리가 대학교에서 전공 수업을 받고 졸업했더라도 기업에 취업해서는 일정 기간 동안 OJT(On-the-Job Training, 현장훈련) 교육을 받는 것과 같은 원리다. 로봇도 다양한 학습 데이터를 가지고 일반적인 교육(Pretrain, 사전훈련)을 받고 현장 특성 및 작업 특성에 맞는 추가 학습인 파인튜닝 작업을 거쳐야 하

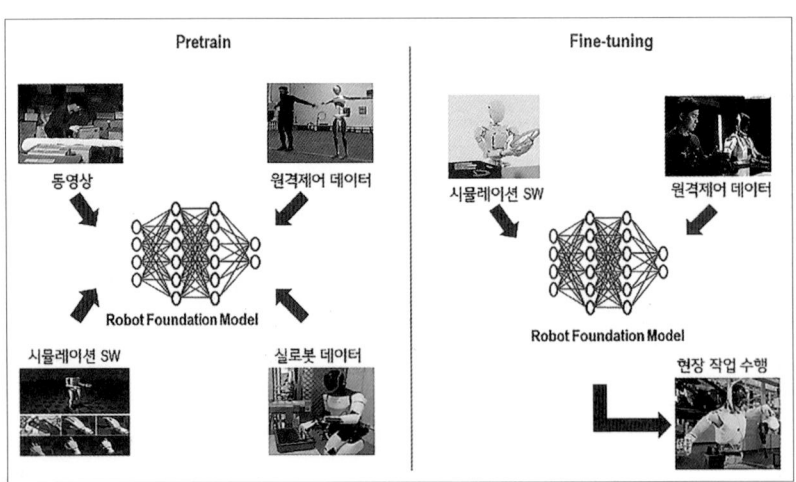

[그림 5] Robot Foundation Model 학습방안 출처: LG CNS

는 것이다.

파인튜닝 학습을 위해서는 현장과 작업 특성에 맞는 현장 학습 데이터 확보가 중요하다. 현장 학습 데이터는 로봇이 실제로 일할 것을 가르치는 교과서라고 볼 수 있다. 현장 데이터 기반의 파인튜닝은 로봇을 해당 현장의 숙련된 작업자로 만드는 과정이다.

휴머노이드 로봇이 숙련된 작업자 수준의 지능과 물리적 능력을 갖게 됨에 따라 물류 자동화는 또 다른 전환점을 맞이할 것으로 예상된다. 지금까지 불가능하다고 여겨졌으나 휴머노이드 로봇을 통해 자동화 전환이 가능한 대표적인 작업은 상하차 작업과 검수 작업 등이다.

상하차 작업은 반복적이고 단순한 업무이면서 고강도 노동을 필요로 하므로 자동화에 대한 니즈가 높은 영역이지만 비정형 화물을 취급해야 하고 현장에서 발생하는 다양한 비정상 케이스에 대응해야 하기 때문에 사람이 투입되어 작업을 해 오고 있다. 10톤 트럭이 싣고 온 컨테이너 박스에 가득 찬 화물을 내려야 하는 대형 택배 터미널에서의 하차 작업은 많은 사람을 필요로 할 뿐만 아니라 작업 강도 측면에서도 악명 높은 작업 중 하나다.

최근, 다양한 상하차 로봇이 출시되고 있으나 일정한 크기의 정형 박스가 가지런하게 적재되어 있는 경우를 제외하고 택배 터미널에서와 같이 다양한 크기와 포장재의 화물이 불규칙하게 담겨서 오는 경우에는 적용이 불가능하여 상용화가 더디게 진행되고 있다.

검수 영역도 많은 사람을 필요로 하나 아직까지 수작업에 의존하고 있는 영역이다. 검수는 고객이 주문한 다양한 상품을 오더별로 피킹 후 고객에게 출하시키기 전 고객이 주문한 사항이 맞는지 확인하는 절차로 다양하게 피킹되어 온 상품을 사람이 육안으로 하나하나 스캔하여 확인하는 과정이다. 비전 AI 기술을 적용하여 자동 검수를 추진하고 있으나 아직까지 수만 개의 다양한 상품 이미지 학습의 한계, 겹쳐진 상품의 인식 이슈와 같은 기술적 문제로 아직까지 활성화되지 못하고 있다.

이와 같이 그동안 기술적 한계로 자동화 전환이 어려웠던 프로세스 영역에서도 휴머노이드 로봇이 사람을 대체하여 로봇 노동자로 활용됨에 따라 물류현장은 휴머노이드 로봇과 다양한 물류 로봇이 서로 협력하여 운영되는 모습으로 변화할 것이다.

24시간 잠들지 않는 자율운영 시스템

Physical AI 기술 발전으로 물류 현장은 완전 자율형 작업장으로 바뀔 것이다. 현장 작업에 최적화된 학습을 받은 휴머노이드 로봇들이 사람을 대신하여 물류 현장 곳곳에서 사람과 유사한 팔, 손, 다리를 사용해 다양한 형태와 크기의 상품을 능숙하게 집어 올리고 분류하고 포장하는 작업을 수행할 것이다. 물류 현장은 휴머노이드 로봇과 자동화 설비, 물류 로봇 등이 서로 협력하며 운영되는 완전 자동화된 현장으로 변화할 것이다.

여기에 단순 명령 수행을 넘어 목표 달성을 위해 스스로 계획을 세우고, 실행하며, 상황을 판단하여 문제를 해결하는 Agentic AI 기술이 적용되면서 물류 현장은 무인 자율 운영 시스템으로 전환될 것이다. 센터의 운영은 중앙의 Agentic AI 제어 시스템이 맡게 되고, 이 AI 시스템이 하루 작업 계획을 자동으로 수립하고, 입·출고 스케줄, 차량 도착 시간, 재고 수준을 분석해 로봇들에게 최적의 작업 순서를 배정한다. 만약 특정 구역에 긴급 주문이 들어오거나 설비 이상이 발생하면, AI는 즉시 작업 경로와 우선순위를 재조정해 전체 물류 흐름에 영향을 주지 않도록 자율적으로 통제하게 된다.

자율 물류센터의 완전한 하루

물류 현장이 운영되는 하루의 모습을 생각해 보면 다음과 같은 모습이 될 것이다.

물류센터가 가동을 시작하면 Agentic AI가 오늘 들어올 상품과 출고 스케줄을 확인하여 스스로 작업 계획을 수립하고 자동으로 로봇들에게 작업을 배분한다. 휴머노이드 로봇은 상품이 도착하면 직접 팔과 손을 써서 박스를 들어 올리고, 라벨을 스캔하여 입고 처리를 하고 지정된 보관 장소로 이동한다.

출고 처리를 위해 상품의 위치를 찾을 때는 센터 내부의 3D 지도를 기반으로 최단 경로를 계산하고, 다른 로봇이나 설비와 부딪히지 않도록 속도와 동선을 조정하여 이동하고 상품 피킹부터 포장, 검수 작업까지 진행하게 된다. 휴머노이드 로봇이 출고될 상품을 가져오면, 자율 이송 로봇 AMR(Autonomous Mobile Robot)이 받아서 출고 구역까지 운반한다. 이때, Agentic AI는 두 로봇의 위치·작업 속도를 조율해 병목 현상이 생기지 않도록 한다.

작업 진행 중 작업 실적 등의 진행 상황은 실시간으로 중앙 시스템에 보내져서 모니터링되고, 예외 상황이 발생하게 되면 Agentic AI가 실시간으로 작업을 통제하고 작업계획을 재수립하여 물류 흐름이 끊기지 않도록 처리한다.

하루 목표했던 작업이 끝나게 되면 로봇들은 스스로 배터리나 그리퍼 등의 상태를 점검하여 배터리 충전 및 필요한 부품 교체 등을 수행한다.

모든 점검 기록과 작업 데이터는 중앙 시스템에 저장되어 다음 날의 효율적인 운영과 예방 정비에 활용된다.

이와 같이 완전 자동화된 자율 물류 현장은 24시간 중단 없이 운영될 수 있고, 계절·날씨·인력 수급 문제와 무관하게 안정적인 운영이 가능하며 AI가 실시간으로 계획을 조정하여 불필요한 대기나 작업 중지를 방지하여 생산성은 비약적으로 향상된다. 덕분에 고객은 더 빠르고 정확한 배송 서비스를 받고 기업은 인건비와 운영 비용을 절감하며 산업 전반의 물류 효율성은 한층 높아진다. 미래의 물류 현장은 더 이상 단순한 창고가 아니라, 휴머노이드 로봇과 인공지능이 완벽하게 어우러진 자율 운영 시스템으로 변화될 것이다.

휴머노이드 로봇 도입 전략

앞서 이야기한 휴머노이드 로봇이 가져올 미래 물류센터 모습은 하루아침에 이루어질 수는 없으며, 또한 모든 기업이 지향해야 하는 모습도 아니다. 기업 규모나 물류센터 유형에 따라 운영 특성이나 목표 자동화 수준도 차이가 있기 때문에 휴머노이드 로봇의 도입 전략도 달라져야 한다.

대형 물류기업의 경우는 이미 자동화 설비, 물류 로봇 등을 적용한 일정 수준 이상의 자동화 센터를 여러 지역에서 운영하고 있을 것이다. 이러한 경우는 자동화 수준을 고도화하기 위하여 휴머노이드 로봇을 통해 특정 프로세스나 업무를 자동화하는 것도 중요하지만, 기존 적용되어 있는 자동화 설비와 물류 로봇 간의 협업 모델과 통합 운영 프로세스를 어떻게 구현하여 생산성을 극대화하고 전체 운영 프로세스를 최적화할 것인가가 더 중요한 문제이다.

따라서, 휴머노이드 로봇 도입을 위해서는 도입이 필요한 영역을 선정하고 PoC(Proof Of Concept, 개념실증)를 통해 로봇의 성능을 검증하는 것을 넘어 한 개의 센터를 선정하여 휴머노이드 로봇 도입 이후의 통합 운영 프로세스 및 관련 시스템 등의 표준을 정의하기 위한 파일럿 프로젝트 추진이 선행되어야 한다. 이를 통해 향후 확장성이 고려된 표준을 수립하고 파일럿 프로젝트를 통해 검증된 모델을 다수의 센터로 단계적 확산하는 방식으로 진행되어야 한다.

중견 규모의 물류 기업의 경우는 휴머노이드 로봇을 통해 자동화 수준을 단계적으로 높이는 방식의 추진이 필요하다. 인력 부족 등의 문제로 자동화 전환이 시급한 특정 단위 공정에 우선 적용하여 적용 효과 및 ROI(Return On Investment, 투자수익률) 등을 충분히 검증하고 적용 영역을 확장하는 방식이다. 예를 들어, 피킹이나 포장과 같은 많은 인력이 투입되어 운영되고 있는 프로세스에 작업자를 대체하거나 보조하는 역할로 휴머노이드 로봇을 적용하여 효과를 확인한 후 역할과 영역을 확대해가는 것이다.

반면, 물동량이 작고 운영센터 규모가 작은 중소 물류기업의 경우는 무거운 화물 운반이나 야간 작업 등과 같이 인력을 구하기 어려운 영역 중심으로 인력 부족 문제를 보완하는 보조 역할로 소규모 도입을 고려할 수 있다. 구매 방식도 RaaS(Robot as a Service, 서비스형 로봇)와 같은 구독형 서비스를 활용하여 초기 투자비 부담과 유지보수 문제 등의 리스크를 줄이는 것도 필요하다.

결국 대형 물류 기업은 기존 프로세스 및 설비와의 원활한(Seamless) 연계 및 통합을 통한 완전 자동화, 중견 기업은 단계적 영역 확대, 중소 기업은 선택적 도입이 핵심 전략이라고 할 수 있다. 중요한 점은 단순히 휴머노이드 로봇을 도입한다는 것이 아니라 자동화 관점의 지향점을 정의하고 각 기업이 가진 물류 특성, 인력 구조, 비용 구조 등을 고려하여 맞춤형 로드맵을 정의하고 이를 완성해 나가는 것이 중요하다.

M
ARKET TRANSFORMATION
시장변화

AI가 진화시키는 공급망 관리

데이터 기반 지능형 SCM의 전략적 활용법

민정웅

인하대학교 물류전문대학원 교수 | jumin@inha.ac.kr

인하대학교 물류전문대학원에서 지난 20여년간 물류/SCM분야에 대한 다양한 연구와 교육에 매진해오고 있다. 물류와 SCM의 새로운 혁신은 학교가 아닌 현장에서 시작된다는 믿음 하에 기업과의 산학협력과 자문도 활발히 진행해오고 있다. 『미친SCM이 성공한다』의 저자로서 물류업계 관계자뿐 아니라, 일반인들에게도 물류의 전략적 중요성을 강조해오고 있다. 카카오엔터프라이즈, CJ대한통운, 삼성SDS 등의 자문교수로도 활동한바 있으며, 우정사업본부 경영평가위원장과 Gartner Supply Chain Top25 심사위원으로 활동하고 있다.

공급사슬관리는 기업을 둘러싼 주어진 환경 하에서 비용을 절감하고 효율성을 극대화하는 기업의 핵심 관리 영역이다. 이러한 속성으로 인해 공급사슬관리의 변화를 일으키는 가장 중요한 동력 중 하나는 기업 외부의 환경 변화다. 따라서 이들 변화에 대응하기 위한 공급사슬관리 전략과 실행 방식들은 생물처럼 진화해왔다.

2026년을 조망하고 예측하는 오늘, 내일의 공급사슬관리 변화를 촉발하는 외부 환경 요인은 크게 두 가지 영역으로 나누어 볼 수 있다. 바로 공급망의 위협 리스크와 공급망의 법·규제 환경이다.

글로벌 공급망 위기의 일상화

지난 2020년 시작된 코로나 19 팬데믹은 생산과 물류 관련 시설의 셧다운과 산업 현장의 노동력 부족을 야기했다. 그로 인해 부품과 완제품의 공급이 지연되어 결국에는 막대한 생산차질과 물류대란으로 이어졌다. 공급망의 이러한 불확실성은 경제의 불확실성으로 확산되어 물가, 고용, GDP, 금리 등 실물경제의 거시지표에도 부정적인 영향을 끼쳤다.

팬데믹이 가라앉은 이후에는 러시아-우크라이나 전쟁, 미국과 중국의 갈등, 홍해 위기사태 등 예상치 못한 다양한 지정학적 긴장사태가 이어지고 있다. 지금은 글로벌 공급망 교란(Disruption)이 일상화되어버린 시대를 살고 있다. 그렇기에 어떻게 하면 공급망에 내재된 리스크를 효과적으로 관리하여 기업 운영의 회복탄력성(Resilience)을 확보할 것인가가 기업에게는 매우 중요한 과제로 떠오르고 있다.

강화되는 ESG 규제 환경

법규제 측면에서는 ESG(Environment, Society, Governance)와 지속가능경영에 대한 공급망 규제가 한층 강화되고 있다. EU는 CSRD(Corporate Sustainability Reporting Directive, 기업 지속가능성 보고지침)를 통해 EU에 진출한 기업들이 ESRS(European Sustainability Reporting Standards, 유럽 지속가능성 보고 표준)에 따라 ESG 활동과 관련된 비재무적 정보를 공개하도록 요구하고 있다. 아울러 2024년 발효된 CSDDD(Corporate Sustainability Due Diligence Directive, 지속가능성 실사 지침)를 통해 기업 공급망 속의 자회사, 공급사, 협력사 등의 ESG 활동을 실사하도록 요구하고 있다.[1]

관세 전쟁과 공급망 재편

여기에 더해 트럼프 2기 집권으로부터 시작된 미국발 관세 전쟁이 글로벌 공급망을 뒤흔들고 있다. 우리나라를 비롯해 대부분의 글로벌 기업들이 구축해 놓은 오늘날의 공급망 형태와 설계 철학은 1995년 GATT(General Agreement on Tariffs and Trade, 관세와 무역에 관한 일반협정) 체계를 계승한 WTO(World Trade Organization, 세계무역기구)의 출범과 그 궤를 같이 하고 있다.

경제 세계화와 자유무역의 증진이라는 목표 하에 기업들은 세계 각지에 그들의 생산 거점을 새롭게 발굴하였으며, 동시에 다양한 시장으로 판매 거점을 확대하며 글로벌 공급망의 시대를 열었다. 이렇듯 지난 30여년간 자유무역을 근간으로 하여 공고하게 구축되어온 글로벌 공급망은 미국의 WTO체제 종식 선언과 함께 근본적인 도전을 받게 되었다.[2] 이러한 정책의 급격한 변화로 인해 제조업의 본국 회귀를 의미하는 리쇼어링(Reshoring) 뿐 아니라, 정치·경제적으로 우호적인 국가들끼리 공급망을 구축하는 프렌들리-쇼어링(Friendly-shoring)과 같은 공급망의 전반적인 재설계가 진행되고 있다.

AI, 복잡한 공급망 난제의 해법

이러한 외부 환경 변화로 공급사슬관리가 다차원의 고차방정식으로 변모해감에 따라 이들 난제를 해결하기 위한 다양한 기술이 도입되어왔는데, 최근 많은 관심과 주목을 받고 있는 기술은 단연코 AI 기술이다.

<표 1> 공급사슬관리에 활용되는 다양한 최신 기술들

주요 기술	주요 기능	활용 목적
IoT	센서 데이터를 통한 물류 자산의 실시간 모니터링	• 재고 가시성 확보 및 품질 관리 • 예측 기반의 물류 운영
블록체인	데이터의 분산원장기록을 통한 투명성 강화	• 원산지 및 유통경로 확인 • 데이터의 위변조 예방, 신뢰 강화
디지털 트윈	실물 공급망에 대한 가상 시뮬레이션	• 운송 및 생산 지연, 수요변화 등의 공급망 리스크 사전 식별 및 대응 전략 수립
로보틱스 프로세스 자동화 (RPA)	물류 자동화	• 인간과 기계의 협업을 통한 생산성 향상과 인건비 절감
빅데이터 분석	대용량 데이터 통합 및 분석	• 전략적 의사결정 지원 • 리스크 식별과 대응전략 수립
클라우드 컴퓨팅 엣지 컴퓨팅	대규모 데이터에 대한 분산/집중형 데이터 처리	• 실시간 의사결정 지원

공급사슬관리에서 AI의 활용은 산업의 종류를 불문하고 현재 급격히 확산되고 있으며, 국내외 다양한 조사자료에서도 그 확산 속도를 확인할 수 있다. 글로벌 시장조사기관의 발표에 따르면[3] 2025년 현재 공급사슬관리 관련 AI 시장 규모는 99억 달러에 달하며, 2034년에는 1,925억 달러로 연평균 39% 이상 성장할 것으로 내다봤다. 이렇게 확대되는 시장은 AI를 통해 수요예측, 재고 최적화, 운송 및 경로 계획, 리스크 관리, 고객 서비스 개선 등 공급망의 전과정에 걸쳐 확대 적용될 것으로 예상된다.

지금부터는 AI 기술이 공급사슬관리분야에 어떻게 적용되고 있는지 기업들의 활용 사례를 통해 살펴보고, AI 기술 활용의 한계와 선결과제들을 살펴보겠다. 아울러 향후 고도화된 AI 기술이 공급사슬관리에 적용될 미래의 모습을 함께 예측해본다.

AI가 적용되는 공급사슬관리 분야와 사례

AI는 현재 다음과 같은 다양한 공급사슬관리 분야에 적용되고 있다.

1. 수요예측: 불확실성을 줄이는 지능형 예측

AI는 인간이 처리할 수 없는 광범위한 데이터로부터의 학습을 통해 불확실성을 낮춰줄 수 있기 때문에 일찍부터 수요예측 분야에 그 가능성을 시험해왔는데, 월마트가(Walmart) 그 대표적인 사례라고 할 수 있다.

월마트의 AI 기반 수요예측 시스템

월마트는 AI 기술을 수요예측에 적용하기 위해 데이터의 수집에 많은 노력을 기울였다. 미국내 4,700여개 매장의 POS(Point-of-Sale) 데이터를 실시간으로 수집하고, 각 지역별 수요 특성과 프로모션 정보, 지역별 이벤트, 날씨 정보 등도 반영하였다. 아울러 본사에서 관리하고 있는 재고 정보와 납품업체의 납기관련 데이터, 자체 온라인 플랫폼에 저장된 고객들의 검색 및 쇼핑 카트 데이터도 포함시켰다. 기업 내부뿐 아니라 외부에서 발표되는 다양한 거시경제 지표도 분석되었다.

이렇게 수집된 데이터는 AI 학습 모델이 효과적으로 학습할 수 있도록 전처리(前處理, Feature Engineering) 과정을 거치게 되는데, 가령 매장간 위치의 유사성이나 제품(혹은 SKU단위) 간의 유사성을 점수로 수치화 하는 것이 이러한 데이터 전처리에 해당한다. 월마트는 이러한 데이터 수집과 통합을 바탕으로 AI 모델을 훈련시켜 이를 수요예측에 활용하고 있다.

월마트에 따르면 AI 기반의 수요예측을 통해 수요예측 정확도가 65% 수준에서 78% 수준으로 높아졌다. 아울러 제품 결품률은 30% 이상, 과잉 재고는 25% 이상 감소됨에 따라, 4.0 수준이었던 연간 재고회전율이

5.0 이상으로 개선되었다.[4]

ZARA의 소셜미디어 기반 트렌드 예측

패스트패션의 대표 주자인 ZARA도 AI를 활용하여 소셜미디어나 매장에서 파악될 수 있는 다양한 정보를 분석하여 이를 수요예측에 활용하고 있다. 수요예측에 활용되는 데이터는 매장에서 실시간으로 수집되는 POS 데이터와 매장내 재고 정보를 기본으로 한다. 여기에 인스타그램이나 틱톡(Tik-Tok)과 같은 소셜미디어 피드 분석을 통해 다양한 스타일과 최신 패션 트렌드를 체크한다.

소셜미디어 분석은 소비자의 감정적 요인과 개인적인 성향까지도 포함하는데, 피드를 통해 공유된 각종 텍스트, 사진, 비디오 콘텐츠에 대하여 어떤 패션 스타일이나 의류 소재가 긍정적인 피드백을 받았는지 분석하는 것이다.[5] 아울러 지역별 날씨, 이벤트, 프로모션 일정 등을 수요예측을 위한 기초 데이터로 활용한다. 이렇게 수집된 데이터를 분석하여 제품의 다양한 속성(사이즈, 색상, 스타일 등)별 가중치를 지역별로 계산한 후 어떠한 제품이 어떤 지역에서 얼마만큼 판매될지를 예측해 낸다.

ZARA는 이렇게 예측된 지역별 제품 수요정보를 토대로 재고를 관리하고, AI를 통해 매장단위의 재고보충 스케줄을 자동으로 생성해 낸다. 만일 특정 지역이 폭염으로 인해 여름 제품에 대한 수요 증가가 예측될 경우, AI 시스템이 기존의 재고 배치 계획을 수정하여 해당지역에 더욱 많은 제품을 공급하게 하는 것이다.[6]

또한 분석된 수요예측 정보는 생성형 AI 기술에 적용되어 디자인 프로토타입 제작에도 활용된다. "서울에 거주하는 20대 남성의 여름 휴가 패션"이라는 프롬프트를 디자이너가 입력하면 서울 지역 20대 남성의 선호도에 맞는 색상과 소재 및 디자인을 반영한 프로토타입이 생성되는 것이다. AI의 활용을 통해 ZARA는 디자인 과정부터 제품 출시까지의 리드타임을 일주일 이내로 단축할 수 있었으며, 제품의 정가판매율 또한 85% 수준으로 끌어올려, 동종업계 평균수치인 60%를 크게 상회하는 성과를 거두었다.[7]

2. 창고 관리 및 재고 최적화: 지능형 풀필먼트의 실현

AI는 창고 관리 효율화와 운영 최적화를 위해서도 활발히 적용되고 있는데, 그 대표적인 활용사례는 아마존(Amazon)이다.

아마존의 AI 기반 창고 자동화

아마존은 피킹(Picking) 및 패킹(Packing) 프로세스에 AI 알고리즘을 적용하여 창고내 물동 흐름의 최적화에 활용할 뿐 아니라, 기존창고의 재설계나 신규창고의 운영 최적화 설계 작업에도 AI를 활용하고 있다.

먼저 피킹 알고리즘은 접수된 주문들이 어떠한 순서로 처리되어야 할지를 분석한다. 이를 위해 실시간으로 들어오는 주문에 대한 배송 납기와 배송지의 위치, 주문된 제품의 물리적 속성(무게, 크기, 고체나 액체와 같은 물성), 운송수단의 적재용량 등의 데이터를 파악한다. 이러한 분석을 통해 납기 우선순위와 배송지역을 고려하면서 동시에 운송 적재율을 최대화하는 피킹 작업 계획을 생성해낸다.

이렇게 생성된 피킹 작업 스케줄은 창고내 자동화 로봇의 운영에도 실시간으로 영향을 미치게 된다. 자동화 로봇의 위치와 경로, 로봇들의 실시간 교통량, 로봇에 적재된 제품의 종류와 목적지 등을 파악하여 교통흐름 혼잡과 유휴시간을 최소화하도록 지속적으로 로봇의 위치와 경로를 재조정하게 하는 것이다.[8]

한편 패킹 알고리즘은 피킹의 후속 작업인 점을 고려하여, 피킹과 패킹 작업 어느 한쪽에 병목현상이 생기지 않도록 작업 부하의 균형을 맞추는데 활용된다. 이에 따라 자동화 설비는 목적지별로 제품들을 분류한 후 최적의 패킹 순서에 따라 작업을 진행할 수 있다. 또한 AI 알고리즘은 창고내 물동 흐름의 변화를 예측하고, 창고내 구역(Zone)별 인력과 장비를 실시간으로 재배치할 수 있게 해준다. 이를 통해 물동 피크시의 최대 부하를 경감하여 풀필먼트 작업 지연을 최소화할 수 있게 된다.

디지털 트윈을 활용한 창고 설계 최적화

창고의 운영 계획을 수립하기 위해서는 실제 창고의 레이아웃에 대한 3D 데이터가 필요한데, 신규가 아닌 기존에 운영되고 있는 창고의 경우에는 라이다(LIDAR) 장비를 이용하여 데이터를 확보한 후, 이를 디지털 트윈(Digital Twin)으로 구축한다.[9]

라이다(Lidar)를 통해 스캔한 3D 이미지

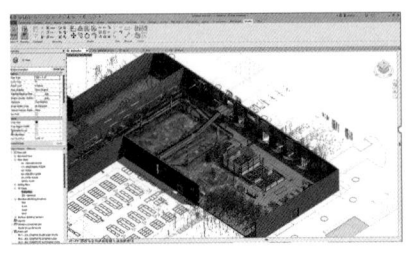
실제 창고의 디지털 트윈 모델

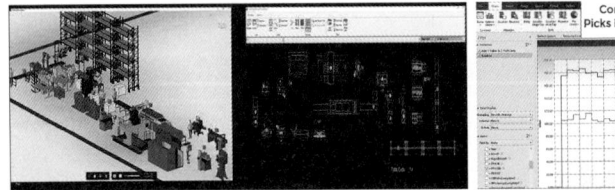
프로세스 플로우에 대한 시뮬레이션과 벤치마킹

[그림 1] 아마존에서 운용하고 있는 AI기반의 창고 최적화 설계[10]

이후 AI를 활용해 랙(Rack)의 위치와 개수, 랙 간 간격, 컨베이어 벨트의 속도, 자동화 설비와 로봇 동선 등의 변수에 변화를 주면서 다양한 창고 레이아웃에 대한 시뮬레이션을 통해 최적화된 창고설계와 운영계획을 수립하고 있다. 아마존은 이를 통해 창고내에서 로봇 운영과 관련된 네비게이션 오류를 20%이상 줄였으며 창고의 공간 활용률을 기존 대비 15% 이상 향상시킬 수 있었다.[11]

CCEP의 AI 기반 재고 관리

코카콜라 브랜드의 음료를 생산/유통/판매하는 보틀링(Bottling) 파트너인 CCEP(Coca-Cola Europacific Partners plc) 또한 AI를 활용하여 유럽지역 내 물류 및 유통 거점에 대한 재고를 관리하고 있다.[12]

CCEP는 물류 및 유통 거점별로 수백 종류의 음료 제품SKU에 대한 수요를 예측하는데 POS 데이터, 프로모션 일정, 날씨, 지역별 이벤트 등이 과거의 이력 데이터와 함께 AI의 학습에 활용된다.

예측된 수요정보를 기반으로 AI는 결품 및 과잉 재고 최소화를 목적함수로 하여 물류 및 유통 거점별 재고량을 조절한다. 이때 재고량이 조절되는 제품의 단위는 개별 SKU 단위가 아니라 SKU를 그룹화한 묶음 단위로 이루어진다. 이러한 그룹화는 AI에 의해 제품 SKU별 수요측면의 유사성, 제품 생산 및 유통 리드타임, 재고 소진 속도의 패턴 등을 고려하여 생성된다.

이후 AI는 지속적으로 다양한 안전재고 수준을 스스로 테스트하며, 이들 결과를 분석하여 거점별 최적의 안전재고 수준을 설정한다. 이렇게 설정된 안전재고 수준에 따라 재고 보충이 필요할 경우, AI는 ERP를 통해 운송 등에 수반되는 여러 제약조건을 고려한 최적의 주문 정보를 발주 담당자에게 제안한다.[13] 또한 특정 지역의 수요에 일시적인 변동

혹은 수요 패턴 자체에 변화가 감지되면 AI는 자동으로 물류 거점간 재고 재배치를 실행하여 거점 간 수요와 공급의 불균형을 해결한다. 이러한 AI기반의 재고 관리를 통해 CCEP는 재고회전률을 12% 향상시킬 수 있었으며, 평균 재고 자산을 10% 이상 감소시킬 수 있었다.[14]

3. 수배송 경로 최적화: 실시간 지능형 라우팅

DHL의 실시간 경로 최적화

DHL은 AI를 활용해 수배송 경로 최적화를 실시간 프로세스로 개선하고 있다.[15] 먼저 AI를 활용한 화물의 수요예측모델을 통해 과거의 수배송 물동량과 계절적 패턴 등을 분석한 후, 화물이 DHL내의 어떠한 물류거점으로 언제쯤 도착할지를 사전적으로 예측한다. 이 예측결과는 경로 최적화 수립 이전에 개략적인 배차 규모와 운전기사의 확보에 활용된다.

이후 구체적인 수배송 물동량과 목적지가 확정되면 RAPTOR(Real-time Automated Package Tracking & Optimization Repository)라 불리는 DHL의 AI기반 분석시스템과, SmartTruck이라 불리는 경로 최적화 시스템이 활용된다. DHL은 RAPTOR를 통해서 배송에 따른 이동 거리를 최소화하고, 동시에 배차된 차량들의 운송 부하(차량별 운송량과 이동 거리)가 평준화될 수 있도록 조절한다.[16]

경로 최적화에 고려되는 데이터는 구간별 운송시간 이력 데이터, 운송 경로의 현재 및 단기 일기예보, 배송 주문별 고객의 배송 요청시간, 배송 우선순위, 화물 취급상의 제약조건, 차량의 용량 및 제원 등이 포함된다. 또한 연비를 향상시키기 위한 경로 최적화뿐 아니라, 차량의 공회전과 상하역 시간을 최소화하기 위한 고려도 이루어진다.

일단 차량이 배차되어 화물에 대한 운송이 시작되면 다양한 센서를 포함하고 있는 텔레매틱 시스템을 통해 GPS 데이터, 도로의 혼잡상태, 사고 정보, 악천후와 교통 영향 정보 등을 AI 플랫폼에 전송한다. 경로 최적화 시스템은 이렇게 운송 중 수집된 실시간 데이터를 반영하여 즉각적으로 수정된 경로를 운전자에게 제공한다. DHL은 이러한 AI 기술을 활용하여 수배송 프로세스의 효율성과 안정성을 향상시킬 뿐 아니라 배출가스의 감소와 같은 환경적 목표 달성에도 활용하고 있다.[17]

UPS의 에이전틱 AI 시스템 ORION

UPS가 2000년대 초부터 개발에 착수하여 사용중인 ORION(On-Road Integrated Optimization and Navigation)은 2025년 현재 ORION NextGen으로 진화하며, 미국 전역을 대상으로 매일 55,000개 이상의 배송경로를 최적화하는데 활용되고 있다. UPS의 ORION은 물류영역에서 개발된 몇 안 되는 에이전틱AI(Agentic AI, 인간의 개입을 최소화하면서 AI 스스로가 자율적으로 목표를 설정하고 행동하며 작업을 수행하는 AI시스템)로 평가받고 있다.[18]

먼저 ORION은 최적의 경로를 산출하기 위해 배송 혹은 픽업할 화물의 정보와 배송/픽업 요청시간, 이동할 구간의 교통 패턴, 차량의 용량, 운송시간 관련 이력 데이터 등을 분석한다. 이후 운전자가 화물을 배송하는 과정에서는 실시간 교통정보, 도로 공사현황, 배송 요청에 관한 변경사항 등을 반영하여 세부 이동 경로를 실시간으로 조정하여 운전자에게 제공해준다.

이러한 특성은 운송 중 실시간 현장 데이터를 활용하여 경로를 최적화해주는 DHL의 RAPTOR 및 SmartTruck 시스템과 유사해 보인다. 그러나 ORION이 갖는 중요한 차이점은, 구간별 경로 운송이 완료될 때마다 그 결과를 예측치와 비교 분석하여 자율적으로 학습한다는 사실이다. ORION은 수배송 경로 최적화뿐 아니라 휴일이나 크리스마스와 같은 피크 기간의 물동량 데이터를 예측하여 수배송 자원의 효과적인 계획과 배분에도 이용되고 있다. UPS는 ORION을 통해 차량별로 매일 6~8마일의 운송거리를 단축시켜 연간 1억 마일 이상의 차량 마일리지를 절감하고 있으며, 고객 화물의 빠른 배송뿐 아니라 탄소배출량도 절감하는 효과를 거두고 있다.[19]

4. 공급업체 선정 및 리스크 관리: 인지적 공급사슬의 구현

IBM의 인지적 공급사슬 시스템

IBM은 Watson Supply Chain Insights라는 AI기반 솔루션을 통해 공급 관련 리스크를 실시간으로 탐지하고 대응할 수 있는 시스템을 도입하였다. 이의 가장 큰 특징은 시스템을 통해 공급사슬이 스스로 사고와 경험을 통해 외부의 정보를 받아들이고, 이를 처리하고 이해하여 지식을 습득하는 인지적 공급사슬(Cognitive Supply Chain)을 가능케한다는 점이다.

IBM은 먼저 IBM Cognitive Supply Chain Advisor 360이라는 솔루션을 통해 "인지 후 대응(Sense and Respond)" 관리 역량을 강화하였다. 이 솔루션은 공급망내 미묘한 수요 변화를 실시간으로 감지하며 이에 따른 공급업체의 변경과 공급물량의 조정을 제안하는데, 여기에 IBM의 Watson 기술이 가지고 있는 자연어 처리와 응대 기능을 활용하였다.

이 두가지 시스템의 결합을 통해 협력업체가 가지고 있는 ERP 데이터, IoT센서 등의 정형화된 레거시 데이터뿐 아니라, 뉴스피드, 소셜미디어 등에 표현되는 자연재해, 파업 같은 비정형 데이터도 리스크 분석에 활용한다. 이를 통해 사용자와 자연어 기반의 What-if 분석과 시나리오 시뮬레이션이 가능해져, 공급사슬의 다양한 리스크를 효과적으로 관리할 수 있다.

IBM은 이 시스템을 자신의 공급사슬에도 도입하였는데, 과거 부품 부족 발생시 각 부품별로 4~6시간씩 걸리던 해결방안 도출 프로세스를 분단위로 단축시켜, 1억 6천만달러 이상의 재고 비용을 절감할 수 있었다.[20] 또한 팬데믹으로 공급사슬의 변동성 리스크가 최고조에 달했던 시기에도 필요 부품에 대한 신속한 공급업체 변경과 배송 경로 조정을 통해 IBM 서버제품의 주문충족률을 100%로 유지할 수 있었다.

지멘스(Siemens)의 AI 기반 공급업체 평가 시스템

독일의 지멘스는 AI 기반의 공급업체 평가 시스템을 도입하였다. 이를 통해 협력업체 제품의 품질과 납기, 업체의 재무적 안정성 평가를 수행하여 원부자재 수급에 대한 리스크를 관리하고 있다. 이를 위해 먼저 현재의 납품업체뿐 아니라 잠재적 협력업체 후보군으로부터 다양한 데이터를 수집한다. 이러한 데이터에는 기업의 ERP나 PLM에 보관된 정형 데이터뿐 아니라 소셜미디어나 뉴스피드 등의 비정형 데이터까지 광범위하게 수집된다.

이렇게 수집된 데이터를 통해 협력업체의 공급용량, 면허 및 인증현황, 재무건전성, 지속가능성 지표 등의 광범위한 프로필이 만들어지고, 이를 토대로 AI 평가 모델은 다양한 항목별 평가점수를 산출한다. 이러한 평가항목에는 기본 성능평가(정시납기율, 품질관련 이력, 주문변경 대응 이력 등), 리스크 평가(해당기업이 위치한 지역의 지정학적인 리스크, 재무적 리스크 등), 지속가능성 및 컴플라이언스 관련 평가(수출입 규제나 ESG 등 각종 규제 이행 여부), 혁신역량 적합도 평가(지멘스의 미래 기술 로드맵과의 적합도) 등이 있다.

AI 기반의 모델은 이후 지속적으로 협력업체의 실제 퍼포먼스 결과와 외부 리스크 이벤트의 영향 등을 업데이트하여, 모델의 정확성을 높이기 위한 지속적인 학습과 훈련을 실행한다. 각 영역별 개별 평가 점수는 지멘스의 전략적 우선순위(품질, 비용, 회복탄력성, 지속가능성 등)에 따른 가중치를 활용하여 하나의 종합점수로 환산되고, 이 종합점수는 지멘스의 디지털 트윈을 활용한 구매관리 시스템에 입력된다.

구매 담당자는 이를 통해 협력업체별 종합점수상의 순위와 리스크 히트맵(Heat Map)을 실시간으로 확인할 수 있으며, 협력업체의 문제 발생 리스크가 높아질 경우 시스템은 경고 메시지와 함께 이의 해결을 위한 대안을 자동으로 생성하여 사용자에게 제안한다. 지멘스는 AI기반의 공급업체 평가 시스템을 통해 9,600여개에 달하는 협력업체 평가와 리스크 관리에 필요한 시간을 50% 이상 줄일 수 있었으며, 최근에는 미국과의 관세전쟁으로 인한 영향을 최소화하기 위해 관세 노출을 최소화할 수 있는 공급 대체선의 발굴과 평가에도 활용하고 있다.[21]

5. 회수물류 및 환경물류: 지속가능한 AI 솔루션

아마존의 반품 최소화 P.I. 프로젝트

아마존은 반품사유의 대부분이 고객의 단순변심이 아니라 제품의 파손이나 오제품의 배송 등에 있다는 사실에 주목하면서, 반품을 줄이기 위한 P.I.(Private Investigator) 프로젝트를 진행하였다.[22] AI 기반의 검수 프로세스 개선이 주 내용인 이 프로젝트는 먼저 이미징 터널(Imaging Tunnel)로 제품을 고속으로 통과시키며 다양한 각도에서 배송될 제품의 이미지를 촬영한다.

촬영된 이미지는 기계 학습을 통해 학습된 AI 모델의 분석을 통해 파손여부를 판정한다. 또한 제품 표면에 인쇄된 다양한 정보를 광학문자인식(OCR, Optical Character Recognition) 기술로 확인하여 제품의 유통기한 등을 확인한다. 이때 제품의 결함이나 파손 혹은 유통기한 등의 문제가 확인되면, 이 제품은 자동적으로 검수 담당자에게 전달된다.

검수가 완료되어 정상적으로 배송된 이후 반품된 제품의 경우에도 AI를 활용해 고객의 반품 관련 피드백을 제품 이미지와 결합하여 분석하고 학습한다. 만일 동일한 제품에 대한 반품 사유가 잘못된 색상이나 사이즈, 포장 오류 등으로 인해 빈번히 발생할 경우에는 시스템이 납품업체에게 카탈로그 정보 수정을 요구하거나 내부적인 포장 프로세스에 대한 재검토를 요청한다. 아마존은 P.I.의 활용으로 기존 5명이 진행하던 배송 전 검수 프로세스를 자동화하였고, 정확한 제품 검수로 반품을 줄여 획기적으로 비용을 절감할 수 있었다.[23] 이 시스템은 2024년 이후 북미 전역 아마존 창고에 확장 도입되고 있다.

아마존의 스마트 패키징 시스템 PDE

또한 아마존은 2019년부터 AI에 기반하여 각 제품별 최적의 패키징을 위한 PDE(Packaging Decision Engine)을 도입하고 있다.[24] 이를 위해 먼저 제품을 이미징 터널에 고속으로 통과시켜 제품의 크기와 모양, 현재의 포장상태(폴리백이나 박스)를 이미지 정보로 수집하며, 동시에 제품에 표기된 설명, 유통기한, 가격 등의 텍스트 정보도 추출해낸다. 아울러 이미징 터널에 통과된 제품에 대한 고객들의 과거 포장 관련 피드백도 자연어 처리과정을 통해 수집한 후 반영된다.

이후 PDE는 해당 제품에 대한 포장 대안들을 파손 리스크와 포장재 효율성 관점에서 평가 분석하고, 이 결과를 바탕으로 최적의 포장 대안을 도출한다. 아마존은 PDE를 통해 지금까지 2백만톤 이상의 포장재를 절감하였으며, 관련 비용의 절감뿐 아니라 지속가능성 목표 달성에도 활용하고 있다.[25]

AI의 미래: 예술적 통합 수준으로의 진화

지금까지 다양한 기업 사례를 통해 살펴본바와 같이, SCM에 더해진 AI는 전통적 SCM의 기능 영역에 효율성을 극대화하고 잠재적 공급망 리스크에 대한 회복탄력성을 강화하는데 기여하고 있다. 그동안의 AI 기술 개발 속도와 확산추세를 고려하면 머지않은 미래에 AI는 SCM의 핵심 기술요소로서, AI for AI(Artificial Intelligence for Artistic Integration), 즉 공급망의 통합 수준을 예술적 경지로 끌어올리는데 기여할 것이라 판단된다. 향후 이루어질 AI 도입의 방향은 다음과 같이 예측해볼 수 있다.

1. 공급망 가시성의 고도화와 위기대응 실행력의 향상

AI는 IoT센서나 기업내 ERP, TMS 등 다양한 곳에 산재해 있는 데이터를 실시간으로 통합하여 모든 공급망의 주요 거점들에 대한 가시성을 제공해 줄 것이다. 이러한 가시성은 공급업체나 고객뿐 아니라 운송 및 창고 등의 물류서비스 주체들에게도 확장되어, 주요 의사 결정자들에게 공급망의 실시간 현황과 잠재된 리스크를 한눈에 확인시켜줄 것이다. 아울러 과거의 이력 데이터와 현황 데이터를 조합하여 공급망을 위협하는 요인들을 조기에 파악함으로써 문제 발생에 따른 대응력을 고도화할 수 있다.

2. 자가 최적화 및 자가 극복형 공급사슬관리

공급사슬관리에 활용되는 AI 기술의 고도화는 의사결정을 지원하는 1차원적인 수준을 뛰어넘어 스스로 판단하고 스스로 실행하는 고차원적인 형태로 진화할 것이다. 일상적인 상황에서 AI는 비용과 서비스 목표 수준에 따라 재고를 재배치하거나 운송경로를 변경하며 지속적인 자가 최적화(Self-Optimizing)를 수행할 것이다.

그러나 예기치 못한 공급망의 교란이 발생하는 위급한 상황에서는 이를 인지하고 해결 대안들을 검토하며 최적의 방안을 직접 수행하는 자가 극복(Self-Healing)의 수준으로 발전될 것이다. 사용자의 개입이 필수적이었던 영역에 있어 사용자의 개입에 따른 지연을 최소화하게 됨에 따라, 심각한 공급망의 교란으로 확대될 사안들이 일상적인 소규모 이벤트로 제한되어 이에 따른 공급망의 피해를 최소화할 수 있을 것으로 예상된다.

3. 초개인화된 공급사슬관리

AI 기반의 초개인화(Hyper-Personalization) 역량은 실시간 데이터와 정교한 분석기술을 통해 고객 중심 철학에 기반한 서비스를 더욱더 고객의 취향과 성향에 맞도록 세분화하여 제공할 수 있을 것이다.[26] 이를 통해 고객에게는 세분화된 맞춤형의 풀필먼트 옵션이 제공될 수 있으며, 기업의 입장에서는 다이내믹 프라이싱(Dynamic Pricing)을 통해 시장 상황에 따른 가격정책을 유연하게 펼칠 수도 있다. 아울러 재고 운영에 대한 신뢰도가 향상되어 결품의 예방은 물론 재고 과잉에 따른 불필요한 비용요소 또한 제거할 수 있다.

4. 가상-현실세계의 연계 자동화

가상공간과 현실세계의 연계는 공급망의 물리적 자산에 존재하는 센서, AGV(Automated Guided Vehicle), 로봇 등과 AI 기능을 통합하여 데이터 수집, 데이터 분석, 분석 결과 실행, 실행 과정 제어 등의 과정을 자동화한다. AI는 이러한 연계 자동화에 핵심적인 중추요소로서, 센서에서 읽히는 데이터를 해석하고 인간의 개입을 최소화하며 물리적 공간의 프로세스를 조율하고 실행하게 된다. 이러한 자동화 역량은 자가 최적화 및 자가 극복형 공급사슬을 구축하는데 핵심적인 요소로 활용될 것이다.

5. AI 기반의 지속가능성 관리

기업의 지속가능성 목표는 AI의 도입에 따라 더욱 효과적이고 효율적으로 관리될 수 있으며, 그 성과에 대한 측정 또한 용이해질 것으로 판단된다. AI를 통한 높은 정확도의 수요예측을 통해 과잉 생산을 억제함으로써, 재고 진부화에 따른 제품 폐기를 줄일 수 있다. 또한 경로 최적화와 배차계획의 고도화를 통해 연료 사용량과 탄소배출을 절감하고, 차량 등 운송 자산에 대한 회전율을 극대화할 수도 있다. AI는 생산, 운송, 보관 등의 프로세스로부터 발생하는 탄소발자국 데이터를 실시간으로 분석할 수 있게 하여, 탄소배출 저감을 위한 방안을 수립하고 실행하는 데에도 도움을 줄 것으로 예상된다.

6. 생성형 AI와 디지털 트윈을 통한 인간과 AI의 협력

생성형 AI는 사용자의 의사결정 지원을 위한 편의성을 제공해줌으로써 AI와 인간의 협업 역량을 더욱 강화해줄 것으로 판단된다. 단순히 문서의 초안을 만들어주는 역할이 아닌 인간이 갖는 상상력을 모방하며, 일상어 형태로 구성된 사용자 질문을 데이터 쿼리의 형태로 변환하고, 분석도구에 의해 산출된 결론을 다시 일상어의 형태로 사용자에게 제공한다.[27] 이러한 기능을 통해 생성형 AI는 공급사슬관리에 필요한 다양한 시나리오를 디지털 트윈의 형태로 생성하고 이를 통해 다차원적인 What-if 분석을 가능케할 것이다.

AI 도입의 현실적 과제와 극복 방안

지금까지 이야기한 AI의 SCM 활용에 대한 장밋빛 전망이 실제로 구현되기 위해 우리가 고민하고 극복해야 할 장애요인들은 여전히 존재한다.

비용적인 측면에서 SCM을 위한 AI 시스템의 개발, 도입, 그리고 기존 레거시 시스템과의 통합은 아직 부담스러운 상황이다. AI의 구동과 학습을 위해 사용될 데이터 관련 이슈 또한 무시할 수 없다. 모든 AI는 양질의 데이터에 대한 접근성을 기본 전제로 한다. 그러나 여전히 대부분의 공급사슬에서는 데이터 자체의 부족뿐 아니라, 양질의 데이터에 대한 접근 자체가 제한적이기에 AI의 구축이 쉽지는 않은 상황이다.

순수 AI 영역의 전문가도 부족한 상태이기에, AI와 SCM을 모두 이해하고 이를 접목할 수 있는 현장 전문가 또한 넉넉치 못한 실정이다. AI의 도입으로 인한 기업내 인력 수요의 변화 또한 무시할 수 없는 이슈다. 많은 사람들에 의해 비효율적인 수작업으로 이루어져왔던 기능과 업무가 AI로 자동화되고 고도화된다면 기존 인력의 새로운 변화에 대한 저항은 거세질 수밖에 없다.

또한 AI 기술이 방대한 데이터를 신속하게 요약 정리하여 인간에게 제공할 수는 있겠지만, 여전히 인간만이 갖는 직관적인 판단력과 전략적인 통찰력 그리고 인간과의 관계에 의존한 협상력 등은 AI로 구현되지 않고 있다.

결론: 패러다임 전환의 기폭제

이러한 도전적인 과제와 이슈들이 존재하지만, 그럼에도 분명 AI의

SCM에 대한 도입과 활용은 시대적 대세를 거스를 수 없는 하나의 큰 흐름임은 분명해 보인다. AI 기술을 SCM에 적용하는 것은 단순히 비용을 절감하려는 수준이 아니다. 기존에 등장했었던 수많은 기술적 유행과는 달리, AI는 공급사슬 자체를 더욱 민첩하게, 더욱 지속가능하게, 더욱 정확하게, 더욱 고객중심적으로 운용하려는 패러다임 전환의 기폭제다.

이러한 패러다임의 근본적인 변화를 읽고 AI 기술을 지혜롭게 도입하는 기업은 극한의 생존경쟁에 내몰린 비즈니스 환경하에서 절대적인 경쟁우위를 갖을 것이라 믿어 의심치 않는다.

각주 및 참고문헌

1 https://www.lawtimes.co.kr/LawFirm-NewsLetter/200445
2 https://www.yna.co.kr/view/AKR20250808007700071
3 https://www.precedenceresearch.com/ai-in-supply-chain-market
4 https://tech.walmart.com/content/walmart-global-tech/en_us/blog/post/walmarts-ai-powered-inventory-system-brightens-the-holidays.html
5 https://aiexpert.network/case-study-zaras-comprehensive-approach-to-ai-and-supply-chain-management/
6 https://www.tigerai.tech/p/zara-s-ai-power-play-outsmarting-fashion-s-inventory-crisis-18fe
7 https://digitaldefynd.com/IQ/ways-zara-using-ai/
8 https://www.aboutamazon.com/news/operations/amazon-ai-innovations-delivery-forecasting-robotics
9 https://www.nvidia.com/en-us/on-demand/session/gtcspring22-d4110/
10 https://aws.amazon.com/ko/blogs/supply-chain/aws-simulation-and-digital-twin-to-increase-warehouse-productivity/
11 https://shipping.amazon.co.uk/blog/how-to-use-ai-in-warehouse-systems/
12 https://digitaldefynd.com/IQ/ways-coca-cola-uses-artificial-intelligence/
13 https://deloitte.wsj.com/cmo/scaling-ai-at-coca-cola-from-marketing-to-supply-chain-and-beyond-2d81e110
14 https://www.cocacolaep.com/news-and-stories/embracing-technology-within-supply-chain-to-better-serve-our-customers/
15 https://dhl-freight-connections.com/en/trends/ai-route-planning/
16 https://www.dhl.com/discover/en-global/logistics-advice/logistics-insights/ai-in-logistics-and-last-mile-delivery
17 https://www.dhl.com/discover/en-sg/ship-with-dhl/start-shipping/ai-

enhanced-last-mile-delivery-future-of-ecommerce

18 https://cdotimes.com/2025/01/06/ups-and-agentic-ai-a-case-study-in-logistics-innovation/#google_vignette

19 https://digitaldefynd.com/IQ/ups-use-ai-case-study/

20 https://www.ibm.com/case-studies/ibm-supply-chain

21 https://blog.scoutbee.com/case-studies/resources/case-studies/how-scoutbee-s-ai-powered-supplier-scouting-helps-siemens-procurement-reduce-time-and-workload

22 https://www.aboutamazon.com/news/amazon-ai/how-amazon-uses-ai-to-prevent-damaged-products

23 https://sifted.com/resources/how-amazon-is-using-ai-to-become-the-fastest-supply-chain-in-the-world/

24 https://www.aboutamazon.com/news/innovation-at-amazon/amazon-ai-sustainability-carbon-footprint-product-defects

25 https://www.aboutamazon.com/news/sustainability/amazon-sustainability-ai-reduce-packaging

26 https://aiola.ai/blog/ai-in-supply-chain-management/

27 https://hbr.org/2025/01/how-generative-ai-improves-supply-chain-management

초고속 물류 혁명, 세상을 바꾸다

1시간 배송이 만드는 이커머스 신경제학

고기덕

쿠팡 상무(Director | Service Design Excellence) | happyoflove@coupang.com

이커머스 물류 전문가로서 쿠팡에서 Fulfilment Center 구축 프로젝트 팀을 리드하여 새로운 Fulfilment Center를 구축하거나 최적화하는 프로젝트를 기획하고 실행하고 있다. 물류 시스템 설계검토부터 예산을 기획하고 인프라스트럭처와 물류설비들을 Set-up하여 고객 서비스 우수성을 높이기 위한 프로젝트들을 총괄하고 있으며, 이커머스 물류가 가져올 새로운 고객가치 창출을 위해 힘쓰고 있다.

물류, 단순한 운송을 넘어서다

지금 우리는 물류 혁명의 한복판에 서 있다. 과거 물류가 단순히 '물건을 A에서 B로 옮기는 일'이었다면, 오늘날 물류는 고객 경험의 핵심이자 기업 경쟁력을 가르는 결정적 무기가 되었다.

코로나19가 우리 삶을 바꾼 방식을 떠올려보자. 가족과 함께 마트 카트를 끌고 다니며 이것저것 구경하고 시식하던 주말 쇼핑이, 어느새 전날 밤이나 당일 아침에 스마트폰으로 주문하는 일상으로 바뀌었다. 남는 시간은? 여행이나 취미활동으로 채운다. 팬데믹이 이런 변화를 10년 앞당겼다고 해도 과언이 아니다.

이제 '초고속 물류'는 선택이 아닌 필수다. 아마존의 당일 배송, 쿠팡의 로켓 배송, 알리바바의 신유통(新零售) 전략이 단순한 서비스 개선을 넘어 산업 전체의 게임 체인저가 된 이유가 바로 여기에 있다.

이 글에서는 초고속 물류가 가져온 경제학적 변화를 들여다보고, 풀필먼트 센터 최적화와 데이터 기반 공급망 관리 등 핵심 혁신 영역을 구체적으로 살펴볼 것이다. 먼저 전자상거래 시장에 대한 현황과 전망을 살펴보는 것으로 이야기를 시작하겠다.

폭발적 성장의 숫자들 - 전자상거래 시장의 현재와 미래

코로나19가 앞당긴 10년과 전자상거래의 초고속 성장

코로나19는 세상에 많은 변화를 가져왔다. 일반 가정의 식료품 구매 방식을 변화시켰을 뿐만 아니라 택배의 배송방법을 현재와 같은 방식으로 크게 전환시켰고, 이로 인한 전자상거래의 발전에 따라 신발, 의류등의 구매의 온라인화가 가속화되었다. 그야말로 모든 것의 온라인화라고 해도 과언이 아닐 정도로 빠른 전환이 이뤄지게 되었다. 물론 이런 현상은 시대의 변화에 따라 자연스럽게 따라올 상황이었지만, 코로나 팬데믹은 그 과정을 엄청난 속도로 단축시켰다.

이렇게 고속성장한 전세계 전자상거래 규모는 B2C 기준 2024년 현재 6.1조달러에 달한다. B2B 거래까지 포함하면 30조달러에 달하며 연간 7~8%의 높은 성장률을 보이고 있다.[1] 한국의 전자상거래 규모는 2024년 기준 242조원(재화기준 172조원)으로 매년 가파른 성장세를 보이고 있으며 전자상거래의 소매판매 침투율은 26.9%를 보이고 있어 이커머스를 비롯한 전자상거래는 이제 구매 필수 수단이 되었다.[2]

전세계적으로 미국과 중국이 가장 큰 규모를 보이고 있지만, 한국을 비롯한 동남아 지역의 성장세는 매우 가파르다. 한국은 2020~2022년의 고성장세 이후 안정 성장기에 진입한 것으로 보이고, 2030년에는 2024년 시장규모의 1.6배 이상인 약 380조원 수준으로 확대될 것으로 예측된다. 글로벌 시장 또한 2024년 6.09조달러에서 2030년 약 10조달러 이상 성장할 것으로 전망되고 있다. 이는 연평균성장률(CAGR)을 7~8% 이상으로 전망하는 수치이며, 미국과 중국시장 뿐만 아니라 동남아, 인도 등의 신규 시장의 급속한 성장도 기대된다.[3]

새로운 기준이 된 '빠르고 정확한 배송'

이제 이커머스(E-commerce)는 단순히 온라인에서 상품을 판매하는 것을 넘어 새로운 가치를 창출하고 있다. 전세계 소비자들에게 단순히 '저렴한 가격'이 아니라 '빠르고 정확한 배송'을 새로운 기본 기대치로 제공하는 물류 구조를 근본적으로 재편하는 핵심 산업으로 자리 잡았다.

초고속 물류(Ultra-fast Logistics)는 이런 변화에 대응하는 최전선에 서 있다. 기존에는 2일 이내 배송이 프리미엄 서비스였으나, 이제는 24시간 나아가 몇 시간 단위로 배송 속도를 단축시키는 경쟁이 본격화되고 있다. 글로벌 리더 기업들은 풀필먼트 센터(Fulfillment Center, 이하 FC)의 자동화, AI 기반 수요예측, 하이퍼로컬(Hyperlocal) 재고 배치, 라스트마일(Last-mile) 혁신에 대규모 투자를 단행하고 있으며, 이는 물류산업 전체의 새로운 패러다임을 만들어내고 있다.

시간이 돈이다 - 초고속 물류의 경제학적 의미

시간 경제학과 물류 효율성

초고속 물류의 핵심은 '시간의 경제학'이다. 경제학에서 시간은 기회

비용의 개념으로 이해되며, 물류에서 시간 단축은 직접적인 경제적 가치 창출을 의미한다. 맥킨지 연구에 따르면, 배송 시간 1시간 단축은 평균 3-7%의 고객 만족도 향상과 2-5%의 매출 증대 효과를 가져온다.[4]

이런 시간 가치는 다양한 경제적 메커니즘을 통해 실현된다.

첫째, 고객의 대기비용 감소다. 소비자는 원하는 상품을 빠르게 받을 수 있을 때 더 높은 프리미엄을 지불할 의향을 보인다.

둘째, 재고 회전율 향상이다. 빠른 배송은 재고 회전을 가속화하여 기업의 현금 흐름을 개선하고 재고 관리 비용을 절감한다.

셋째, 네트워크 효과다. 빠른 배송 서비스는 더 많은 고객을 유치하고, 이는 규모의 경제를 통해 단위당 물류 비용을 낮추는 선순환 구조를 만든다.

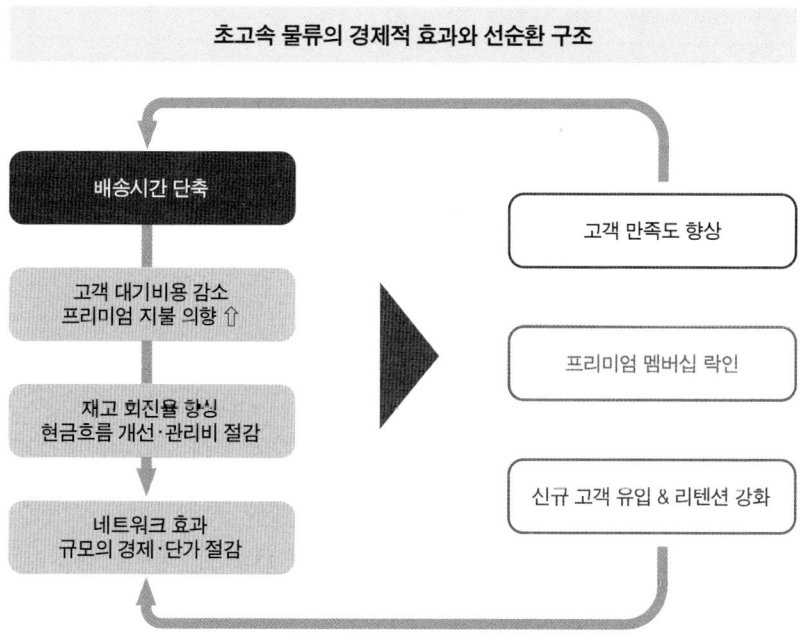

[그림 1] 초고속 물류의 경제적 효과와 선순환 구조

고객 서비스 만족도 향상과 더불어 프리미엄 멤버십의 락인 효과는 다시금 리테일 구매 이외에 콘텐츠, 할인·반품·번들 세일 등의 추가 리텐션으로 이어져 서비스 만족도를 향상시키고 더 강력한 락인 효과와 신규 고객 유입으로 이어지는 선순환을 만들어 내고 있다.

규모의 경제와 네트워크 효과

초고속 물류는 전통적인 규모의 경제 개념을 새롭게 정의한다. 과거에는 단순히 물량이 많을수록 단위 비용이 감소하는 구조였다면, 현재는 '네트워크 밀도'와 '속도'가 핵심 변수로 작용한다. 아마존의 경우, 물류 센터 간 거리와 고객까지의 거리를 최소화하는 허브-앤-스포크(Hub-and-Spoke) 모델을 고도화하여 물류 네트워크의 경제성을 극대화했다.[5]

특히 주목할 점은 '밀도 경제학(Density Economics)'이다. 특정 지역 내 배송 밀도가 높아질수록 단위당 배송 비용은 급격히 감소한다. 이는 라스트 마일 배송에서 특히 두드러지는데, 동일 지역 내 배송 건수가 증가할수록 배송 효율성은 기하급수적으로 향상된다. 쿠팡의 경우 수도권 지역에서 초단시간 배송이 가능한 것도 이런 밀도 경제학의 결과다.

고객 가치 창출과 경험 경제학

초고속 물류는 단순한 비용 절감을 넘어서 새로운 고객 가치를 창출한다. 하버드 비즈니스 스쿨의 연구에 따르면, 배송 속도는 고객 충성도에 미치는 영향이 가격이나 상품 품질과 동등하거나 더 큰 것으로 나타났다.[6] 이는 '경험 경제학(Experience Economics)'의 관점에서 이해할 수 있다.

이제 소비자들에게 쇼핑은 단순한 거래가 아닌 경험이다. 주문 후 빠른 배송을 받는 과정에서 느끼는 만족감, 예상보다 일찍 도착하는 패키지의 기쁨, 실시간 배송 추적의 안정감 등은 모두 경제적 가치로 환산된다. 이런 경험 가치는 고객 생애 가치(Customer Lifetime Value)의 증가로 이어지며, 이는 기업의 장기적 수익성 향상에도 큰 도움이 된다.

전통에서 스마트로 - 이커머스 물류시스템의 진화

3단계 진화의 여정

이커머스 물류 네트워크 시스템은 크게 세 단계로 진화하여 왔다.

1단계는 전통적인 창고 기반 물류 시스템으로, 대형 창고에서 일괄 처리하는 방식이었다.

2단계는 지역별 분산 물류 센터를 통한 배송 시간 단축 단계였다.

현재 우리가 경험하고 있는 3단계는 AI, IoT, 빅데이터가 결합된 '스마트 물류' 시스템이다.

스마트 물류 시스템의 핵심은 예측적 물류(Predictive Logistics)다. 고객의 구매 패턴, 계절적 요인, 지역별 특성 등을 종합 분석하여 수요를 예측하고, 이에 따라 재고를 사전 배치한다. 아마존의 '예상 배송(Anticipatory Shipping)' 특허가 대표적 사례로, 고객이 주문하기 전에 이미 상품을 가까운 물류 센터로 이동시켜 배송 시간을 단축한다.[7]

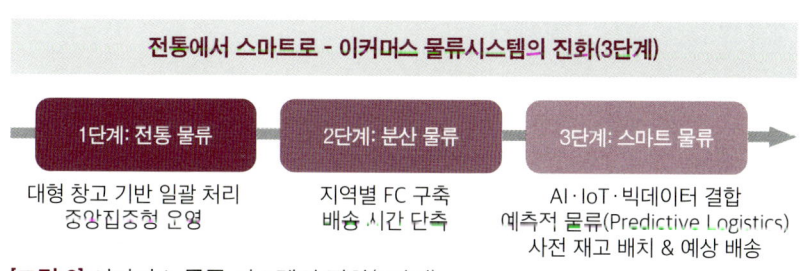

[그림 2] 이커머스 물류 시스템의 진화(3단계)

옴니채널 물류의 구현

초고속 이커머스 물류의 또 다른 특징은 옴니채널 통합이다. 온라인과 오프라인의 경계가 모호해지면서, 소비자들은 언제 어디서나 일관된 물류 경험을 요구하고 있다. 이런 요구는 'BOPIS(Buy Online, Pick-up In Store)', 'BORIS(Buy Online, Return In Store)', '클릭 앤 콜렉트' 등 새로운 서비스 모델을 탄생시켰다.

> **옴니채널이란?**
> 온라인·오프라인 재고와 주문을 단일 재고(virtual inventory)처럼 묶어, BOPIS/픽업·커브사이드·당일/익일 배송·BORIS(매장 반품)등을 최소비용·최단리드타임으로 실행하는 운영 체계. 라스트마일 비용이 배송원가의 약 41%에 달해(전세계 평균) 노드(매장·MFC·락커) 최적화가 핵심이다.

옴니채널 물류의 성공 요인은 통합 재고 관리 시스템이다. 온라인 쇼핑몰, 오프라인 매장, 물류 센터의 재고를 실시간으로 통합 관리하여 최적의 주문 처리 경로를 자동으로 결정한다. 월마트의 경우 전국 4,700여 개 매장을 미니 물류 센터로 활용하여 당일 배송 서비스를 제공하고 있다.[8] 기업은 옴니채널 물류를 통해 SLA충족률향상(약속시간 내 출고/도착 비율), 인력 생산성 향상, 노드배정 정확도 향상, 반품 코스트/회수속도 개선 등의 효과를 낼 수 있다.

2024년 글로벌 전자상거래의 10.2%가 BOPIS로 처리되고 있고 미국 내 매출도 130억 달러에 달할 것으로 추정되고 연간성장률도 매우 높아지고 있다.[9]

마이크로 풀필먼트와 도심 물류

도시화 진전과 함께 '마이크로 풀필먼트' 개념이 주목받고 있다. 기존의 대형 물류 센터가 도시 외곽에 위치했다면, 마이크로 풀필먼트 센터는 도심 내 소형 공간을 활용하여 고객과의 물리적 거리를 최소화한다. 이는 특히 신선식품, 의약품 등 즉시 배송이 중요한 상품군에서 효과적이다.

마이크로 풀필먼트 센터의 경제성은 높은 임대료라는 고정비를 빠른 배송을 통한 프리미엄과 높은 고객 만족도로 상쇄하는 구조다. 또한 자동화 기술의 발전으로 소형 공간에서도 적절한 운영 효율성을 달성할 수 있게 되었다. 다크 스토어(Dark Store), 고스트 키친(Ghost Kitchen) 등도 이런 트렌드의 연장선상에 있다.

도시 중심의 라이프 스타일 중심의 생활속에서는 주거요건, 교통, 환경 등에 따른 새로운 서비스 기대감도 높아지고 있다. 현재 진행되고 있는 도심물류의 기술 트렌드는 아래와 같다.

〈표 1〉 도심물류 핵심 기술 트렌드

기술 트렌드	What's new	Why now?
Order/Inventory Orchestration (DOM)	재고·주문을 매장·MFC·락커로 실시간 멀티노드 라우팅	고객 SLA 단축, 라스트마일 비용 최소화
고밀도 AS/RS + GTP	소형 평면적에 고밀도 적치, 웨이블리스 피킹	도심 고가 임대료 환경에서 단위처리비 하향
라스트마일 전기화	e-카고바이크·소형 e밴·로봇·드론	LEZ 확대·도심 규제 대응 및 총비용(TCO) 개선
PUDO/락커	분산 수령 거점 대규모화	배송실패/부재중·도난·재배송 비용 감소
Pharmacy MFC	로봇 기반 중앙조제 네트워크	반복·표준화 SKU군에서 ROI 선도

특히 OMS(Order Management System)와 DOM(Distributed Order Management)을 활용한 주문 오케스트레이션은 WMS와 TMS를 통합하여 고객의 주문부터 배송 완료까지의 전체 프로세스를 통합적으로 관리하고 조율하는 시스템을 활용하는 것이 주요 핵심이자 도심물류 성공의 시작이다. 마치 오케스트라 지휘자가 여러 악기를 조화롭게 지휘하듯 재고관리/결제처리/배송/고객 서비스 등 다양한 시스템을 통합 관리함으로써 멀티채널을 유기적으로 일체화하여 스마트 주문 라우팅, 예외 상황 자동 처리 등을 기술적으로 가능하도록 할 것이다.

물론 이를 위해서는 레거시 시스템과의 통합과 글로벌 표준화 및 개인정보 보호 강화 등의 과제를 해결해야 할 것이다. 주문 오케스트레이션은 단순한 기술적 솔루션을 넘어 고객 경험을 혁신하는 전략적 도구로 발전하고 있으며, 향후 AI와 자동화 기술의 발전과 함께 더욱 지능적이고 효율적인 시스템으로 진화할 것으로 전망된다.

아래는 2025년 이후 예상되는 도입방향으로 기업들은 다양한 전략을 혼합하여 최적화된 고객서비스를 만들려고 노력할 것이다.

- **하이브리드 모델**: PUDO + 락커 혼합 (예: 편의점 매장 앞 락커 설치 → 직원/락커 모두 선택 가능)
- **냉장 락커 확대**: 신선식품 e-그로서리 성장에 따라 냉장·냉동 락커 보급 확대
- **멀티 커리어·공용화**: 택배사·이커머스 간 공동 인프라사용 → 도시 내 중복투자 최소화
- **라스트마일 로봇/드론 연계**: 드론·자율배송 로봇이 최종 목적지를 락커로 지정해 투입
- **스마트시티 연동**: 지자체가 지하철역, 공공시설, 버스 환승센터에 락커/PUDO를 집적화

속도와 정확성의 조화 - 풀필먼트 센터 최적화 전략

초고속 물류를 완성하는 가장 중요한 축의 하나가 풀필먼트 센터의 최적화다. 상품이 입고되고 적재/보관되며, 고객의 주문이 인입되었을 시에 즉시 피킹하고 패킹하여 목적지별로 구분하고 출고시키는 과정이 초고속 물류의 목적에 맞게 최적화되어 라스트마일에 연결되었을 시에 비로소 고객서비스 수준을 향상시키고 다양한 환경변화에 능동적으로 대처할 수 있게 될 것이다.

로케이션 인텔리전스와 네트워크 설계

풀필먼트 센터의 최적화는 전략적 입지 선정부터 시작된다. 로케이션 인텔리전스(Location Intelligence)는 지리정보시스템(GIS), 인구통계학적 데이터, 교통 인프라 정보 등을 종합 분석하여 최적의 물류 센터 위치를 결정하는 기술이다. 이는 단순히 지리적 중심점을 찾는 것이 아닌, 비용 효율성과 서비스 품질을 균형있게 고려한 다차원적 최적화 과정이다.

현대적인 풀필먼트 센터 네트워크는 계층적 구조를 갖는다. 국가 단위의 메가 허브(Mega Hub), 지역 단위의 리저널 센터(Regional Center), 도시 단위의 로컬 센터(Local Center), 그리고 최종 배송을 위한 마이크로 허브(Micro Hub)로 구성되는 4단계 네트워크가 일반적이다.

각 단계별로 처리하는 상품군과 배송 시간대가 다르며, 이를 통해 전체 시스템의 효율성을 극대화시키고 있다. 물론 이는 일반적인 계층구조로 복잡하고 다양한 소비인자들(국가/지역/소비패턴/소비성향/구매여력/구매빈도)과 여러 제한요소들(기업의 Infra 구축현황/투자여력/배송전략/서비스 레벨 등)이 복합적으로 작용되는 상황에서는 각 기업마다 최적의 네트워크 전략을 수립하여야 하며 시시각각 변화하는 시장환경 속에서 서비스 레벨을 높일 수 있도록 끊임없이 개발하고 변화할 필요가 있다.

<표 2> 주요 기업 네트워크 전략 사례

지역/기업	네트워크 전략	핵심 특징	주요 효과
한국 쿠팡	도심 밀착형 네트워크	전국 100여개 물류인프라 운영. 수도권내 캠프 배치	로봇배송 당일 / 새벽배송 실현
미국 아마존	글로벌 멀티 계층 네트워크	전세계 185개 FC 운영, 지역별 맞춤형 FC 운영	프라임 당일 / 익일 배송 실현
미국 월마트	옴니채널 통합 네트워크	4,700개 매장+ 150개 DC를 Fulfillment Node로 활용	재고 정확도 98.5%, OOS율 30%↓, 연간 20억 달러 절감
중국 JD 닷컴	완전 자동화, 권역 네트워크	베이징·상하이 무인 FC, 드론·자율주행 배송, 농촌 지역까지 커버	중국 전역 24~ 48시간 배송, 농촌 커버리지 95% 달성

자동화 기술과 로봇 공학의 적용

전자상거래의 소매시장 침투율이 30%를 넘나들며 더욱 활성화되고 있고 소비자들의 요구 레벨이 높아지고 있는 현대의 초고속 물류 시대에서 풀필먼트 센터는 점점 대규모화되면서 수백~수천만 개의 제품들을 보관하며 하루에 수십 수백만 개의 물동량을 처리하고 있다. 이에 물류설비들이 서로 간에 유기적으로 연결되며 고도로 자동화되는 통합 물류설비 시스템이 필수적임은 자명한 상황이다.

최근 몇 년간 이런 자동화 설비는 상당한 수준으로 발전되어 여러 공정에서 인간을 대체하거나 능가할 수 있는 수준이 되고 있다. 하드웨어적으로 구간별 기능과 동작/연결 능력이 굉장히 높게 향상되었고 AI 기술이 적용된 RMS(Robot Management System)/WCS는 시각정보의 판단능력과 최적화된 이동경로의 탐색과 배치, 이상상황에 대한 대처 등에 놀라운 성능을 보이고 있다.

왜 '초(超)규모·초(超)자동화'인가

온라인 수요의 변동성과 SKU(품목) 다양성은 "공간 효율"과 "처리 속도"를 동시에 요구한다. 이에 따라 풀필먼트 센터(FC)는 고밀도 AS/RS(자동서장·출고), 고속 소터, AMR(자율주행 로봇)과 피스피킹 로봇을 하나의 소프트웨어 두뇌(WES/RMS)가 실시간으로 오케스트레이션하는 구조로 고도화되고 있다. 아마존·오카도·월마트·DHL 등 선도 기업들이 실제 수치로 그 변화를 증명하고 있다.

"밀도×속도"의 공식

"같은 면적에 얼마나 담을 수 있나"의 밀도와, "단위시간에 얼마나 많이 움직일 수 있나"의 속도의 인자들을 풀필먼트 센터 식으로 풀어 해석하면 밀도는 "같은 면적에서 더 많이 담아 면적 효율과 이동거리를 줄이는 힘", 속도는 "단위시간에 더 빨리 적재·피킹·소팅하게 만드는 힘"이 된다.

풀필먼트 센터의 설계 목표는 결국 면적당 처리량과 총 처리량을 동시에 최대화하는 조합을 찾는 것, 즉 "밀도 × 속도"의 최적점을 찾아내는 것이다. 현재 풀필먼트 센터의 자동화 설비들은 보관밀도를 최적화하고 피킹/소팅을 초고속화하며, 로봇의 커버리지를 확대하는 방향으로 나아가고 있다.

실제로 AMR을 활용하여 제품의 입고/보관/피킹 처리시스템을 이용하여 피킹할 상품이 보관된 선반을 Bot이 GTP(Good to Person) station으로 가져와 Robot Arm이 해당 상품을 피킹하고 패킹하여 소터에 바로 투입하여 분류작업을 통해 출고를 시키는 자동화 설비를 설계할 수 있으며 실현화되고 있다.

혁신 사례: 오카도의 Hive 시스템

오카도(ocado)의 Hive는 수천 대 로봇을 0.1초 주기로 관제하여(봇당 1초에 10회 통신), 최대 4m/s로 주행/충돌회피/혼잡해소를 수행한다. 즉 AI 시스템이 수천 대 봇을 실시간으로 관제하고 디지털트윈으로 시뮬학습한 후 실시간 파라미터를 반영(혼잡·경로·속도)하여 빠른 시간에 다량의 주문을 처리할 수 있다.

여기에 사용되는 오카도 600/650 봇은 3D 프린팅 기반의 경량화(이전 세대 대비 3~5배 가벼움)가 되었으며, 평균 소비전력도 기존 대비 월등히 감소되었다. 더군다나 봇이 가동되는 그리드의 설치시간이 최대 40% 단축됨에 따라 물류센터 셋업의 리드타임을 줄일 수 있는 장점 또한 가지고 있다.

이 Hive 시스템은 4층 높이의 격자 구조 위에서 1,000대 이상의 로봇이 동시에 움직이며 상품을 피킹한다. 기존 방식 대비 5배 빠른 속도로 주문을 처리하며, 99.95%의 정확도를 유지할 수 있다. 또한 Hive 시스템에 연결된 로봇 팔들이 봇들과 원활하게 협업하여 인간의 정밀도와 정확도로 고객 주문을 피킹하고 포장한다.

효율성 면에서 Hive 시스템의 장점은 명확하다. 기존 컨베이어 벨트 수동 방식으로 한 시간 이상 걸리던 50개 항목 피킹을 5분 만에 완료하며, 여러 주문을 동시에 처리할 수 있다. 또한 창고 출입 속도를 높여 오류를 줄이고 식품 낭비를 절감하여, 오카도의 식품 낭비율을 0.0387%로 유지하고 있다(업계 평균 2-3% 대비). 이 시스템은 50,000여 개 상품을 자

동으로 관리하며 글로벌 식료품 이커머스 혁신을 이끌고 있다.[10]

아마존 로보틱스의 혁신

아마존은 2012년 키바 시스템즈를 7억 7천만달러에 인수한 후 아마존 로보틱스로 브랜딩했다. 현재 전세계 200개 이상 풀필먼트 센터에서 35만 대 이상의 로봇이 운영되고 있다. 텍사스 휴스턴의 HOU2 센터는 완전 자동화 시설로, 로봇이 시간당 1,000개 이상의 주문을 처리한다.[11]

아마존은 Kiva 로봇 운영으로 인해 피킹속도를 기존 대비 4배 향상하였고 인건비를 연간 10억달러 이상 절감하였다고 알려졌다. 아마존의 차세대 풀필먼트 센터는 수천 대의 모바일 로봇과 로봇 팔들이 협력하여 인체공학적 워크스테이션으로 상품을 가져오며, 직원들이 허벅지 중간부터 가슴 중간까지의 파워 존에서 더 편안하고 안전하게 작업할 수 있게 한다.

특히 2024년 공개된 '시쿼이아(Sequoia)' 시스템은 혁신적인 성과를 보여주고 있다. 시쿼이아는 풀필먼트 센터에서 재고를 식별하고 보관하는 속도를 기존 대비 75% 향상시키며, 모바일 로봇이 재고를 컨테이너화된 저장 시스템이나 고객 주문 처리 직원에게 직접 운송한다. 루이지애나 슈리브포트 센터에서는 8개의 서로 다른 로봇 시스템이 협업하여 패키지 풀필먼트를 수행하며, AWS를 통해 센서, 카메라, 머신러닝을 활용해 대량의 데이터를 처리하여 로봇 성능과 직원 상호작용을 최적화한다. 이런 시스템을 통해 아마존은 처리 속도를 2.5배 향상시키고 운영비를 22% 절감했다.[12]

Hercules(허큘리스): Amazon kiva의 최신 Bot으로 중간정도의 적재물을 옮기는 로봇
Pegasus(페가수스): Amazon Kiva의 최신 Bot으로 작은 적재물을 옮기는 로봇

[그림 3] 아마존 풀필먼트 센터 자동화 운영 프로세스

JD닷컴의 무인 창고 혁명

중국 JD닷컴은 상하이에 세계 최대 규모의 무인 풀필먼트 센터를 운영한다. 4만㎡ 면적에 2만 대의 로봇이 작업하며, 인간 관리자는 불과 5명만 근무한다. 일일 20만 건의 주문을 처리하며 99.99%의 정확도를 달성했다.[13]

JD닷컴의 무인 창고는 완전히 새로운 패러다임을 제시한다. 'JD Mall Asia No.1' 창고로 불리는 이 시설은 피킹부터 소팅, 포장, 배송까지 모든 과정이 자동화되었다. 특히 주목할 점은 AGV(무인운반차) 2만대가 동시에 작업하며 서로 충돌 없이 최적 경로를 찾아 이동한다는 것이다.

이 시스템의 핵심은 AI 기반 중앙 제어 시스템이다. 실시간으로 모든 로봇의 위치와 작업 상태를 파악하고, 최적의 작업 할당과 경로를 계산한다. 결과적으로 기존 인력 기반 창고 대비 작업 효율성을 300% 향상시켰으며, 인건비를 88% 절감했다. 또한 24시간 무중단 운영이 가능하여 연간 처리량을 기존 대비 5배 증가시켰다.

특히 JD닷컴은 이 무인 창고 기술을 바탕으로 '스마트 공급망' 생태계를 구축했다. 창고 내 모든 데이터가 실시간으로 클라우드에 전송되어 수요 예측, 재고 최적화, 배송 계획 수립 등에 활용된다. 이를 통해 전체

공급망의 반응 속도를 50% 향상시키고, 재고 회전율을 40% 개선했다.

〈표 3〉 글로벌 기업들의 자동화 기술 적용 사례

기업/유형	기술 스택	공개 스펙/지표	관측 효과
Ocado (Grocery CFC)	Hive(봇스웜+AI ATC), 600/650 Bot, 로봇팔	봇 최대 4 m/s, 10Hz 관제, 50품목/5분	고밀도 저장+초고속 피킹으로 주문 리드타임 대폭 단축. (ocadogroup.com)
AutoStore (다수 업종)	Cube AS/RS +포트	로봇 30-40 bin/h, 포트 최대 650 bin/h, 99.7-99.8% 업타임	소형 Footprint 대비 고처리·고가용성 실증. (AutoStore, kardex.com)
Symbotic × Walmart (RDC)	AI+모바일봇 +팔+비전	셀당 1,700 케이스/h, 42개 RDC 전면 확장	입·출고 전공정 자동화, 케이스/팔렛 밀도↑·처리량↑. (Symbotic, ir.symbotic.com)
DHL × Locus (3PL)	AMR+WES	생산성 2× 이상, 글로벌 5,000대 배치 계획·5억 픽 달성	피크 대응·훈련시간↓·정확도↑. (Supply Chain Dive, DHL)
Radial × Covariant (3PL)	AI 로봇 Putwall	425 PPH, 월 10만 픽/로봇	수요 피크에도 안정적 처리율 유지. (covariant.ai)
Dematic Multishuttle	셔틀 AS/RS	구성에 따라 최대 1,200 로드/h	GTP 라인에 고속 버퍼/시퀀싱 제공. (DirectIndustry)
Vanderlande CROSSORTER	크로스벨트 소터	최대 18,000 캐리어/h, 3 m/s	이커머스·택배 대량 분류 표준. (Vanderlande, MotionMiners Process Intelligence)
Geek+ PopPick	선반-투-피플 듀얼암	500-600 tote/h(평균), 650 tote/h(데모)	저장밀도↑·처리량 2× 홍보 수치. (blog.geekplus.com)

동적 재고 관리의 혁신

전통적인 "물류센터"는 재고 적재 로케이션이 고정되어 운영되었지만, 최근의 풀필먼트 센터는 'Dynamic Slotting'과 'Dynamic Location'을 대부분 활용하고 있다. 두 기술은 비슷한 개념으로 사용되지만 조금의 차이는 있다.

"Dynamic Slotting"은 SKU(재고단위)를 어떤 Slot(선반/피킹 Location 등)에 배치할지 실시간으로 최적화하는 방식이고, SKU의 수요패턴 변화에 따라 피킹 위치가 지속적으로 달라지게 하여 피킹 효율성을 극대화하는 방식이다.

"Dynamic Location"은 SKU별 고정 위치를 없앰으로써 시스템(WMS/WCS등)이 실시간으로 위치를 추적관리함에 따라 저장 효율성을 극대화하는 방식이다. 예를 들어 새로 입고된 재고가 들어오면 가까운 빈 로케이션에 자동으로 우선 할당하고 AS/RS나 로봇 등이 적절한 공간을 찾아 자동 적치 후 WMS에 위치정보를 등록하는 방식으로 창고 가용공간 효율성을 높여 저장 비용을 절감하는 방식이다.

주로 Dynamic Slotting은 AMR 등의 자동화설비의 보관공간 내에서 많이 활용되며 Dynamic Location은 FC의 WMS 중심으로 공간 활용성을 높일 때 도입되고 있다. 상품의 회전율, 계절성, 주문 패턴 등의 수요패턴과 FC의 공간효율성을 극대화하기 위한 운영 가변성을 적절하게 높여 비용을 줄이고 고객서비스를 높일 수 있는 기술로 이해하면 좋다.

〈표 4〉 AI 기반 상품 배치 및 재고 최적화 전략

최적화 전략	핵심 기술	적용 효과
상품 친화도 분석	머신러닝으로 함께 주문되는 상품 패턴 분석	피킹 동선 평균 25% 단축
속도 기반 존닝	SKU 회전율 기준 A/B/C급 분류 배치	피킹 시간 40% 단축
계절성 예측 배치	AI가 계절별 수요 패턴 학습 후 사전 배치	계절 변동 효율성 저하 최소화
재고 최적화	머신러닝 기반 예측으로 SKU별 적정 재고 산출	품절 기회손실↓ + 과재고 비용↓

<표 5> 글로벌 기업의 동적 재고 관리 성과

기업	시스템 특징	주요 성과
알리바바	AI 예측적 재고 배치, 5억+ SKU, 3,000+ 창고 최적 분산	11.11 기간 24시간 내 배송률 90% 달성
월마트	4,700개 매장+150개 FC 통합 재고 오케스트레이션	재고 정확도 98.5%, 연간 20억 달러 절감
네이버	딥러닝 기반 100여 개 외부 변수 분석 시스템	글로벌 수요 예측 정확도 35% 향상
쿠팡	Hyper Local 수요예측 기반 지역별 차별화 배치	일부 지역 3시간 내 배송 실현

품질 관리와 리버스 로지스틱스

첨단 품질 관리 시스템

초고속 물류의 End to End Process에서 품질관리는 매우 중요한 요소다. 품질관리가 안된다면 아무리 빠른 배송을 하더라도 소비자 만족도가 높아질 수 없다. 그렇기에 이커머스 업체들은 품질과 속도를 모두 잡기 위해 많은 노력과 고민을 하고 있다.

품질 관리는 고객 경험의 핵심 요소이며, 현대적 품질 관리 시스템은 컴퓨터 비전과 AI를 활용하여 상품의 손상, 포장 불량, 라벨링 오류 등을 자동으로 검출하도록 발전하고 있다. 또한 블록체인 기술을 활용한 추적 시스템으로 상품의 이력을 투명하게 관리하여 문제 발생 시 신속한 대응이 가능하도록 개발되고 있다.

- **AI 기반 시각 검사 시스템**: 컴퓨터 비전 기술을 활용한 자동 품질 검사는 인간의 육안 검사보다 10배 빠르고 3배 정확하다. 고해상도 카메라와 머신러닝 알고리즘을 결합하여 제품의 미세한 손상, 색상 변화,

형태 변형 등을 실시간으로 감지한다.

아마존의 컴퓨터 비전 시스템은 초당 30프레임으로 제품을 스캔하며, 99.9%의 정확도로 불량품을 식별한다. 특히 의류 상품의 경우 실, 얼룩, 찢어짐 등 미세한 결함까지 감지하여 고객 만족도를 크게 향상시켰다. 이 시스템 도입 후 품질 관련 반품이 45% 감소했다.[14]

- **블록체인 기반 이력 추적**: 상품이 제조업체에서 최종 소비자에게 도달하기까지의 모든 과정을 블록체인에 기록하여 투명성과 신뢰성을 확보한다. 월마트는 식품 안전을 위해 블록체인 기반 추적 시스템을 도입하여, 오염된 식품의 출처를 기존 7일에서 2.2초로 단축시켰다.[15]
- **IoT 센서 기반 환경 모니터링**: 온도, 습도, 진동, 충격 등을 실시간으로 모니터링하여 상품 품질에 영향을 미칠 수 있는 환경 요인을 사전에 관리한다. 특히 의약품, 화장품, 식품 등 온도에 민감한 상품의 품질 보장에 핵심적인 역할을 한다.

혁신적인 리버스 로지스틱스 전략

초고속 물류 시대는 세상의 거의 모든 상품을 전자상거래에서 구매하는 시대다. 이는 수천만가지의 상품들이 다뤄지는 환경속에서 FC 운영 전략이 세워져야 한다는 것이다. 사람들은 먹고, 입고, 신는 모든 생활의 필수품과 소비품을 전자상거래에서 구매하기를 희망하고 있다. 그렇다 보니, 신발의 사이즈가 맞지 않다던지 제품의 품질이 기대와 다르다던지 등의 다양한 이유로 반품이 많이 생길 수밖에 없다.

즉, 초고속으로 배송되는 만큼 빠른 속도로 많은 제품들이 반품된다는 의미다. 전체 이커머스 거래의 15-30%가 반품되는 현실에서, 효율적인 리버스 로지스틱스는 고객 만족도와 비용 절감의 핵심이다. 선진 기업들은 반품 상품의 재판매, 리퍼비시, 리사이클링을 체계적으로 관리하여 반품을 비용 요인이 아닌 새로운 수익 기회로 전환하고 있다.

혁신 사례들

- **아마존의 반품 처리 혁신**: 아마존은 '반품 없는 환불(Returnless Refund)' 정책을 도입했다. AI가 상품 가치, 반품 비용, 고객 이력을 분석하여 특정 조건의 반품에 대해서는 상품 반송 없이 즉시 환불을 처리한다. 이를 통해 반품 처리 비용을 35% 절감하고 고객 만족도를 향상시켰다.[16] 아마존의 반품 처리 시스템은 더욱 고도화되고 있다. '반품 예측 모델'을 통해 반품 가능성이 높은 주문을 사전에 식별하고, 고객에게 더 정확한 상품 정보를 제공하여 반품률을 사전에 줄인다. 또한 반품된 상품은 AI가 자동으로 분류하여 재판매, 기부, 리사이클 등 최적의 처리 방안을 결정한다.

- **자포스의 365일 무료 반품**: 신발 전문 이커머스 자포스는 365일 무료 반품 정책으로 유명하다. 고객이 집에서 여러 사이즈를 시착해보고 맞지 않는 것만 반품하는 '시착 서비스' 개념을 도입했다. 반품률이 35%에 달하지만, 이를 통해 얻은 고객 충성도로 연매출 10억 달러를 달성했다.[17]

  자포스의 혁신은 반품을 마케팅 도구로 활용한다는 점이다. '행복배송(Happiness in a Box)' 프로그램을 통해 반품 과정도 즐거운 경험으로 만들어 브랜드 충성도를 높인다. 반품 상품은 99% 재판매되며, 약간의 사용감이 있는 제품은 'Like New' 카테고리로 할인 판매하여 새로운 수익원을 창출한다.

- **네이버 쇼핑의 반품 간소화**: 네이버 쇼핑은 '간편반품' 서비스를 통해 고객이 반품 이유를 간단히 선택하면 자동으로 수거 신청이 접수되는 시스템을 구축했다. 반품 처리 시간을 기존 3-5일에서 1-2일로 단축하

여 고객 만족도를 크게 향상시켰다.[18]

네이버 쇼핑의 '스마트 반품 센터'는 AI 기반 상품 상태 평가 시스템을 도입했다. 반품 상품이 도착하면 자동으로 외관, 기능, 포장 상태를 검사하여 재판매 가능 여부를 즉시 판단한다. 재판매 불가 상품은 리퍼비시 파트너사로 자동 전송되어 새로운 가치를 창출한다.

데이터가 답이다 - 공급망 관리 혁신

데이터 기반 공급망 관리의 핵심은 방대한 양의 데이터에서 의미 있는 인사이트를 추출하여 의사결정에 활용하는 것이다. 초고속 물류 네트워크를 운영함에 있어서 고객 행동 데이터, 판매 데이터, 재고 데이터, 물류 데이터, 외부 환경 데이터 등 수십억 건의 데이터 포인트를 실시간으로 처리하는 것은 이커머스 기업에 반드시 필요한 일이다.

하지만 이러한 빅데이터는 전통적인 분석 방법으로는 처리 불가능한 규모와 복잡성을 가지고 있어 첨단 분석 기술이 필요하다.

예측 분석의 힘

예측 분석은 과거와 현재 데이터를 기반으로 미래의 수요를 예측하는 기술로, 공급망 최적화의 핵심이다. 머신러닝 알고리즘을 활용한 수요 예측은 기존 통계적 방법 대비 평균 20-30% 높은 정확도를 보인다.[19] 특히 딥러닝 기반의 신경망 모델은 복잡한 패턴과 상관관계를 학습하여 계절성, 프로모션 효과, 외부 충격 등을 종합 고려한 정교한 예측을 가능하게 한다.

실시간 가시성의 구현

공급망의 실시간 가시성(Real-time Visibility)은 현대 물류 관리의 필수 요소다. IoT 센서, GPS 추적, RFID 태그 등을 통해 상품의 위치와 상태를 실시간으로 모니터링하며, 이 정보는 클라우드 기반 대시보드를 통해 관리자와 고객에게 제공된다. 이런 투명성은 문제 발생 시 신속한 대응을 가능하게 하며, 고객 신뢰도 향상에도 기여한다.

월마트와 DHL에서는 IoT센서와 GPS 추적을 활용하여 상품상태를 모니터링하고 실시간 배송현황을 업데이트하며 이 정보들을 바탕으로 AI 기반 경로 최적화에도 활용하고 있다. 이로 인해 상품 손실률 감소 및 품질보증을 강화하고 배송 정확도 향상을 꾀할 수 있다.

특히 중요한 것은 예외 상황 관리다. AI 기반 모니터링 시스템은 정상 범위를 벗어나는 상황을 자동으로 감지하고 경고를 발생시킨다. 예를 들어, 배송 지연, 재고 부족, 품질 문제 등이 발생하면 관련 담당자에게 즉시 알림을 보내고, 미리 정의된 대응 프로세스를 자동으로 실행한다. 이는 문제의 확산을 방지하고 고객 영향을 최소화하는 핵심 메커니즘이다.

AI 기반 의사결정

인공지능은 공급망 관리의 의사결정 프로세스를 근본적으로 변화시키고 있다. 전통적으로 관리자의 경험과 직감에 의존했던 의사결정이 데이터와 알고리즘 기반으로 전환되고 있다. 이는 더 객관적이고 일관된 결정을 가능하게 하며, 인간의 인지적 편향을 줄여준다.

특히 주목할 기술은 강화학습(Reinforcement Learning) 기반의 최적화 시스템이다. 이는 다양한 시나리오를 시뮬레이션하고 학습하여 복잡한 제약 조건 하에서도 최적해를 찾아내는 기술이다. 예를 들어, 수백 개의 SKU와 수십 개의 물류 센터, 다양한 배송 옵션을 고려한 재고 배치와 주문 할당 문제를 실시간으로 최적화할 수 있다.

아마존에서는 AI 기반 의사결정 시스템을 적극 활용하여 실시간 재고 배치 및 주문 할당을 최적화하고 배송 옵션을 시뮬레이션하고 있다. 복잡한 제약조건하에서 판단하기 힘든 상황 판단에 대해 인지적 편향성을 제거하고 최적의 해답을 도출하는 객관적이고 일관된 의사결정을 하고 있는 것이다.

블록체인의 신뢰성 혁신

블록체인 기술을 활용하여 공급망의 투명성과 신뢰성을 향상시키는 기술이 적용되고 있다. 상품의 생산부터 최종 소비자 도달까지 모든 과정을 변조 불가능한 형태로 기록하여, 진품 인증, 품질 보증, 원산지 추적 등을 가능하게 한다. 이는 특히 명품, 의약품, 식품 등 안전성과 진정성이 중요한 상품군에서 중요한 가치를 제공한다.

월마트에서는 IBM Food Trust라는 식품 공급망 전용 블록체인 솔루션을 활용하고 있다. 이를 도입하기 위해 파일롯(Pilot)으로 중국에서의 돼지고기 추적 및 아메리카 지역에서의 망고 추적을 진행하였다. 블록체인은 원산지 농장에서 시작하여 배치 번호가 추가되고, 이어서 공장 및 가공 데이터가 기록된다. 블록체인에 저장되는 기타 필요한 정보로는 유통기한, 보관 온도, 마지막으로 배송 세부 정보가 포함된다.

결과적으로 망고를 원산지 농장까지 추적하는데 기존 6일 18시간 26분이 소요되던 반면, 블록체인 기술을 활용하여서는 2.2초만에 추적할 수 있게 되었다.[20] 이는 식품의 안정성을 대폭 향상시키고, 오염원 추적 시간을 단축하여 고객 신뢰도를 증가시키는 결과로 이어지게 만들 것이다.

월마트는 현재 5개 공급업체로부터 25개 이상의 제품을 IBM 블록체인을 사용하여 추적하고 있다. 이 제품들에는 망고, 딸기, 잎채소 등의 농산물, 닭고기와 돼지고기 같은 육류 및 가금류, 요거트와 아몬드 우유 같은 유제품이 포함된다.

또한 월마트 캐나다에서는 블록체인 물류결제시스템을 도입하여 70개의 3자 물류업체와 블록체인 네트워크를 구축하였고 스마트 컨트랙트 자동결제 시스템을 기반으로 배송완료시 자동 대금지급 시스템을 구축하였다. 이로 인해 결제 분쟁을 95% 감소시키고 운영 효율성을 대폭 향상시켰으며, 파트너십 신뢰도도 강화하게 되었다.

앞으로 이런 블록체인 기반 기술들은 우리가 주문하는 많은 생필품과 신선제품에도 도입되어 소비자 편익성을 향상시키고 기업의 효율성을 높이는데 기여할 것이다.

미래를 앞당기는 기술 융합

드론과 자율주행의 라스트마일 혁신

라스트마일 배송은 전체 물류 비용의 53%를 차지하는 매우 중요한 단계이며, 초고속 물류에서 고객 경험에 가장 직접적인 영향을 미치는 영역이다.[21] 복잡한 도심속에서 당일 혹은 몇시간 안에 배송을 해야 하는 시대에서 필요한 것은 기존 라스트마일 배송 시스템을 혁신시키는 것이다.

최근 드론과 자율주행차량의 도입은 이 영역의 게임 체인저로 주목받고 있으며, 아마존의 프라임 에어(Prime Air), 구글의 윙(Wing), 우리나라의 우체국 드론배송 등이 상용화 단계에 진입하면서 실용성을 입증하고 있는 상황이다.

드론배송의 경제성은 특정 조건에서 기존 배송 방식을 크게 앞서 나갈 것이다. 특히 교통 체증이 심한 도심 지역이나 접근이 어려운 산간 지역에서는 배송 시간과 비용을 동시에 절약할 수 있고, 응급 의료용품, 생필품 등 긴급 배송이 필요한 상품에서는 기존 서비스로는 달성 불가능한 가치를 제공할 것이다.

기술의 개발이 무르익고 있고 여러 파일롯 테스트들이 성공과 실패를 거듭하며 개선을 이루고 있기에 머지않은 시점에 드론배송 시대가 올 것으로 보여진다. 물론 여러가지 규제가 해결되고 국제 표준과 사회 규칙들이 제정되고 일상화되는 과정이 남아있지만, 초고속 물류 시스템을 온전히 구축하기 위해서는 드론배송과 같은 기술의 도입은 매우 필수적인 사항이다.

또한 자율주행 배송차량은 인건비 절감과 24시간 운영 가능성이라는 강점을 갖는다. 스타십 테크놀로지스(Starship Technologies)의 자율주행 배송 로봇은 이미 대학 캠퍼스와 주거 단지에서 상용 서비스를 제공하고 있으며, 배송비를 기존 대비 90% 절감하는 성과를 거두었다.[22]

물론 자율주행 배송도 드론배송과 같이 헤쳐나가야 될 숙제들이 많이 있긴 하므로, 앞으로 수년 간 기하학적으로 발전될 라스트마일 배송기술을 지켜보며 초고속물류가 더 완성도 높게 성장하며 규모를 키울 것인가를 지켜보는 게 좋겠다.

〈표 6〉 라스트마일 혁신 주요 사례

기업/서비스	혁신 기술	현재 상태	주요 성과
아마존 Prime Air	드론배송 시스템	애리조나, 텍사스 등 일부 지역 상용화	목표: 30분 내 배송, 현재: 1시간 내 배송

기업/서비스	혁신 기술	현재 상태	주요 성과
월마트 Spark Delivery	크라우드소싱 드라이버 플랫폼	전국 3,990개 매장에서 서비스 제공	2023년 2.48억 건 라스트마일 배송
알리바바 Cainiao	농촌 배송망 구축	중국 농촌 지역 배송 표준 확립	중국 전역 95% 커버리지 달성
쿠팡 플렉스	유연 드라이버 시스템	주요 도시 중심 서비스	피크 시즌 하루 5만 명 이상 활용

기술 융합의 가속화

초고속 물류 생태계를 원활하게 돌아가게 하기 위해서는 IT 인프라의 확실한 기반이 다져져야 가능한 일이다. 5G 네트워크의 상용화는 물류 산업의 디지털 전환을 가속화하고 있다. 초고속, 초저지연, 초연결성이라는 5G의 특성은 실시간 데이터 처리, 원격 제어, 대규모 IoT 연결 등 물류 자동화에 필수적인 기술적 인프라를 제공한다. 특히 자율주행차량의 원격 모니터링, 드론의 실시간 제어, 창고 로봇의 협업 등에서 5G의 역할은 핵심적이다.

IoT(사물인터넷)는 물류 생태계의 모든 구성요소를 연결하여 지능형 네트워크를 구축한다. 상품에 부착된 센서는 위치, 온도, 습도, 충격 등을 실시간으로 모니터링하며, 이 데이터는 클라우드로 전송되어 AI 분석을 통해 인사이트를 제공한다. 예를 들어, 냉장 상품의 온도 변화를 실시간으로 추적하여 품질을 보장하거나, 포장재의 충격을 감지하여 손상 위험을 사전에 예방할 수 있다.

또한 디지털 트윈 등의 VR 기술과 엣지 컴퓨팅을 활용하여 물류 현장의 실시간 의사결정, 특히 자율주행차량, 드론, 로봇 등이 네트워크 연결 없이도 독립적으로 판단하고 행동할 수 있게 될 것이다. 더불어 분산 처리 시스템은 물류 네트워크의 복잡성과 규모에 대응하기 위한 필수 아키텍처로 재고관리/주문처리/배송 추적 등 각 기능이 독립적으로 운영되면서도 API를 통해 유기적으로 연결되어 전체 시스템의 안정성을 보장하는 기술로 앞으로 이런 기술 융합으로 인한 물류 생태계의 끝없는 변화는 사용자와 제공자에게 모두 이익이 되는 방향으로 발전할 것으로 기대된다.

물류산업의 미래, 그 놀라운 변화

앞으로 몇 년 안에 물류산업은 완전히 다른 모습을 보일 것으로 예상된다. 가장 주목할 변화는 '완전 자동화된 공급망'의 실현이다. AI가 수요를 예측하고, 로봇이 상품을 피킹하고, 자율주행차가 배송하며, 드론이 라스트마일을 담당하는 End to End 자동화 시스템이 구축될 것이다. 인간의 역할은 시스템 관리와 예외 상황 처리, 고객 상담 등 고부가가치 영역으로 집중될 것이다.

배송 시간의 혁신

배송 시간의 혁신도 지속될 것이다. 현재의 당일 배송이 표준이 되고, 주요 도시에서는 1시간 이내 배송이 일반화될 것이다. 이는 도심형 마이크로 풀필먼트 센터의 확산과 드론/자율주행차의 상용화로 실현될 것이다. 또한 '예측적 배송'이 본격화되어 고객이 주문하기 전에 이미 상품이 가까운 곳에 대기하는 시스템이 구축될 것이다.

혁신 기술의 도입

활발히 연구되고 있는 양자 컴퓨팅은 물류 최적화 문제의 혁신적 해결책을 제공할 것이다. 현재의 컴퓨터로는 처리하기 어려운 복잡한 조합에 대한 최적화 문제를 실시간으로 해결하여 전역 최적해를 찾아낼 수 있게 될 것이다. 이는 특히 수만 개의 변수를 가진 글로벌 공급망 최적화에서 획기적인 성과를 가져올 것이다.

디지털 트윈(Digital Twin) 기술은 물리적 물류 시스템의 완벽한 가상 복제본을 생성하여 시뮬레이션과 최적화를 가능하게 한다. 실제 시스템에 변경을 가하기 전에 가상 환경에서 수백 가지 시나리오를 테스트하여 최적의 솔루션을 도출할 수 있다.

인력 구조의 변화

물류산업의 인력 구조는 근본적으로 변화할 것이다. 단순 반복 업무는 자동화로 대체되고, 데이터 분석가, AI 엔지니어, 로봇 운영자, 시스템 통합 전문가 등 고도의 기술 역량을 요구하는 직종이 증가할 것이다. 이는 물류산업의 고부가가치화와 임금 상승으로 이어져 산업의 매력도를 높일 것이다.

새로운 비즈니스 모델

물류산업에서 새로운 비즈니스 모델이 계속 등장할 것이다. 'Logistics-as-a-Service(LaaS)' 모델이 확산되어 중소기업도 대기업 수준의 물류 서비스를 이용할 수 있게 될 것이다. 플랫폼 기반의 물류 중개 서비스도 성장하여 공급자와 수요자를 효율적으로 매칭할 것이다.

구독 경제의 확산은 물류 패턴을 변화시킬 것이다. 정기 배송, 리필 서비스, 렌탈 서비스 등이 증가하면서 예측 가능한 물류 수요가 늘어나고, 이는 효율성 향상으로 이어질 것이다. 또한 개인화된 물류 서비스도 등장하여 각 고객의 선호와 라이프스타일에 맞춤화된 배송 옵션을 제공할 것이다.

초고속 물류 혁명, 세상을 바꾸다

마치며: 혁신이 만드는 새로운 세상

초고속 물류의 경제학은 단순히 배송 속도의 향상을 넘어서 전체 경제 생태계의 패러다임 전환을 의미한다. 우리는 지금 물류산업 역사상 가장 역동적이고 혁신적인 시대를 살고 있으며, 이런 변화는 향후 10년간 더욱 가속화될 것이다.

이커머스 생태계의 핵심 동력인 물류 혁신은 기술 발전, 소비자 기대 변화, 사회적 요구 등 다양한 요인이 복합적으로 작용한 결과다. 인공지능, 로봇 공학, 자율주행, 드론, 5G, IoT 등의 기술이 융합되어 완전히 새로운 물류 시스템을 창조하고 있다. 이런 기술 혁신은 단순히 효율성을 높이는 것을 넘어 또다른 가치를 창출하고 있다.

풀필먼트 센터의 최적화는 물리적 인프라와 디지털 기술의 완벽한 결합을 통해 이루어지고 있다. 로케이션 인텔리전스, 자동화 로봇, 동적 슬롯팅, 예측 분석 등의 기술이 유기적으로 결합되어 전례 없는 수준의 운영 효율성을 달성하고 있다. 이는 비용 절감과 서비스 품질 향상을 동시에 실현하는 윈-윈 구조를 만들어낸다.

데이터 기반 공급망 관리는 물류산업을 경험 중심에서 과학 중심으로 전환시키고 있다. 빅데이터 분석, 머신러닝, 실시간 모니터링, AI 의사결정 시스템 등이 결합되어 더 정확하고 빠른 의사결정을 가능하게 한다. 특히 예측의 정확성 향상은 재고 최적화, 수요 대응력 향상, 리스크 관리 강화 등 다방면의 성과로 이어지고 있다.

글로벌 물류 네트워크의 진화는 세계를 하나의 거대한 시장으로 통합시키고 있다. 크로스보더 이커머스의 성장, 자유무역협정의 확산, 디지털 통관 시스템의 도입 등이 국경의 의미를 희석시키고 있다. 동시에 지정학적 리스크에 대응한 공급망 다변화와 리질리언스(Resilience: 변화에 적응하고 더 강해지는 능력) 강화도 중요한 과제로 부상하고 있다.

지속가능성은 더 이상 옵션이 아닌 필수가 되었다. 탄소중립, 순환경제, 사회적 가치 창출 등은 물류기업의 장기적 경쟁력을 좌우하는 핵심 요소다. 그린 로지스틱스는 환경 보호와 경제적 효율성을 동시에 추구하는 새로운 접근 방식으로, 혁신적 기술과 창의적 비즈니스 모델을 통해 실현되고 있다.

미래의 물류산업은 완전 자동화, 초고속 배송, 예측적 물류가 표준이 되는 세상이다. 이런 변화는 기회와 도전을 동시에 제공한다. 혁신을 적극 수용하고 새로운 기술을 빠르게 도입하는 기업과 개인은 큰 성공을 거둘 것이고, 변화에 뒤처지는 주체들은 도태될 위험에 직면할 것이다.

초고속 물류의 경제학은 우리에게 무한한 가능성을 제시한다. 이 가능성을 현실로 만드는 것은 우리 모두의 몫이다. 혁신을 통한 성장, 기술을 통한 가치 창출, 협력을 통한 생태계 발전이야말로 물류산업이 나아가야 할 방향이다. 미래는 준비하는 자의 것이며, 물류산업의 밝은 미래를 함께 만들어 나가길 기대한다.

각주 및 참고문헌

1 Statista, "Global E-commerce Market Size and Growth Projections," 2024

2 통계청, "온라인쇼핑 동향조사," 2024

3 한국무역협회, "전자상거래 통계 및 전망," 2024

4 McKinsey & Company, "Delivering large-scale IT projects on time, on budget, and on value," 2024

5 Amazon Annual Report 2023, "Operations and Technology Innovation"

6 Harvard Business Review, "The Future of Last-Mile Delivery," Harvard Business School Press, 2023

7 MIT Technology Review, "Machine Learning in Supply Chain Management," 2023

8 Walmart Labs, "Omnichannel Fulfillment Strategy," Technology Innovation Report, 2023

9 Electro IQ, Total Retail 자료, 2024

10 Ocado Group, "Technology Solutions Overview," 2024

11 Amazon Robotics Annual Report, "Automation and Innovation in Fulfillment," 2024

12 Amazon Sustainability Report, "Packaging Innovation and Waste Reduction," 2024

13 JD.com Innovation Lab, "Smart Logistics and Unmanned Warehouse Operations," 2024

14 Amazon Computer Vision Research, "Quality Control Innovation Report," 2024

15 IBM Food Trust, "Blockchain in Supply Chain Transparency," 2024

16 Amazon Returns and Refunds Policy Research, "Customer Experience Innovation," 2024

17 Zappos Customer Service Excellence Report, "Returns as Marketing Strategy,"

2023

18 Naver Shopping Innovation Report, "Reverse Logistics Optimization," 2024

19 MIT Technology Review, "Predictive Analytics in Supply Chain," 2023

20 IBM and Walmart, "Blockchain Food Safety Implementation," 2024

21 Boston Consulting Group, "Last-Mile Delivery: The Future of Urban Logistics," 2024

22 Starship Technologies Annual Report, "Autonomous Delivery Impact Assessment," 2023

라스트마일 빅뱅, 플랫폼은 어떻게 우리 동네를 바꾸었나

도심 물류 생태계 현주소와 지속가능한 상생의 길을 찾아서

김철민

비욘드엑스 대표 | ceo@beyondx.ai

『네카쿠배경제학』의 저자이자, 물류 지식 채널 비욘드엑스 대표이다. 인류의 라이프스타일이 물류 생태계에 미치는 영향을 연구하며, 공급망의 진화 과정과 그 역할을 분석하는 데 전문성을 가지고 있다. 현 한국로지스틱학회 부회장으로, 대통령직속 4차산업혁명위원회 위원으로서 국가 물류 혁신 정책 수립에 기여한 바 있다.

프롤로그. 5년 후, 우리가 마주한 풍경

2019년, 우리는 '네카쿠배(네이버, 카카오, 쿠팡, 배달의민족)'라는 신조어와 함께 플랫폼 경제의 폭발적인 성장을 목도했다. 이들 거대 플랫폼은 우리의 소비 습관을 송두리째 바꾸었고, 그 중심에는 '더 빠르게, 더 편리하게'를 외치는 물류 혁신이 있었다. 당시만 해도 우리는 새벽배송과 당일배송이 가져올 유토피아적 미래를 상상했다. 골목의 작은 가게들마저 플랫폼에 올라타면 새로운 기회를 잡을 수 있을 것이라는 장밋빛 전망이 지배적이었다.

5년이 흐른 2025년, 우리가 마주한 현실은 어떨까? 풍경은 예상보다 훨씬 더 복잡하고 다층적이다. 쿠팡의 로켓배송은 이제 일부 지역의 특권이 아닌 전국 주요 지역에서 서비스가 확산되었고, 배달의민족 B마트는 30분 내 배송을 실현하며 퀵커머스 시장을 평정했다. 실제로 통계청에 따르면 2023년 기준 국내 이커머스 시장 규모는 227조 원을 돌파하며 소비의 중심축이 완전히 온라인으로 이동했음을 증명했다.

하지만 그 화려한 이면에는 새로운 그림자가 드리워져 있다. 한때 골목상권의 구원투수로 여겨졌던 플랫폼은 이제 독과점적 지위를 이용해 과도한 수수료를 부과하는 규제의 대상으로 거론된다. 빠른 배송을 위한 물류 거점, 즉 다크 스토어와 마이크로 풀필먼트 센터(MFC)는 주거지역 깊숙이 파고들며 소음, 교통체증, 부동산 가격 상승과 같은 새로운 사회적 갈등을 유발하고 있다. 과연 이것이 우리가 원했던 미래일까?

골목상권과 다크 스토어의 공존 실험은 공존보다는 경쟁과 대체의 양상으로 흐르는 경우가 많았다. 플랫폼의 효율성을 따라잡지 못한 수많은 동네 슈퍼와 가게들이 문을 닫았고, 살아남은 가게들은 플랫폼의 하청기지 역할을 하거나 혹은 그들과 무관한 자신만의 생존 방식을 필사적으로 모색해야만 했다. 이는 플랫폼 경제가 초기 성장 단계를 지나 성숙기에 접어들었음을 의미한다. 성숙기의 가장 큰 특징은 '제로섬 게임'의 심화다. 무한히 팽창하던 시장이 포화 상태에 이르면서, 이제 한쪽의 이익은 다른 한쪽의 손실로 이어질 가능성이 커졌다.

따라서 우리에게 던져진 새로운 과제는 명확하다. 바로 '효율성'과 '공존' 사이의 균형점을 찾는 것이다. 플랫폼이 구축한 압도적인 물류 인프라의 효율성을 인정하되, 그것이 지역 경제와 공동체를 잠식하지 않도록 하는 지혜가 필요하다.

이 글은 네카쿠배 열풍이 한차례 휩쓸고 간 오늘날 대한민국의 도심물류 생태계를 냉철하게 진단하고, 대기업 플랫폼과 로컬 비즈니스, 그리고 지역사회가 함께 지속가능한 미래를 그릴 수 있는 현실적인 상생모델을 탐색하고자 한다. 이는 단순히 물류산업에 국한된 이야기가 아니다. 기술의 진보가 인간의 삶과 사회 구조를 어떻게 바꾸고, 그 과정에서 우리가 무엇을 지키고 무엇을 변화시켜야 하는지에 대한 근본적인 질문이기도 하다.

〈표 1〉 네카쿠배 변천 타임라인(2019~2025)

출처: 비욘드엑스

PART 1. 도시, 거대한 창고가 되다

빠른 배송의 명세서: 우리는 무엇을 지불하고 있는가?

아침 7시, 아파트 현관문 앞에 놓인 로켓배송 상자들. 이제는 너무나

라스트마일 빅뱅, 플랫폼은 어떻게 우리 동네를 바꾸었나 165

일상적인 이 풍경이 이커머스 전쟁의 최전선, '라스트마일(Last-mile)' 배송의 현실을 상징한다. 라스트마일, 즉 최종 소비자에게 상품이 전달되는 마지막 1마일(약 1.6km) 구간은 지난 5년간 속도와 편의성을 극대화하는 방향으로 진화했다. 하지만 그 과정에서 수익성 악화와 시장 참여자들의 피로감이라는 명확한 경계에 부딪혔다.

쿠팡의 야심: '전국민 로켓배송' 실험

쿠팡의 로켓배송은 이 변화의 상징이다. 2024년 3월, 쿠팡은 2024년부터 2026년까지 3년간 3조원 이상을 투자하여 2027년까지 로켓배송 가능 지역을 전국으로 확대하겠다고 발표했다.

현재 쿠팡은 전국 시군구 260곳 중 182곳(70%)에서 로켓배송을 운영하고 있으며, 2027년에는 약 230여개 시군구(88% 이상)로 확대하여 전국 인구 5,130만명 중 5,000만명 이상이 이용할 수 있게 된다.

쿠팡은 경상북도 김천과 충청북도 제천, 부산, 경기도 이천, 충청남도 천안, 대전, 광주, 울산 등 8곳 이상 지역에 신규 풀필먼트센터 운영을 위한 착공과 설비투자를 추진한다. 강원도 산간 마을의 할머니도, 전남의 작은 섬 주민도 이제는 전날 밤에 주문한 상품을 다음 날 받아보는 시대가 열리고 있다. 특히 로켓배송이 확대될 지역 대부분이 행정안전부가 지정한 인구감소지역이기 때문에 '지방 인구 소멸' 대응에 도움이 될 것으로 기대된다. 이는 단순히 배송 지역을 넓힌 것을 넘어 '물류 복지'라는 새로운 개념을 제시하며, 수도권 중심의 물류 패권을 전국 단위의 서비스로 전환하려는 야심찬 계획이다. 쿠팡은 그동안 6조 2,000억원을 물류망 구축에 투입해 전국 30개 지역에 100여곳의 물류인프라를 갖추고 '쿠세권'을 구축해왔다. 쿠팡의 투자는 단순히 물류센터를 짓는 데 그치지 않는다. 자체 배송 인력인 쿠팡친구와 배송 위탁 계약을 맺은

CLS를 통해 배송망 전체를 직접 통제하며 서비스 품질을 균일하게 유지한다.

주목할 점은 쿠팡이 이미 수익성을 확보한 상태에서 이러한 대규모 투자를 진행한다는 것이다. 쿠팡의 매출은 2020년 13조 9,000억원에서 2023년 31조 4,000억원으로 증가했으며, 2023년 영업이익은 1조 600억원을 넘겼다. 또한 로켓배송지역이 확대되면 와우 멤버십 회원이 증가할 것으로 기대되며, 쿠팡의 와우 회원은 전년 대비 27% 증가한 1,400만명으로 집계됐다. 전국 구석구석까지 로켓배송을 확대하겠다는 의지는 선명하며, 기존과 달리 수익성을 바탕으로 한 지속가능한 확장 전략으로 평가된다.

마켓컬리의 딜레마: 완벽한 신선함의 비용

신선식품 새벽배송의 원조격인 마켓컬리는 '풀콜드체인(Full Cold-Chain)'이라는 강력한 무기 이면의 딜레마에서 벗어나고 있는 신호를 보이고 있다. 풀콜드체인이란 상품이 산지에서 우리집 식탁에 오르기까지 단 한 순간도 상온에 노출되지 않도록 저온 상태를 유지하는 시스템이다.

하지만 이 시스템을 운영하는 데는 막대한 비용이 들었고, 컬리는 오랜 기간 적자를 감수해야 했다. 2023년 기준 1,436억원의 영업손실을 기록했지만, 2024년에는 상황이 크게 개선되었다. 2024년 영업손실은 183억원으로 전년 대비 1,253억원이나 줄어들었고, 조정 EBITDA는 137억원의 흑자를 달성하며 사상 첫 상각전 영업이익 흑자를 기록했다.

2024년 3분기에는 영업손실이 44억원으로 줄어들었고, 3개 분기 연속 EBITDA 흑자를 이어가며 수익성 개선의 지속가능성을 입증하고 있다. 특히 2025년 1분기에는 드디어 영업이익을 기록하기 시작했다는 점에서 컬리가 손실 구조에서 본격적인 이익 구조로 전환하는 중요한 시점을 맞고 있다.

하지만 여전히 과제는 남아있다. 2023년 말 기준 약 2조 2천억원의 누적결손금을 자본잉여금으로 상계하는 회계 처리를 통해 장부상 적자를 해소했지만, 이는 실질적인 수익성 개선이 아닌 숫자 조정이라는 분석도 있다. 새벽배송이라는 차별화된 서비스 모델이 지속가능한 수익 구조로 정착할 수 있을지가 여전히 관건이다.

배민 B마트의 해법: '선택과 집중'의 승리

반면 퀵커머스 시장의 강자 배민 B마트는 지속적인 성장을 통해 수익성 개선의 새로운 길을 제시했다. B마트는 2024년 처음으로 연간 EBITDA(법인세·이자·감가상각비 차감 전 영업이익) 기준 흑자를 달성했으며, 상품매출은 7,568억원으로 전년(6,880억원) 대비 10% 성장했다. 배민의 커머스 사업 연간 거래액은 2024년 처음으로 1조원을 돌파하는 성과를 거두었다.

B마트의 성공 배경에는 '선택과 집중' 전략이 있다. 전국 단위의 거대 물류망 대신 인구 밀도가 높은 도심에 집중적으로 다크 스토어를 배치했다. 현재 B마트는 서울, 경기, 부산, 대구, 울산, 대전, 천안 등에 약 70여개의 도심형 유통센터(PPC)를 운영하고 있으며, 상품종류수(SKU)는 약 1만여개에 달한다. 다크 스토어란 '창문 없는 상점', 즉 오직 배달만을 위한 도심 속 미니 창고를 말한다. 업계에 따르면 평균 27분이라는 압도적인 배송 속도는 바로 이 촘촘한 도심 거점망 덕분이다.

특히 B마트의 고객 평균 주문금액이 사업 초기 대비 3배가량 증가하면서 수익성 개선에 크게 기여했다. 또한 B마트는 AI 기반의 수요 예측 시스템을 고도화하여 각 PPC(Picking & Packing Center)별로 최적의 상품 구색(SKU)을 유지하고 폐기율을 최소화했다. 물류 과정의 효율화를 통해 운반비, 보관비 등 비용 절감 효과를 키운 것이 이익률 개선에 영향을 미쳤다.

B마트와 장보기·쇼핑을 아우르는 배민의 퀵커머스 사업도 꾸준한 성장세를 보이고 있다. 2024년 배민 커머스 사업 주문자수와 주문수는 전년 동기 대비 각각 49.4%, 38.8% 증가했다. 이는 '모든 것을 빠르게'가 아닌 '필요한 것을 가장 빠르게'라는 목표 설정과 데이터 기반의 정교한 운영이 수익성 확보에 얼마나 중요한지를 증명한다.

편의점의 반격: '가장 가까운 물류'의 재발견

거대 플랫폼들의 각축전 속에서 편의점과 동네 마트는 현실적인 대응 전략을 찾았다. 이들은 자체적인 거대 물류망을 구축하는 대신, 기존에 보유한 촘촘한 오프라인 점포망을 초소형 물류 거점으로 활용하기 시작했다. GS25의 '우리동네GS' 앱으로 주문하면 가장 가까운 편의점 직원이 직접 상품을 담아 1시간 내 배송해주는 식이다. 여기서 더 나아가 세븐일레븐은 2023년 경기도 가평 등 일부 지역에서 드론배송을 시범 운영하며 미래를 테스트하고 있다. 이는 막대한 투자 없이 기존 자산을 활용해 퀵커머스 수요에 대응하는 현명한 전략이다. 이들의 생존 전략은 거대 자본의 속도전에서 벗어나 '근접성과 유연성'이라는 자신들만의 강점을 극대화하는 방향으로 진화하고 있다.

우리 아파트가 물류센터? 편의와 갈등의 아슬아슬한 줄타기

새벽 5시, 서울 송파구의 한 아파트 단지. 같은 시각, 두 명의 배송기사가 하루를 시작한다. 쿠팡친구 김 씨는 출근 버스를 타고 물류 캠프로

향해 정해진 스케줄에 따라 배송을 시작한다. 반면 플랫폼 라이더 박 씨는 자신의 오토바이에 시동을 걸고, 스마트폰 앱에서 울리는 '콜'을 잡기 위한 무한 경쟁에 뛰어든다. 이들의 대조적인 일상은 오늘날 도심 배송망이 어떻게 계층화되었는지를 극명하게 보여준다.

배송기사의 두 얼굴: 정규직 vs 특수고용직

배송기사 생태계는 크게 직고용·전속계약과 플랫폼 기반 개인사업자로 양분된다. 쿠팡친구는 4대 보험과 연차, 퇴직금을 보장받는 안정적인 일자리에 가깝다. 이는 서비스 품질을 높이고 이탈률을 낮추는 효과가 있지만, 기업 입장에서는 높은 고정비 부담을 감수해야 한다. 반면 배민커넥트, 쿠팡이츠 배달파트너 등은 누구나 원할 때 일할 수 있는 대신 노동법의 보호를 받지 못하는 특수고용직(특고)으로 분류된다. 이들은 사고 위험, 수입 변동성, 플랫폼의 일방적인 정책 변경 등에 고스란히 노출된다. 최근 법원은 배달 라이더의 노동자성을 일부 인정하는 판결을 내놓고 있지만, 사회적 합의와 제도 개선까지는 아직 갈 길이 멀다. 2025년 현재, 배송망의 가장 말단이 이처럼 이중적인 구조로 고착화되고 있다.

무인택배함의 진화: 편의와 관리의 명암

상품을 수령하는 방식도 진화했다. 무인택배함은 단순 보관 기능을 넘어 냉장/냉동 보관 기능을 갖춘 스마트 락커로 발전했다. 신선식품이나 고가의 상품을 안전하게 보관할 수 있어 1인 가구나 맞벌이 부부에게 큰 호응을 얻고 있다. 서울시의 '안심택배함'과 같은 공공 서비스뿐만 아니라 '스마일박스' 같은 민간 기업들이 아파트 단지나 오피스텔에 유료 스마트 락커를 설치하는 사례도 늘고 있다. 이들은 택배 보관을 넘어 세

탁물 수거, 중고 거래, 음식 픽업 등 다양한 생활 편의 서비스의 거점으로 진화하고 있다. 하지만 실제 활용도는 지역과 설치 장소에 따라 편차가 크다. 이용률이 저조한 곳에서는 관리 부실로 고장 난 채 방치되거나 애물단지로 전락하기도 한다.

아파트 단지, 물류 혁신의 실험장

아파트 단지 내 물류 흐름도 변화의 중심에 있다. 과거 모든 택배가 경비실에 집중되던 풍경은 사라지고 있다. 서울 송파구의 한 신축 아파트 단지는 설계 단계부터 각 동 로비에 무인택배시스템을 설치하고, 지하 주차장에 택배 차량 전용 하역 공간을 마련했다. 특정 시간대에 택배 차량이 이곳에 물품을 내리면, 단지 내부 전용 배송 카트가 각 세대 문 앞까지 배송하는 '공동배송 시스템'을 시범 운영 중이다. 이는 차량 진입을 최소화하여 안전사고를 예방하고 배송 효율을 높이는 장점이 있다.

편의 vs 갈등: 그 미묘한 균형점

그러나 이러한 배송 인프라 설치는 새로운 갈등을 낳고 있다. 무인택배함이나 공동배송 거점을 설치하기 위해서는 추가 공간이 필요하고, 이는 공용 공간의 사유화 논란으로 이어질 수 있다. 2018년 발생한 '다산신도시 택배 대란'처럼 지상공원형 아파트의 택배 차량 진입을 둘러싼 갈등은 배송 편의와 주거 쾌적성 사이의 충돌을 상징적으로 보여준 사례다. 설치 및 운영 비용을 누가 부담할 것인가를 두고 입주민 간의 의견이 엇갈리기도 한다. 결국, 편리한 배송 서비스를 누리기 위해서는 일정 수준의 사회적 비용(관리비 상승, 공용 공간 할애 등)을 감수해야 한다는 공감대 형성이 선행되어야 하며, 이는 도심 배송망 고도화의 또 다른 허들로 작용하고 있다.

우리 집 앞 다크 스토어, 편리함 뒤에 숨은 갈등

"밤 11시만 되면 오토바이 수십 대가 굉음을 내며 몰려와요. 창문을 열 수가 없어요."

서울 강남구의 한 주상복합 아파트 입주민의 하소연이다. 건물 1층에 퀵커머스 업체의 다크 스토어가 들어선 이후, 주민들의 민원이 빗발쳤다. '30분 배송' 경쟁은 물류 공간을 도시 외곽에서 도심 한복판, 우리 집 바로 옆으로 끌어들였고, 우리는 전례 없는 공간 갈등을 경험하고 있다.

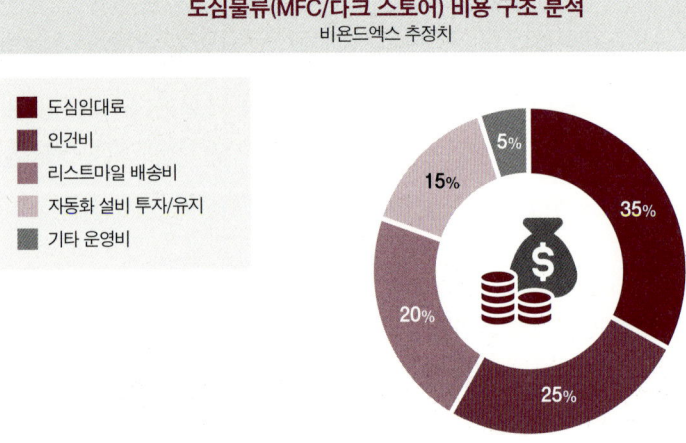

[그림 1] 도심물류(MFC/다크 스토어) 비용 구조 분석 출처: 비욘드엑스

용어 정의: 다크 스토어 vs MFC

다크 스토어(Dark Store): '창문 없는 상점'이라는 뜻으로, 일반 고객은 출입할 수 없고 오직 온라인 주문 처리와 배달만을 위한 소규모 도심 물류 거점. 편의점과 유사한 크기로, 퀵커머스의 핵심 인프라다.

마이크로 풀필먼트 센터(MFC, Micro Fulfillment Center): 다크 스토어보다 규모가 큰 도심형 물류 창고. 대형마트의 일부 공간이나 중소형 빌딩을 활용하며, 자동화 설비를 통해 더 많은 주문을 효율적으로 처리한다. 동네 마트 크기의 물류 거점으로 비유할 수 있다.

다크 스토어: 편의점인가, 창고인가?

다크 스토어는 퀵커머스의 심장부다. 겉은 평범한 상점 같지만, 안은 온라인 주문 처리만을 위한 소형 물류 창고다. 배민 B마트와 요마트 등이 운영하는 다크 스토어는 전국 주요 도시에 상당수가 운영 중인 것으로 파악된다. 이들은 주로 배달 수요가 많은 역세권이나 대규모 아파트 단지 인근 상가를 임대한다. 다크 스토어는 공실 해소라는 긍정적 측면도 있지만, 주변 임대료를 동반 상승시키고 동네 슈퍼의 매출을 잠식하는 직접적인 위협이 된다. 특히 다크 스토어 앞은 배송 기사들의 대기 장소로 변질되어 보행자의 통행을 방해하고 담배꽁초 등 쓰레기 문제를 야기하기도 한다.

마이크로 풀필먼트 센터(MFC)의 수익성 도전

마이크로 풀필먼트 센터(MFC)는 다크 스토어보다 조금 더 큰 도심형 물류창고다. 롯데마트나 이마트는 전국 주요 점포의 유휴 공간을 MFC로 전환하여 온라인 주문 처리 능력을 기존 대비 3~5배가량 향상시켰다. 전략적으로 배치된 MFC는 배송 거리를 단축시켜 물류 비용을 절감하고 배송 속도를 높이는 데 결정적인 역할을 한다. 하지만 MFC 역시 수익성 확보가 쉽지 않다. 도심의 비싼 임대료를 감당하려면 오토스토어(AutoStore)와 같은 고도의 자동화 설비가 필수적인데, 이는 수십억 원의 초기 투자를 요구한다. 이 높은 비용 구조는 MFC 확산의 주요 장벽 중 하나다.

지하철역의 변신: 유휴 공간의 재발견

물류 공간은 지상뿐만 아니라 지하 공간으로도 확장되고 있다. 서울교통공사는 2024년부터 유동 인구가 많은 지하철역(예: 이수역, 답십리역)의 유휴 공간을 민간 물류업체에 임대하여 '생활물류 지원센터'를 운영하고 있다. 시민들은 이곳에서 택배를 보내거나 개인 물품을 보관할 수 있다. 이는 지하철이라는 기존 인프라를 활용해 새로운 가치를 창출한 좋은 사례지만, 아직은 시범 운영 단계에 머물러 있다. 실제 운영 사례를 보면 택배 수령보다는 개인 물품 보관 서비스의 이용률이 더 높은 경향을 보이는데, 이는 당초 기대했던 물류 허브로서의 역할이 제한적일 수 있음을 시사한다.

갈등 해결의 열쇠: 소통과 제도

이러한 물류 공간의 도심 침투는 필연적으로 갈등을 유발한다.

"여기가 창고지, 상가입니까? 배송기사들 담배 피우고 쓰레기 버리고… 애들 다니기 무서워요."

다크 스토어 입점 반대 주민 설명회에서 나온 실제 발언이다. 주거 지역 내에 다크 스토어나 MFC가 들어서면 새벽부터 밤늦게까지 이어지는 배송 차량과 오토바이의 소음, 교통 혼잡 문제로 주민들의 민원이 빗발친다. 이러한 갈등을 해결하기 위해서는 사업자, 주민, 지자체가 머리를 맞대야 한다. 일본은 2019년 주거 지역 내 소형 물류 시설 설치 시 사전에 주민 설명회를 의무화하고 소음 기준을 엄격히 적용하는 가이드라인을 마련하여 갈등을 예방하고 있다. 한국에서도 이러한 제도적 장치 도입을 적극적으로 검토할 필요가 있다.

PART 2. 플랫폼과 골목가게, 위태로운 동거

클릭 한 번에 전국 맛집? 플랫폼에 올라탄 동네가게의 생존법

"6개월 전만 해도 하루에 10명 정도 오던 동네 떡집인데, 네이버 스마트스토어 열고 나서 지금은 온라인 주문까지 합쳐 하루 100건도 넘어요. 전국에서 주문이 들어와요."

인스타그램에서 화제가 된 한 떡집 사장님의 후기다. 3대째 이어온 떡집의 이야기를 담은 게시물과 정성껏 찍은 떡 사진들이 입소문을 타면서, 이제 전국 각지에서 주문이 쏟아진다. 이런 사례는 플랫폼이 로컬 비즈니스에 어떤 기회가 될 수 있는지를 보여준다.

네이버 스마트스토어: 낮은 허들과 광고의 딜레마

네이버 스마트스토어는 소상공인 디지털 전환의 가장 대표적인 성공 사례로 꼽힌다. 누구나 쉽게 온라인 쇼핑몰을 개설하고 판매할 수 있는 환경을 제공함으로써, 수많은 오프라인 상점과 신규 창업자들이 온라인 시장에 진입하는 교두보 역할을 했다. 네이버의 강력한 검색 기능과 결제 시스템(네이버페이)은 초기 고객 확보와 신뢰도 구축에 큰 도움이 되었다. 하지만 수백만 개의 스토어가 경쟁하는 레드오션 속에서 단순 입점만으로는 생존을 보장받을 수 없다. 상위 노출을 위해서는 결국 네이버의 광고 상품을 이용해야 하므로 '광고비 경쟁'이라는 새로운 부담이 생겼다. 또한 판매 데이터가 모두 네이버에 귀속되기 때문에, 장기적인 브랜드 자산을 쌓는 데 걸림돌로 작용할 수 있다.

카카오톡 선물하기: 기회와 한계

카카오톡 선물하기는 지역 특산품의 전국 유통에 새로운 가능성을 열었다. 제주 감귤, 상주 곶감 등 지역의 우수한 농수산물이 '선물'이라는 감성적인 맥락과 결합하여 폭발적인 반응을 얻었다. 복잡한 회원 가입이나 주소 입력 없이 카카오톡 친구에게 간편하게 보낼 수 있다는 점은 구매 장벽을 획기적으로 낮췄다. 그러나 선물하기 채널의 특성상 일상적인 반복 구매로 이어지기보다는 이벤트성 소비에 그치는 경우가 많다. 또한, 국정감사 자료에 따르면 평균 10% 내외의 높은 판매 수수료와 까다로운 입점 조건은 영세한 농가에게는 여전히 높은 진입장벽이다.

당근: 하이퍼로컬의 잠재력

당근(구 당근마켓)은 로컬 비즈니스의 가장 강력한 잠재적 파트너로 부상했다. '내 근처' 탭을 통해 동네 가게의 소식을 알리는 '비즈프로필' 서비스는 지역 소상공인들에게 저비용 고효율 마케팅 채널로 각광받고 있다. 실제로 당근의 성공 사례 인터뷰를 보면 "동네 서점에서 신간 들어왔다고 알림 와서 바로 가서 샀어요", "빵집에서 오늘 구운 빵 소식 올라와서 픽업 주문했는데 정말 따뜻하고 맛있었어요" 같은 후기들을 쉽게 찾을 수 있다.

당근은 여기서 한 발 더 나아가 지역 내 소규모 배달대행업체와 협력하여 상품을 배송해주는 '당근배달' 서비스를 테스트 중이다. 이는 거대 플랫폼의 중앙집중식 물류와는 다른, 지역 기반의 분산형 물류 모델의 가능성을 보여준다.

플랫폼 탈출의 조건: D2C와 팬덤 구축

결론적으로 로컬 브랜드의 온라인 진출 성공과 실패는 플랫폼을 어떻게 활용하는가에 따라 갈린다. 성공하는 브랜드들은 플랫폼을 마중물로 활용하여 초기 고객을 확보한 뒤, 자체 채널(자사몰, SNS 등)로 유도해 직접 소통하며 팬덤을 구축한다. 반면 실패하는 경우는 대부분 플랫폼의 트래픽에만 의존하다가 광고비 경쟁과 수수료 부담을 이기지 못하고 도태된다. 플랫폼에 대한 의존도를 낮추고 고객과의 직접적인 관계(D2C, Direct to Consumer)를 구축하려는 노력이 로컬 비즈니스의 장기적인 생존을 결정하는 핵심 변수가 된 것이다.

오프라인의 반격: 매장은 어떻게 쇼룸이 되었나

이제 오프라인 매장은 단순히 물건을 파는 공간을 넘어 온라인과 연결되는 물류 거점이자, 브랜드를 체험하는 공간, 그리고 지역 커뮤니티의 중심지로 거듭나고 있다. 이커머스의 공세 속에서 오프라인의 종말이 예견되기도 했지만, 2025년 현재 오프라인 매장은 사라지지 않았다. 대신 온라인이 줄 수 없는 가치를 제공하는 방향으로 치열하게 진화하고 있다.

옴니채널: 선택이 아닌 필수

가장 보편적인 생존 전략은 옴니채널(Omni-Channel) 구축이다. 온라인으로 주문하고 가까운 매장에서 상품을 찾아가는 '매장 픽업(BOPIS, Buy Online Pickup in Store)' 서비스가 대표적이다. 올리브영이나 스타벅스에서도 이제는 표준 서비스로 자리 잡았다. 온라인 패션 플랫폼 무신사는 홍대에 '무신사 스탠다드 플래그십 스토어'를 열어 온라인에서만 보던 상품을 고객이 직접 입어보고 경험할 수 있게 했다. 이는 소비자에게는 배송비를 절약하고 원하는 시간에 상품을 받을 수 있는 편리함을, 기업에게는 매장 방문을 유도하여 추가 구매를 일으킬 수 있는 기회를 제공한다.

라이브 커머스: 전국이 나의 고객

라이브 커머스는 동네 상점의 새로운 마케팅 도구로 떠올랐다. 네이버 쇼핑라이브나 카카오 쇼핑라이브를 통해 가게 사장님이 직접 출연하여 상품을 소개하고 고객과 실시간으로 소통하는 모습은 이제 낯설지 않다. 한 사례로, 유튜브에서 30만 구독자를 보유한 수산물 채널의 사장님은 노량진 수산시장에서 라이브 방송을 진행한다. "지금 막 경매에서 가져온 싱싱한 광어예요! 실시간으로 주문받아서 바로 회 떠드립니다!" 댓글창에는 실시간으로 주문이 쏟아진다. 이는 높은 비용의 TV 홈쇼핑과 달리 누구나 쉽게 시도할 수 있으며, 사장님의 진솔한 설명과 즉각적인 피드백은 고객에게 높은 신뢰감을 준다.

체험 중심 공간으로의 대변신

온라인에서 쉽게 가격 비교가 가능한 상품을 판매하는 매장들은 체험형 공간으로의 전환을 서두르고 있다. 과거에는 고객이 매장에서 구경만 하고 구매는 온라인에서 하는 '쇼루밍(Showrooming)'을 막는 데 급급했지만, 이제는 오히려 매장을 적극적인 쇼룸이자 체험 공간으로 꾸민다. 가구 브랜드 이케아나 체험형 가전 매장인 삼성스토어가 대표적이다. 최근 문을 연 'LG 그라운드'는 제품 판매는 전혀 하지 않고, 오직 고객이 LG전자의 다양한 제품을 활용한 라이프스타일을 자유롭게 체험하고 즐기는 공간으로 구성하여 큰 화제를 모았다. 이는 당장의 매출로 이어지지 않더라도 장기적인 브랜드 충성도를 높이는 효과적인 투자다.

전통 시장의 디지털 도전

전통 시장 역시 온라인 플랫폼과의 협력을 통해 활로를 모색하고 있다. 네이버의 '동네시장 장보기' 서비스는 고객이 온라인으로 주문하면 플랫폼 소속 매니저가 시장에서 직접 물건을 골라 배송해주는 모델이다. 서울 경동시장은 이 서비스를 적극 도입하고 청년몰을 유치하는 등 자구 노력을 병행하여 젊은 고객층의 발길을 다시 이끄는 데 성공했다. 하지만 여전히 과제는 남아있다. 개별 상인들의 디지털 역량 차이가 크고, 플랫폼 수수료에 대한 부담감도 존재한다. 전통 시장이 온라인 시대에 성공적으로 안착하기 위해서는 상인회 중심의 자발적인 노력과 더불어 플랫폼과의 공정한 수익 배분 구조를 만드는 것이 중요하다.

3PL, 중소 이커머스 게임의 법칙을 바꾸다

쿠팡처럼 물류망을 직접 구축하는 것은 거대 자본이 있어야만 가능하다. 그렇다면 수많은 온라인 쇼핑몰들은 어떻게 빠른 배송을 실현할까? 그 해답은 바로 '3PL(3rd Party Logistics, 3자 물류)'에 있다. 3PL이란 판매자를 대신해 상품의 보관, 포장, 배송, 재고 관리까지 모든 물류 과정을 처

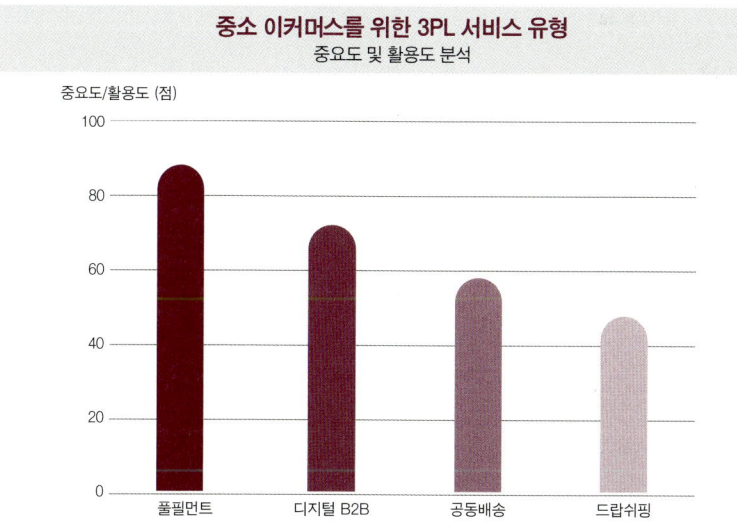

[그림 2] 중소 이커머스를 위한 3PL 서비스 유형 출처: 비욘드엑스

리해주는 전문 업체를 말한다.

> **주요 3PL 및 풀필먼트 서비스**
> - 대기업 기반: CJ대한통운 '더풀필', 네이버 'NFA(Naver Fulfillment Alliance)'
> - 전문 스타트업: 파스토, 품고 등 (특정 카테고리 전문성 보유)
> - 디지털 물류 플랫폼: CJ대한통운 '더운반', 카카오모빌리티 '트러커' (화물차주-화주 매칭)

풀필먼트 서비스의 마법

풀필먼트(Fulfillment) 서비스는 3PL의 핵심 비즈니스다. 네이버의 NFA, CJ대한통운의 더풀필, 그리고 파스토, 품고와 같은 스타트업들은 중소 판매자들이 자체 물류 시스템 없이도 익일 배송을 제공할 수 있도록 지원한다. 한 소규모 애견용품 브랜드는 풀필먼트 서비스를 도입한 후 월 1,000건이던 주문량이 5,000건으로 급증했음에도 추가 인력 없이 물류를 처리할 수 있었다. 업계 분석에 따르면, 풀필먼트 이용 시 중소기업은 직접 물류 인력을 고용하고 창고를 임대하는 것보다 상당한 비용 절감 효과를 볼 수 있다. 하지만 업체마다 서비스 품질과 비용, 전문 분야(예: 신선식품, 패션)가 천차만별이므로 계약 단계에서 서비스 수준 협약(SLA)을 명확히 하는 것이 중요하다.

공동 배송의 현실과 한계

높은 배송비를 감당하기 어려운 소규모 판매자들을 위한 공동 배송 플랫폼도 주목받고 있다. 특정 지역으로 가는 여러 판매자의 물량을 함께 모아 한 번에 배송함으로써 규모의 경제를 통해 배송 단가를 낮추는 모델이다. 동대문 의류 도매 시장의 물류를 처리하는 딜리버드나 고고엑스 같은 플랫폼은 여러 상점의 상품을 한 번에 픽업하여 전국의 소매상에게 보내는 공동 배송 서비스를 제공하여 좋은 반응을 얻고 있다. 하지만 공동 배송 모델이 보편화되기까지는 한계가 명확하다. 물량을 모으는 데 시간이 걸려 배송 속도가 느려질 수 있고, 참여하는 판매자들의 물량이 충분히 확보되지 않으면 비용 절감 효과가 미미하다.

무재고 시대의 도래: 드랍쉬핑과 크로스도킹

물류의 또 다른 트렌드는 '무재고 유통'이다. 판매자가 재고를 직접 보유하지 않고, 주문이 들어오면 제조사나 도매상이 고객에게 직접 상품을 발송하는 '드랍쉬핑(Dropshipping)'이 대표적이다. 이는 재고 부담과 물류 운영의 리스크를 완전히 제거할 수 있어 1인 창업가나 부업을 원하는 이들에게 인기가 높다. '크로스도킹(Cross-docking)'은 물류센터에 상품을 보관하지 않고, 입고되는 즉시 분류 및 재포장하여 바로 출고시키는 방식이다. 재고 보관 기간을 최소화하여 창고 운영 비용을 절감하고 상품 회전율을 높이는 데 효과적이다. 마켓컬리의 일부 샛별배송 서비스가 이 방식을 활용하여 당일 입고된 농산물을 바로 소비자에게 배송한다.

디지털이 바꾼 B2B 물류

이 모든 변화의 기저에는 B2B 물류의 디지털화가 있다. 과거 수작업과 전화, 팩스에 의존했던 기업 간 물류 프로세스가 클라우드 기반의 운송관리시스템(TMS), 창고관리시스템(WMS)으로 빠르게 대체되고 있다. CJ대한통운의 '더운반'이나 카카오모빌리티의 '트러커'와 같은 디지털 물류 플랫폼은 화물차주와 화주를 실시간으로 매칭하고, AI를 통해 최적의 운송 경로를 추천하여 공차율을 줄이고 운송 효율을 극대화한다. 이러한 디지털 전환은 물류 과정의 비효율을 제거하고 가시성을 높여 비용 절감과 생산성 향상에 크게 기여하고 있다. 하지만 중소 물류업체나 영세 화물차주들은 초기 시스템 도입 비용과 디지털 활용 능력 부족으로 인해 이러한 변화에서 소외될 수 있어, 디지털 격차 해소를 위한 정책적 지원과 교육이 필요하다.

PART 3. 환경과 규제, 피할 수 없는 딜레마

녹색 배송의 딜레마: 왜 착한 물류는 더 비쌀까?

"전기차요? 보조금 줘도 못 사요. 하루에 200km는 뛰어야 하는데, 짐 싣고 에어컨 켜면 150km도 못 가요. 충전소는 찾기 힘들고, 충전하는 데 한나절인데 어느 세월에 배송합니까?"

15년 차 택배기사 이 씨의 푸념이다. 이커머스 시장의 성장은 필연적으로 배송 차량의 증가와 포장재 쓰레기 문제를 동반했다. 이에 정부는 탄소 배출을 줄이고 자원 순환을 촉진하기 위해 다양한 친환경 물류 정책을 도입했지만, 현장에서 체감하는 효과와 현실적인 한계는 뚜렷하다.

전기 배송차의 현실적 장벽

정부는 전기 배송 차량 도입을 장려하기 위해 구매 보조금을 지급하고 공공기관의 업무용 차량을 우선적으로 전환하는 정책을 펴고 있다. CJ대한통운, 롯데글로벌로지스 등 대형 택배사들은 ESG 경영의 일환으로 전기 화물차를 도입하여 일부 노선에 시범 운영하고 있다. 하지만 현장의 반응은 미지근하다. 가장 큰 문제는 충전 인프라의 절대적인 부족이다. 특히 물류센터나 화물차고지 등 핵심 거점에 급속충전기가 부족하여 업무 효율이 떨어진다고 호소한다. 또한 1톤 전기 트럭의 경우 동급 디젤 트럭에 비해 주행 가능 거리가 짧고, 무거운 짐을 실었을 때 연비가 급격히 하락하는 문제도 있다. 보조금을 받더라도 여전히 높은 초기 구매 비용 역시 영세한 개인 차주들에게는 큰 부담이다.

포장재 규제와 물류비의 상관관계

포장재 규제는 업계의 가장 큰 골칫거리 중 하나다. 정부는 규제를 통해 포장 공간 비율, 과대포장, 포장 횟수를 제한하고, 재활용이 어려운 유색 페트병이나 PVC 재질의 사용을 금지했다. 이에 유통업계는 다양한 방식으로 대응하고 있다. 마켓컬리는 모든 포장재를 종이로 바꾼 '올페이퍼챌린지'를 시행했고, SSG닷컴은 재사용이 가능한 보랭가방 '알비백'을 도입하여 스티로폼 박스 사용을 줄였다. 하지만 이러한 친환경 포장재는 일반 포장재보다 단가가 높고, 회수 및 세척 과정에서 추가 비용과 인력이 발생하여 결국 물류 비용 상승으로 이어진다.

〈표 2〉 친환경 물류 정책 효과 분석

정책	목표	현실적 한계
전기 배송차 도입	배송 과정의 탄소 배출량 감축	충전 인프라 절대 부족, 짧은 주행거리, 높은 초기 구매 비용
포장재 규제	과대포장 방지 및 재활용 촉진	친환경 포장재의 높은 단가, 재사용/회수 과정의 추가 비용 발생 → 물류비 상승
공동배송센터	배송 차량 감소로 교통 혼잡 및 탄소 배출 완화	기업 간 영업비밀 노출 우려로 참여 저조, 분류 과정으로 인한 배송 시간 지연

출처: 비욘드엑스

새벽배송과 잠 못 드는 도시

"새벽 4시만 되면 '삐-삐-' 하는 차량 후진음에 잠을 깹니다. 이게 사람 사는 겁니까?"

서울의 한 대규모 아파트 단지 주민들은 새벽배송으로 인한 소음 문제로 집단 민원을 제기했고, 결국 새벽 시간대 배송 차량의 단지 내 진입을 금지하는 극약 처방을 내렸다. 물류 활동이 도심으로 집중되면서 기존의 도시 관리 체계와 충돌하는 지점이 늘어나고 있다. 배송 차량의 통행, 물류 시설 설치, 소음 문제 등을 둘러싼 규제와 갈등은 도심 물류의 지속가능성을 위협하는 주요 요인으로 부상했다.

배송 차량 vs 보행자: 누구를 위한 길인가?

전통 시장이나 상업 밀집 지역에서는 배송 차량의 진입 자체가 갈등의 원인이 된다. 좁은 이면도로에 불법 주정차하는 택배 차량은 보행자의 안전을 위협하고 교통 흐름을 방해한다. 이에 일부 지자체는 특정 시간대(예: 오전 11시~오후 3시)에만 조업 차량의 진입을 허용하는 시간대별 통행 제한을 시행하고 있다. 하지만 이는 배송 기사들의 업무 시간을 제약하고, 제한 시간 전후로 차량이 한꺼번에 몰리는 병목 현상을 유발하기도 한다. 현실적인 대안으로 서울시는 남대문시장 등 일부 지역에 택배 차량을 위한 단기 정차 공간(Loading Zone)을 시범적으로 확보하는 방안을 논의하고 있지만, 이해관계자들의 합의를 이끌어내기가 쉽지 않다.

새벽배송이 만든 불면의 밤

특히 새벽배송으로 인한 소음 문제는 주거 지역의 가장 큰 민원 중 하나다. 이른 새벽, 아파트 단지 내에서 울리는 배송 차량의 후진 경고음,

보냉 가방을 끌거나 던지는 소리 등은 주민들의 수면을 방해한다. 이에 쿠팡, SSG 등 주요 업체들은 배송 기사들에게 소음 방지 교육을 실시하고, 소음이 적은 우레탄 바퀴가 달린 배송 카트를 지급하는 등의 자구책을 마련하고 있다. 근본적인 해결을 위해서는 각 동 1층에 공동현관 비밀번호를 누르지 않고도 출입할 수 있는 스피드게이트나 택배 보관 공간을 설치하여, 배송 기사가 1층에서 배송을 마칠 수 있도록 하는 건축 구조적 개선이 대안으로 제시되고 있다.

지자체별 정책의 온도 차이

이러한 도심 물류 문제에 대한 대응은 지자체별로 큰 편차를 보인다. 서울시는 '생활물류 기본계획'을 수립하여 체계적인 정책을 추진하는 반면, 대부분의 중소 도시는 단발적인 민원 대응에 그치고 있다. 물류는 특정 지역에 국한된 문제가 아니라 광역적인 네트워크를 기반으로 하므로, 지자체 간의 정책적 공조와 중앙정부 차원의 표준화된 가이드라인 마련이 절실하다.

PART 4. 혼자서는 안 되고, 같이 해야 산다

로컬의 연대: 공동 배송과 지역 플랫폼의 실험

거대 플랫폼의 물류 공세에 맞서기 위해 로컬 비즈니스들이 개별적으로 대응하는 데는 한계가 있다. 대안은 '연대와 협력'에 있다. 지역을 기반으로 힘을 합쳐 물류 효율을 높이고 공동의 이익을 추구하는 다양한 협력 모델들이 시도되고 있다.

<표 3> 지역 물류 협력 모델 비교

모델 유형	주요 사례	장점	과제
상인회 중심 공동 배송	서울 망원시장	배송비 절감(30% 이상), 시장 전체 경쟁력 강화	강력한 리더십, 상인 간 협조, 초기 운영비 확보
공공 배달앱	군산 '배달의명수'	낮은 중개수수료(0%), 지역 소상공인 호응	마케팅 경쟁력 확보, 지속가능한 수익 모델 구축
플랫폼-지역 상생	네이버 '동네시장 장보기'	플랫폼의 기술/마케팅 활용, 역할 분담	공정한 수익 배분, 데이터 주권 확보

출처: 비욘드엑스

망원시장의 성공기: 상인회 중심의 공동 배송

상인회 중심의 공동 배송은 전통 시장에서 가장 활발하게 시도되는 모델이다. 서울 망원시장은 상인회가 자체 배달 센터를 운영하며, 시장 내 여러 점포의 주문을 모아 일괄 배송하여 좋은 성과를 거두었다. 참여 상인들은 개별적으로 배달 업체와 계약하는 것보다 30% 이상의 배송비를 절감할 수 있었고, 고객들도 한 번의 주문으로 시장 내 여러 점포의 상품을 받을 수 있게 되었다. 하지만 실패 사례도 적지 않다. 한 지방 시장에서는 초기에 의욕적으로 공동 배송을 시작했지만, 참여 상인 간의 비용 분담 문제와 배송 지연에 대한 책임 소재를 두고 갈등이 불거져 결국 1년도 안 돼 사업을 접었다. 성공을 위해서는 강력한 리더십을 갖춘 상인회의 역할과 참여 상인들의 적극적인 협조, 그리고 초기 운영비를 지원하는 지자체의 역할이 중요하다는 교훈을 남겼다.

군산 '배달의명수'가 보여준 가능성

지역 플랫폼의 등장도 주목할 만하다. 전국을 대상으로 하는 배달의

민족과 달리, 특정 지역에 특화된 배달앱들이 생겨나고 있다. 중소도시인 군산의 '배달의명수'는 공공 주도로 개발되어 0%대의 낮은 중개 수수료를 무기로 지역 소상공인들의 큰 호응을 얻었다. 이는 거대 플랫폼과의 자본력 경쟁에서 벗어나 '지역 밀착과 낮은 수수료'라는 차별점으로 성공한 사례다. 하지만 대부분의 지역 플랫폼은 거대 플랫폼과의 마케팅 경쟁에서 밀려 지속가능한 수익 모델을 만들지 못하고 사라지는 경우가 많다. 지역 플랫폼이 생존하기 위해서는 단순히 배달 중개를 넘어, 지역 커뮤니티와 강하게 결합하여 '우리 동네 플랫폼'이라는 정서적 유대감을 형성하는 것이 관건이다.

플랫폼과의 현실적 공존법: 역할 분담과 공정성

현실적으로는 대기업 플랫폼과의 상생 협력 방안을 모색하는 것이 가장 실용적인 대안일 수 있다. 네이버의 '동네시장 장보기'처럼 플랫폼은 주문/결제/마케팅을 지원하고, 상인회나 지역 협동조합은 상품 공급과 현장 운영을 책임지는 역할 분담이 가능하다. 이 경우, 상생의 핵심은 '공정한 수익 배분'과 '데이터 주권'에 있다. 플랫폼이 과도한 수수료를 요구하거나 판매 데이터를 독점하지 않고, 지역 파트너와 공유하며 함께 성장하는 구조를 만들어야만 지속가능한 협력 모델이 될 수 있다.

에필로그. 모두가 이기는 게임은 가능할까?

'네카쿠배'로 상징되는 플랫폼 경제의 성숙기는 우리에게 빛과 그림자를 동시에 안겨주었다. 소비자는 전례 없는 편의를 누리게 되었지만, 그 이면에서는 골목상권의 위축, 배송 노동자의 불안정한 삶, 새로운 도시

[그림 3] 지속가능한 상생형 물류 생태계 모델 출처: 비욘드엑스

갈등과 같은 문제들이 심화되었다. 이제 우리는 성장과 속도만을 외치던 시대를 지나, '효율성'과 '지역 상생'이라는 두 가치 사이에서 현실적인 균형점을 찾아야 하는 중대한 기로에 서 있다.

이 균형을 찾기 위한 해법은 어느 한쪽의 일방적인 희생이나 양보를 강요하는 방식이어서는 안 된다. 정부, 기업, 소상공인, 그리고 우리 모두의 역할이 필요하다.

정부의 역할: 공정한 심판

정책 개입은 시장의 효율성을 저해하지 않는 선에서 공정한 운동장을 만드는 데 집중해야 한다. 거대 플랫폼의 독과점적 지위 남용을 감시하고, 불공정한 수수료 체계를 개선하며, 플랫폼 노동자들의 최소한의 사회 안전망을 마련하는 것이 정부의 역할이다. 동시에 도심 내 물류 시설 설치에 대한 명확한 가이드라인을 제시하고, 이로 인한 갈등을 중재하는 제도적 장치를 강화해야 한다.

기업의 역할: 책임 있는 혁신가

기업, 특히 대기업 플랫폼은 단기적인 이익 극대화를 넘어 지속가능한 생태계를 구축하는 사회적 책임을 인식해야 한다. 자신들의 인프라와 기술력을 소상공인과 공유하고, 판매 데이터를 독점하는 대신 지역 파트너와 함께 활용하며 새로운 가치를 창출하는 상생 모델을 적극적으로 개발해야 한다. 이는 장기적으로 플랫폼 자체의 성장 기반을 더욱 튼튼하게 만드는 길이기도 하다.

우리 모두의 역할: 현명한 참여자

마지막으로, 모두가 이기는 실용적 해법은 결국 '연결과 협력'에서 나온다. 소상공인들은 개별적으로 경쟁하기보다 지역 단위로 연대하여 공동 물류, 공동 마케팅을 추진해야 한다. 소비자는 조금 느리더라도 우리 동네 가게를 이용하는 '가치 소비'에 동참할 수 있다. 이는 단순한 동정이 아니라, 지역 경제 순환을 통해 우리 동네가 더 살기 좋은 곳이 되도록 하는 현명한 선택이다. 기술은 이 모든 연결을 더욱 쉽고 효율적으로 만들어주는 도구가 되어야 한다. 플랫폼이 구축한 효율적인 물류망이 지역 경제의 모세혈관과 유기적으로 연결될 때, 우리는 비로소 기술의 혜택을 모두가 함께 누리는 건강한 디지털 경제 생태계를 만들 수 있을 것이다. 속도와 편의만을 추구하던 시대에서, 이제는 속도와 공존이 조화를 이루는 새로운 물류 생태계로 나아가야 한다. 그 길은 결코 쉽지 않겠지만, 우리가 나아가야 할 방향임은 분명하다.

G
LOBAL DYNAMICS

글로벌 이슈

공급망 금융의 게임체인저

SCF가 해결하는 물류업계 현금흐름 혁신

이승엽

이마고웍스 사업전략 담당 | sylee@imagoworks.ai

메쉬코리아(현 부릉)에서 초기 경영전략 멤버로 합류해 PM/PO로 성공적인 서비스 런칭을 이끌었으며, 이후 빅히트엔터테인먼트(현 하이브)에서 CSO 스태프로 여러 전략 과제와 신규 사업을 5년 넘게 담당했다. 핀테크 기업 고위드에서 Head of Business로 성장에 일조하다가 최근 이마고웍스에서 사업 전략을 담당하며 AI와 덴탈 산업에 집중하고 있다. 다양한 산업 내 주요 기업에서 전략과 사업개발을 일관되게 수행해온 경험을 바탕으로, 제너럴리스트이자 동시에 특정 분야의 전문성을 갖춘 스페셜리스트로 포지셔닝하고 있다.

프롤로그: 67일의 기다림

"화물은 무사히 전달됐지만 대금은 두 달이 넘도록 들어오지 않는다." 국내 한 중소 운송업체 대표가 토로한 이 말은 업계의 현실을 그대로 드러낸다. 국내 물류업체가 화주에게 운송 서비스를 제공한 뒤 대금을 실제로 받기까지 평균 67일이 소요된다.

단순히 두 달이라는 시간이 아니라, 매일 인건비와 유류비를 지출해야 하는 중소 운송업체 입장에서는 생존을 위협하는 치명적인 공백이다. 현금흐름이 막히면 차량 유지와 정비는 물론, 기사 급여 지급조차 버거워진다. 자금이 부족한 업체는 고금리 단기 대출에 의존하게 되고, 이는 또 다른 비용 부담으로 이어진다.

일부는 운행 물량을 줄이거나 아예 사업을 축소하며 버티지만, 이는 장기적으로 서비스 품질 저하와 거래 단절로 귀결된다. 화주는 안정적 공급을 기대하기 어렵고, 물류기업은 전체 공급망 관리에서 예측 불가능한 리스크를 떠안게 된다. 결국 한 업체의 유동성 위기는 연쇄적으로 파급되어 산업 전체의 안정성을 위협한다.

더욱 문제는 이 67일이라는 수치가 단순히 특정 업체의 사례가 아니라, 업계 전반에서 통계로 확인된 평균값이라는 점이다. 즉, 수천 개의 중소 운송업체들이 매일같이 동일한 어려움에 직면하고 있다는 뜻이다.

물류산업이 한국 경제의 혈관이라면, 이 67일은 혈액순환을 가로막는 응고물과 같다. 흐름이 막히면 결국 산업 전체가 둔화되고, 국가 경쟁력 또한 약화될 수밖에 없다. 따라서 67일이라는 기다림은 더 이상 방치할 수 없는 문제이며, 이를 해결할 새로운 금융적 돌파구가 절실하다. 바로 이 지점에서 공급자 금융이 주목받고 있다.

1장. 공급망 금융(SCF)이란 무엇인가

공급망 금융(Supplier Finance or Supply Chain Finance, SCF)은 전통적인 팩토링과 달리 구매자의 신용도를 활용해 공급자가 조기에 대금을 확보할 수 있도록 설계된 금융 모델이다. 흔히 역팩토링(Reverse Factoring)이라 불리며, 공급망 내 현금흐름을 안정화하는 핵심 수단으로 주목받고 있다.

〈표 1〉 전통적 팩토링과 역팩토링(SCF) 비교

구분	전통적 팩토링(Factoring)	역팩토링(Reverse Factoring, SCF)
거래 구조	공급자가 보유한 매출채권(Invoice)을 금융기관에 양도	구매자가 금융기관과 먼저 계약, 이후 공급자가 해당 금융기관으로부터 조기 현금화

구분	전통적 팩토링(Factoring)	역팩토링(Reverse Factoring, SCF)
주도권	공급자 중심- 자금 필요에 따라 금융기관 이용	구매자 중심- 구매자가 금융기관과 협약 체결 후 공급자 참여
위험 평가 주체	금융기관이 공급자의 신용도를 평가	금융기관이 구매자의 신용도를 평가
금리 조건	공급자의 신용등급에 따라 결정 → 중소기업일수록 불리	구매자의 신용등급을 반영 → 대기업 구매자와 거래 시 공급자가 유리한 금리 혜택
비용 부담	주로 공급자가 금융비용 부담	구매자가 일부 또는 전부를 부담하기도 하며, 공급자는 낮은 비용으로 자금 조달 가능
관계 효과	개별 공급자의 자금난 해소에 국한	공급망 전체 안정화, 구매자-공급자 관계 강화
활용 목적	공급자의 단기 유동성 확보	공급망 관리(Supply Chain Management) 및 비용 최적화
예시	중소 제조업체가 납품 후 결제일 전 자금 확보를 위해 은행에 채권 양도	글로벌 대기업(예: 월마트, P&G)이 SCF 프로그램을 개설하여 협력사들이 낮은 금리로 조기 현금화

작동 방식은 단순하다. 운송업체가 화주에게 서비스를 제공하고 송장을 발행하면, 이를 승인받은 후 금융기관이 개입해 공급자에게 대금을 먼저 지급한다. 이후 구매자는 정해진 결제일에 금융기관에 상환한다. 이 과정에서 공급자는 현금을 조기에 확보해 자금난을 피하고, 구매자는 결제일을 유지하면서도 공급망의 안정성을 확보한다.

SCF의 가장 큰 특징은 구매자의 신용 등급을 활용한다는 점이다. 중소 운송업체가 자체 신용으로는 높은 금리와 까다로운 심사에 막히지만, 신용도가 높은 대기업 구매자의 신용을 근거로 금융기관이 자금을 공급하면 훨씬 낮은 비용으로 대금을 조기 확보할 수 있다. 이는 자금력이 부족한 협력업체에게 생존의 돌파구가 된다. 동시에 대기업 구매자 역시 장기 결제 기한을 유지하면서도 협력업체의 안정성을 확보하므로,

공급망 차원의 상생 모델이 형성된다.

또한 SCF는 단순히 자금 흐름만 개선하는 것이 아니다. 거래 정보가 금융기관 플랫폼에 투명하게 기록되면서 공급망 내 신뢰가 강화되고, 참여자 간 정보 비대칭이 줄어든다. 이는 장기적으로 공급망 전체의 협력 수준을 높이고, 위기 대응 능력을 강화한다.

최근 글로벌 대기업들이 SCF를 전략적으로 활용하는 이유도 여기에 있다. 단순히 협력업체를 돕는 차원을 넘어, 자사 공급망의 회복탄력성을 높이는 수단으로 자리 잡은 것이다. 결국 SCF는 공급자에게는 비용 절감과 유동성 확보, 구매자에게는 자본 효율화, 금융기관에게는 안정적 수익 창출이라는 삼각 균형을 이루며, 나아가 산업 전체의 경쟁력을 끌어올리는 게임 체인저적 금융 혁신이라고 할 수 있다.

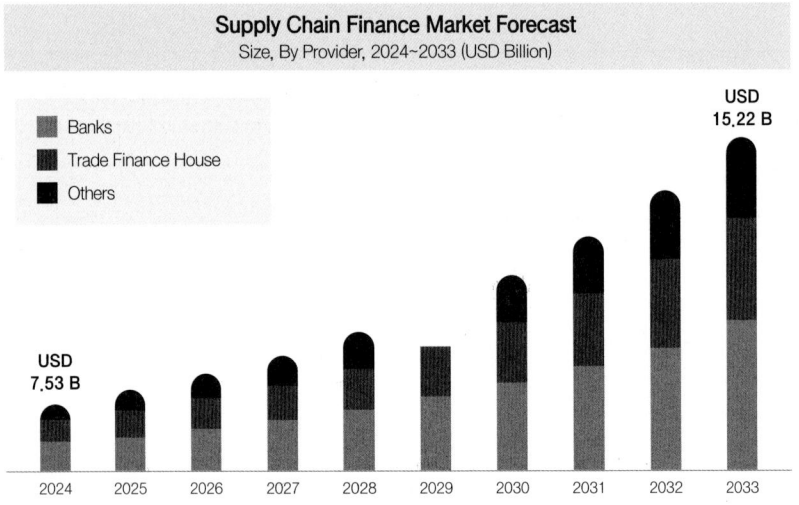

[그림 1] 글로벌 공급망 금융 시장 전망

2장. SCF가 해결하는 물류업계의 문제

물류산업은 국가 경제의 혈관과도 같다. 그러나 이 혈관에는 늘 막힘이 존재한다. 바로 대금 회수 지연, 높은 금융비용, 정보 불투명성, 외부 충격 취약성이다. SCF는 앞서 설명한 대금 회수 이슈 외 나머지 구조적 문제를 동시에 해결할 수 있는 강력한 도구다.

첫째, 높은 금융비용 문제다. 운송업체들은 자금이 막히면 단기 고금리 대출이나 어음 할인에 의존한다. 이는 원가 상승으로 이어지고, 결국 화주에게 비용 전가가 발생한다. SCF를 활용하면 대기업 구매자의 신용도를 기반으로 낮은 금리로 조달이 가능하다. 그 결과 운송업체는 금융비용을 크게 줄이고, 물류 서비스 단가도 안정화된다.

둘째, 정보 불투명성 문제다. 기존에는 송장 승인, 지급 일정, 대금 지급 여부가 불분명해 공급망 참여자 간 신뢰가 약했다. SCF 플랫폼을 활용하면 송장 발행부터 지급까지 모든 과정이 전산화되고, 금융기관이 중개자로 참여해 투명성을 보장한다. 정보 비대칭이 줄어들면 거래 신뢰가 높아지고 장기적 협력 관계가 강화된다.

셋째, 외부 충격 취약성 문제다. 물류업계는 경기 침체, 유가 급등, 팬데믹과 같은 변수에 민감하다. 갑작스러운 매출 감소나 비용 급등이 발생할 경우, 현금흐름이 막히면 연쇄 파산 위험이 발생한다. SCF는 공급자가 조기에 현금을 확보할 수 있도록 하여 위기 대응력을 높인다. 실제로 2008년 금융위기 당시 SCF 프로그램을 운영한 글로벌 물류기업과 유통 대기업들은 협력업체의 유동성을 유지하며 시장 회복 국면에서 경쟁 우위를 확보할 수 있었다.

결국 SCF는 단일한 금융 상품이 아니라 생태계 차원의 안정화 장치다. 운송업체는 생존 기반을 확보하고, 물류기업은 안정적 서비스 운영을 가능하게 하며, 화주는 안정적 운송 네트워크를 누릴 수 있다. 나아가 산업 전체가 외부 충격에도 버틸 수 있는 회복탄력성을 얻게 된다. 한국 물류업계가 SCF를 도입해야 하는 이유는 명확하다. 단순히 비용 절감을 넘어, 생존과 성장의 분기점에 서 있기 때문이다.

3장. 글로벌 사례: 네슬레와 월마트

SCF의 실질적 효과는 글로벌 대기업들의 사례에서 가장 잘 드러난다. 그중에서도 네슬레(Nestlé)와 월마트(Walmart)는 SCF 도입을 통해 공급망 안정성과 경쟁력을 동시에 강화한 대표적 기업이다.

1. 네슬레 × HSBC

세계 최대 식음료 기업인 네슬레는 거래 중인 전세계 직접 공급자 수만 해도 165,000곳에 달한다.

그러나 글로벌 금융 환경 불안정과 공급업체들의 취약한 유동성은 공급망 전반의 리스크로 작용했다. 네슬레는 HSBC와 협력해 SCF 프로그램을 도입했다. 납품 후 승인된 송장이 HSBC 플랫폼에 업로드되면, 협력업체는 즉시 대금을 지급받을 수 있고 네슬레는 결제일을 기존처럼 유지했다. HSBC는 중개자로서 송장 검증, 신용 평가, 대금 지급을 담당했다.

이 제도는 공급업체들이 고금리 단기 대출 의존에서 벗어나도록 만들었고, 네슬레는 보다 안정적이고 예측 가능한 공급망을 확보했다. 특히 중소 협력업체는 현금흐름 안정으로 생산 품질과 납기 준수율을 높이며 장기 파트너십을 강화했다.

2. 월마트 × Citi

월마트는 세계 최대 유통기업으로, 방대한 상품군과 수많은 협력업체 네트워크를 관리해야 한다. 그러나 중소 협력업체의 자금난은 제품 공급 차질로 이어질 위험이 있었다. 월마트는 Citi와 손잡고 글로벌 SCF 프로그램을 구축했다. 공급업체가 월마트 송장을 Citi 플랫폼에 등록하면, Citi가 확인 후 대금을 즉시 지급했다.

이를 통해 평균 41일 가량 걸리던 협력 업체의 회수 기간을 단축하여 며칠 내 현금을 확보할 수 있었다.

월마트는 결제 일정을 유지하면서도 안정적인 상품 공급을 보장할 수 있었고, Citi는 신용 기반 금융서비스로 수익을 창출했다. 결과적으로 중소 협력업체들은 금융 비용을 줄이고 생산성을 높였으며, 월마트는 공급망 효율성과 신뢰성을 강화했다.

3. 두 사례의 공통 성공 요인

네슬레와 월마트의 사례에서 공통적으로 드러나는 성공 요인은 세 가지다.

첫째, 글로벌 금융기관과의 협력이다. HSBC와 Citi와 같은 대형 금융기관이 참여해 신용도와 안정성을 보장했다.

둘째, 디지털 플랫폼의 적극 활용이다. 송장 발행, 승인, 대금 지급 절차가 전산화되면서 거래의 투명성과 속도가 높아졌다.

셋째, 공급자의 금융비용 절감 효과다. 중소기업 협력업체들은 저비용으로 자금을 조기 확보해 운영 리스크를 줄였다.

이 사례들은 단순히 글로벌 대기업의 성공담에 그치지 않는다. 중소기업 중심의 협력 구조를 가진 한국 물류산업에도 그대로 적용할 수 있는 교훈을 담고 있다. 안정적인 금융 파트너십, 디지털 기반 투명성, 비용 절감이라는 세 가지 요인은 국경을 넘어 동일하게 작동한다. 결국 SCF는 특정 산업이나 특정 국가의 전유물이 아니라, 공급망 관리 전반에 적용 가능한 범용적 혁신 모델임을 보여준다.

4장. 국내 물류업계 현황과 업종별 과제

한국 물류산업은 전자상거래의 급성장과 글로벌 공급망 다변화 속에서 외형적 규모는 커졌지만, 내부적으로는 구조적 한계와 재무적 취약성을 동시에 안고 있다. 특히 코로나19 팬데믹 이후 수요 변동성과 비용 압박이 동시에 확대되면서 현금흐름 문제는 더욱 심각해졌다. 대기업 화주와 물류기업 사이에서 중소 운송업체가 가장 큰 피해를 보고 있다는 점이 핵심이다.

첫째, 일반화물 운송업은 박리다매 구조에 기반한다. 마진율이 낮아 작은 비용 압박에도 손익분기점이 흔들린다. 평균 회수 기간 60~70일은 곧바로 생존 위기로 이어진다. 운송업체들은 고금리 단기대출이나 어음 할인에 의존할 수밖에 없으며, 이는 이익을 갉아먹는 악순환을 만든다.

둘째, 택배업은 물동량 급증과 단가 압박이라는 이중고를 겪고 있다. 코로나19 이후 온라인 쇼핑 증가로 물량은 폭발했지만, 단가는 오히려 하락 압력을 받았다. 운행 차량 확충과 인력 채용에 자금이 투입되지만, 대금 회수 지연이 이어지면서 자금난은 심화된다.

셋째, 냉장·냉동 운송업은 특수 장비와 차량, 저장 시설 투자가 필수다. 그러나 대규모 선투자가 필요한 업종 특성상 자금이 장기간 묶인다. 대금 회수가 지연되면 운송업체는 투자 회수는커녕 운영비 충당조차 어려워진다. 최근 일부 업체가 SCF 시범 도입을 검토하는 이유도 여기에 있다.

넷째, 위험물 운송업은 규제 준수와 안전 비용 부담이 크다. 관련 보험, 안전 장비, 교육 등 필수 지출이 많지만, 결제 지연으로 자금이 막히면 단기 고금리에 의존하게 된다. 이는 곧 업계 전반의 리스크를 키운다.

이처럼 업종별로 상황은 다르지만 공통점은 분명하다. 대금 지연 → 단기 고금리 의존 → 유동성 악화 → 서비스 질 저하라는 고리가 반복된다는 점이다. 화주는 서비스 불안정에 불만을 갖고, 물류기업은 공급망 관리 리스크를 떠안으며, 결국 산업 전반의 경쟁력이 약화된다.

국내 사례: 핀테크 스타트업 '고위드'

대금 회수 지연은 비단 물류업계만의 이슈가 아니다. 여러 산업에 걸쳐 중소 업체들에게 대금 회수 기간은 매출 신장을 위한 투자와 현금흐름 리스크 사이에서 늘 관리해야 할 대상이다. 중소 업체들에게 보다 용이한 자금 확보 수단이 되려면 금융기관의 리스크 관리 부담을 덜어주는 혁신적인 방법이 필요하다.

이를 해소해나가고 있는 혁신 기업 '고위드'의 해법을 소개한다. 한국의 핀테크 스타트업 고위드(Gowid)는 이러한 SCF 모델과 결을 같이 한다. 고위드는 2015년 설립된 B2B 핀테크 기업으로, 실시간 데이터 기반의 대안신용평가 모델을 활용해 다양한 사업 모델을 가진 스타트업을 대상으로 주요 금융기관들과 함께 법인카드(한도) 및 맞춤형 금융 상품을 제공한다.

2020년에 국내 최초로 출시한 '고위드 카드'는 대표자 연대보증이나 재무제표 없이도 60일 평균 잔고 기반 평가로 15분 내 온라인 발급, 연회비·전월 실적 면제, 그리고 지출관리 기능 무상 제공 등 신속성과 편의성에서 강점을 보였다.

SCF의 본질: 신뢰도 기반 유동성 제공

구매자(buyer)의 신용도를 담보로 공급자가 낮은 비용에 조기 현금화를 할 수 있게 했다. 결국 공급망 안에서 "누구를 믿고 돈을 먼저 내줄 것인가"가 핵심이며, 그 판단 기준은 구매자의 규모 및 신용등급에 크게 의존하는 방식이다. 글로벌 대기업(네슬레, 월마트 등)이 SCF 도입에 성공할 수 있었던 이유도, 이들의 거래처라는 지위 자체가 이미 신뢰도를 담보해주었기 때문이다.

고위드의 접근: 대안신용평가 모델

반면 고위드는 특정 대기업의 "거래처"라는 간접 신뢰도에 기대지 않고, 각 기업의 개별 데이터를 기반으로 신용도를 산출하는 방식을 선택했다. 카드 사용 데이터, 결제 이력, 매출 규모 및 패턴 등을 분석해 공정한 기준으로 업체별 신뢰도를 평가하여, 단순히 "거래처"라는 간판을 믿고 자금을 조달해주는 방식이 아니라, SCF의 본질적 과제(신뢰도 평가)를 정면으로 해결해나가고 있다.

〈표 2〉 해외 SCF 사례와 고위드 모델 비교

구분	해외 SCF 사례(네슬레·월마트)	고위드 모델
신뢰도 판단 기준	대기업 구매자의 신용도 → 거래처라는 지위가 곧 신뢰	개별 기업의 실질 데이터 기반 대안신용평가
혜택 구조	대기업과 거래하는 협력사만 문턱 낮음	고위드와 거래하는 모든 기업이 공정한 기준으로 평가받음
확장성	대기업 중심, 공급망 참여 기업 한정	중소·중견기업 전체에 적용 가능, 공급망 금융의 보편화 가능
핵심 메시지	"거래처 신뢰도에 편승"	"신뢰도의 본질을 직접 측정"

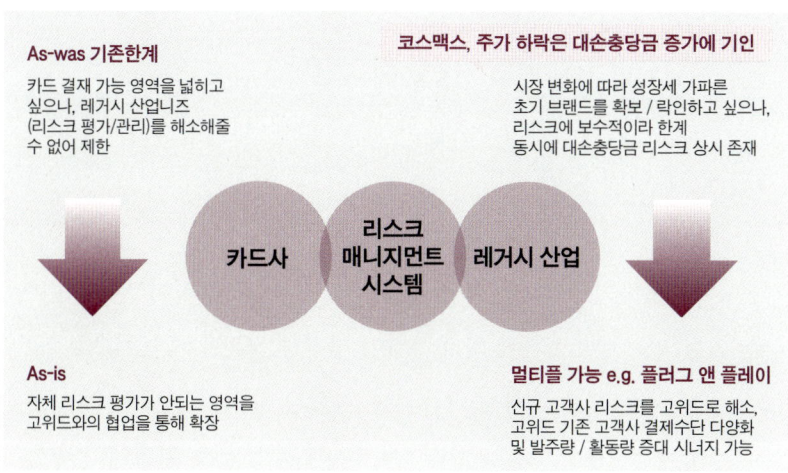

[그림2] 고위드 SCF 플랫폼 구조도

고위드는 이와 같은 실시간 현금흐름 관리 역량을 바탕으로, 거래의 핵심을 "형식적 신뢰(거래처)"에서 "실질적 신뢰(데이터)"로 놓고 진화하는 중이다. 즉, 금융기관 측에는 고위드가 실시간 데이터 기반의 대안 신용평가 심사모델을 제공함으로써 자금 집행을 도와 중소업체의 대금 확보를 용이하게 해주면서도 지출관리 인프라를 제공하여 자금 조달의 효율성과 관리 투명성을 동시에 확보할 수 있게 했다. 이를 기반으로 고위드는 (25년 2월 기준) 3,500여 개의 고객사, 누적 거래액 1.3조원을 넘어서며 성장 중이다.

5장. SCF 도입 4단계 로드맵

SCF는 단순히 금융기관과 몇몇 운송업체가 합의한다고 해서 곧바로 정착되는 제도가 아니다. 산업 구조와 참여자 이해관계가 얽혀 있어 체계적 단계별 도입 전략이 필요하다. 한국 물류산업에 적합한 SCF 도입 로드맵은 파일럿-확산-통합-고도화의 네 단계로 나눌 수 있다.

1단계: 파일럿 도입

첫 단계는 특정 노선이나 업종에 한정한 시범 운영이다. 예컨대 냉장 운송이나 위험물 운송처럼 자금 부담이 크고 대금 지연이 치명적인 업종을 중심으로 금융기관과 물류기업이 협력해 SCF를 시험적으로 도입한다. 파일럿은 성공 사례를 만들고 참여자에게 신뢰를 심어주는 과정이므로, 규모는 작더라도 효과를 가시적으로 보여주는 것이 핵심이다.

2단계: 확산

파일럿에서 성과가 검증되면, 이를 주요 협력 운송업체와 다른 업종으로 확대한다. 이 단계에서는 금융기관과 물류기업이 공동으로 교육·홍보 프로그램을 운영해 공급업체들이 SCF의 장점을 이해하고 자발적으로 참여하도록 유도해야 한다. 화주기업 역시 공급망 안정성과 비용 절감 효과를 직접 체감하며 적극적으로 동참할 필요가 있다.

3단계: 통합

SCF가 일정 수준 확산되면 기존의 ERP·회계시스템과 연동 통합이 필수적이다. 송장 발행, 승인, 대금 지급이 자동화되면 거래 투명성과 운영 효율성이 획기적으로 높아진다. 특히 중견 물류기업은 이 단계에서 자사의 시스템에 맞는 SCF 솔루션을 선택해 공급망 전체의 표준 프로세스를 구축해야 한다.

4단계: 고도화

마지막 단계는 기술과 리스크 관리 체계의 고도화다. 블록체인 기반 송장 검증 시스템을 도입하면 위변조 위험을 차단할 수 있고, AI 기반 신용평가와 리스크 예측 모델을 활용하면 잠재적 부실 위험을 사전에 식별할 수 있다. 이 단계에서는 단순히 현금흐름을 앞당기는 수준을 넘어, 공급망 전체의 안정성과 회복탄력성을 보장하는 전략적 금융 플랫폼으로 발전한다.

종합 평가

SCF 도입 4단계 로드맵은 공급자에게는 생존 기반을, 물류기업에게는 현금흐름 안정성을, 화주에게는 공급망 신뢰성을 제공한다. 단계별로 성과를 축적하며 점진적으로 범위를 확대하면, 도입 장벽은 낮아지고 참여자들의 이해와 신뢰는 높아진다. 특히 한국처럼 중소 운송업체 비중이 큰 시장에서는 이 단계적 접근이 필수적이다. SCF는 더 이상 미래의 옵션이 아니라, 지금 당장 준비해야 할 실행 과제다.

6장. 정책적·기술적 고려사항

SCF를 물류산업에 정착시키려면 금융기관과 기업만의 합의로는 부족하다. 제도적 기반과 기술적 인프라가 함께 마련되어야 한다. 정책적 과제와 기술적 과제를 병행하지 않으면 시범사업에서 그치고 산업 전반으로 확산되기 어렵다.

첫째, 정책적 과제다. 현재 국내에는 SCF를 직접 규율하는 명확한 법률이 부재하다. 따라서 '공급망 금융 특별법'을 제정해 계약 구조, 참여자 권리·의무, 금융기관 리스크 관리 기준을 제시해야 한다. 이를 통해 불확실성을 줄이고 중소 운송업체의 참여를 촉진할 수 있다. 또한 금융당국은 SCF를 단순 대출로 분류하지 않고, 공급망 안정화 도구로 인정하는 별도의 규제 프레임을 마련해야 한다. 더 나아가 공공부문이 선도 사례를 만들어야 한다. 예를 들어, 정부 발주 물류 프로젝트에서 SCF를 의무화하면 민간 부문으로 빠르게 확산될 수 있다.

둘째, 기술적 과제다. SCF 플랫폼은 ERP·회계 시스템과 자동으로 연동되어야 한다. 송장 발행과 승인, 대금 지급이 수작업에 의존한다면 확산은 불가능하다. 또한 블록체인 기술을 활용해 송장 위변조를 방지하고, 거래 기록을 투명하게 관리해야 한다. AI 기반 신용평가와 리스크 조기경보 체계를 도입하면 금융기관은 보다 정밀하게 위험을 관리할 수 있다. 나아가 빅데이터 분석을 통해 업종별, 계절별, 노선별 리스크를 사전에 감지하면 맞춤형 금융 솔루션도 가능하다.

정책과 기술은 별개가 아니다. 법적 기반이 마련되어야 금융기관이 안심하고 투자할 수 있고, 기술적 투명성이 확보되어야 화주와 공급자가 신뢰를 가지고 참여할 수 있다. 결국 SCF의 성공 여부는 제도·기술·참여자 신뢰가 동시에 충족되는지에 달려 있다.

〈표 3〉 SCF 관련 국내 정책 현황

문서/발표명	발표 시점/기관	내용 요약/SCF 관련 연관성
"공급망안정화 전주기 금융지원 방향"	2025.08, KDI (경제·인문사회연구회) 정책자료	"공급망 금융 통합지원 데스크" 신설, 수출입·내수망 안정 지원책 등이 포함

문서/발표명	발표 시점/기관	내용 요약/SCF 관련 연관성
"공급망 금융 활성화를 위한 혁신금융 법제 개선방안 연구"	KLRI (한국법제연구원)	SCF 개념 정립, 국내외 유형 비교, P2P 공급망 금융 제도화 가능성, 빅데이터 기반 신용평가 활용 방안 등이 포함
"공급망 금융 개념 재정립을 통한 확대방안 연구"	지역산업연구, 경남대 등 학계	SCF의 개념을 다시 정의하고, 참여 주체, 신용평가, 정보 흐름, 기술(예: 블록체인) 활용 가능성 등 논의

실행을 위한 제언

공급망 금융(SCF)이 국내에서 안정적으로 정착하기 위해서는 제도적 기반과 신뢰성 있는 운영체계가 반드시 필요하다. 해외 선진 사례에서 보듯, SCF는 단순한 금융상품이 아니라 기업 간 거래의 신뢰도를 금융으로 전환하는 장치이다. 따라서 정책 당국은 이를 제도화할 수 있는 틀을 마련하고, 시장 참여자들의 예측 가능성을 높여야 한다.

첫째, 금융위원회 차원에서 '공급망 금융 통합지원 데스크'를 설치할 필요가 있다. 공급망 금융은 구매자, 공급자, 금융기관, 플랫폼 등 다양한 이해관계자가 얽히는 복합적 구조를 가진다. 따라서 단일 창구에서 제도 적용 범위, 표준 계약 조건, 참여 절차를 명확히 안내하고, 기업과 금융기관이 안정적으로 참여할 수 있도록 지원해야 한다. 이를 통해 SCF가 일부 대기업 중심이 아닌 중견·중소기업으로도 확산될 수 있는 기반을 마련할 수 있다.

둘째, 고위드와 같은 핀테크 기업이 추진하는 대안신용평가 기반 SCF 모델을 혁신금융서비스로 지정해 실증할 수 있도록 해야 한다. 현재 SCF의 가장 큰 한계는 신뢰도를 대기업의 신용도에만 의존한다는 점이다. 반면 고위드는 카드 사용 데이터, 결제 이력 등 실제 거래 데이터를 활용하여 개별 기업의 신뢰도를 직접 측정하고 있다. 이러한 모델은

SCF의 본질적 문제를 해결하는 접근이므로, 규제 샌드박스 내에서 시험 운영할 수 있도록 제도적 뒷받침이 필요하다.

셋째, 온투법(온라인투자연계금융업법, P2P 금융) 체계의 확장을 검토해야 한다. 현재 온투법은 투자자 보호를 위해 엄격한 규제를 두고 있으나, 공급망 금융과 같이 기업 간 매출채권을 기반으로 한 금융이 제도적으로 명확히 포함되어 있지 않다. 공급망 금융을 온투업의 명시적 허용 범위로 포함시킨다면, SCF 플랫폼 사업자가 합법적·안정적으로 서비스를 제공할 수 있고, 투자자도 보호 장치 안에서 참여할 수 있다. 이는 시장의 불확실성을 해소하는 중요한 신호가 될 것이다.

넷째, SCF의 핵심인 신뢰도 평가를 위해서는 데이터 활용 근거가 보완되어야 한다. 기업의 거래 데이터, 카드 매출, 전표 및 결제 이력 등 비재무 정보를 적극적으로 활용해야 공정하고 정밀한 신용평가가 가능하다. 이를 위해 신용정보법과 개인정보보호법에서 기업 데이터의 활용 범위를 명확히 규정하고, 데이터 접근 권한을 부여하는 법적 장치가 마련되어야 한다. 데이터 기반 신용평가는 SCF를 '거래처 신뢰' 중심에서 '데이터 신뢰' 중심으로 전환시키는 핵심 동력이 될 것이다.

마지막으로, 제도의 초기 단계에서는 정책금융기관의 보증과 리스크 분담 장치가 필요하다. SCF가 새로운 제도로 자리 잡기 위해서는 민간 금융기관이 적극적으로 참여해야 하지만, 초기에는 신용위험과 제도 불확실성으로 인해 진입을 주저할 수 있다. 이때 정책금융기관이 일부 리스크를 분담하거나 보증을 제공하면, 민간 금융기관은 안심하고 프로그램에 참여할 수 있다. 이러한 공적 지원은 제도의 신뢰성을 높이고 시장 확산 속도를 앞당기는 역할을 할 것이다.

7장. 에필로그: 3일의 기적

결국 "67일의 기다림을 3일의 기적"으로 바꾸는 일은 단순한 업무 프로세스 개선이 아니다. 이는 산업 전체의 경쟁력을 높이고, 나아가 국가 경제의 성장 기반을 다지는 혁신의 첫걸음이다.

2026년 물류업계는 SCF를 통해 한 단계 진화한 모습을 보여줄 것이다. 67일의 긴 기다림은 3일의 즉시 현금화로, 높은 금융비용은 합리적인 조달로, 불안한 파트너십은 신뢰 기반의 상생으로 바뀔 것이다.

"현금흐름을 최적화하는 자가 미래 물류의 주도권을 쥔다"

지금이 바로 선택의 순간이다. SCF라는 게임 체인저와 함께, 물류산업의 새로운 미래를 만들어갈 때다. 혁신은 내일이 아닌 오늘, 지금 이 순간부터 시작된다.

지정학적 리스크와 물류 대응전략

불확실성의 시대, 스마트한 공급망 회복력 구축법

어재혁

LX Pantos CL사업부장(부사장) | jae.auh@lxpantos.com

어재혁 부사장은 30여 년간 물류 현장에서 쌓은 경험을 바탕으로 한국 물류업계를 이끄는 전문가다. 현재 글로벌 종합물류기업 LX Pantos 부사장으로서 전세계 30여 개국 300여 개 물류창고와 운송사업을 총괄하고 있다. 해양수산부에서 14년간 해운항만 정책을 담당했고, CJ대한통운에서는 중국본부장을 11년간 역임하며 한중 물류 네트워크 구축을 주도했다. MIT에서 국제 해운 및 물류 박사 학위를 취득한 이론과 실무를 겸비한 전문가로, 현재 중앙항만정책심의회 민간심의위원으로서도 활동 중이다.

프롤로그: 예측 불가능한 세상에서 살아남기

"또 터졌다." 2024년 어느 날 아침, 물류업계 관계자들의 한숨이 터져 나왔다. 이번에는 홍해였다. 가자지구 전쟁의 여파로 홍해를 지나던 컨테이너선들이 발길을 돌려 아프리카 희망봉으로 우회하기 시작했다. 운송 시간은 2~3주 늘어났고, 물류비는 하늘 높은 줄 모르고 치솟았다.

이런 일이 이제는 낯설지 않다. 코로나19 팬데믹으로 시작된 글로벌 물류 대란, 수에즈 운하를 막은 에버기븐호 좌초 사고, 러시아-우크라이나 전쟁, 파나마 운하의 가뭄까지. 세계 곳곳에서 물류를 위협하는 사건들이 연달아 터지고 있다.

<표 1> 2020년 이후 주요 글로벌 물류 리스크 사건 연표

시기	사건	영향
2020.1~	코로나19 팬데믹 발발	WHO 팬데믹 선언 후 국경 봉쇄·항공편 중단, 항만 적체로 글로벌 공급망 마비
2021.3	수에즈운하 에버기븐호 좌초	6일간 운하 봉쇄, 전세계 해상 물류 지연·운임 40% 급등
2022.3~6	중국 상하이 봉쇄	세계 최대 컨테이너 항만 가동 중단, 글로벌 공급망 대규모 차질
2022.2 ~현재	러시아-우크라이나 전쟁	항공·철도·해상 루트 차단, 에너지·곡물 공급 불안, 국제금융결제 제재
2023.10 ~현재	이스라엘-하마스 분쟁, 홍해지역 후티 반군 공격	중동 해상·항공 물류 불안, 홍해·수에즈 경로 위험 증가, 운임 300% 상승
2024.6	미국 서부항만 노사협상 타결	6년간 대규모 파업 가능성 감소, 이전 적체 해소 기대
2024~2025	기상이변·자연재해 빈발	태풍·홍수·폭염으로 항만·철도·도로 인프라 피해, 물류 지연. 파나마 운하 통행 제한

문제는 이런 사건들이 일회성이 아니라는 점이다. 언제든 다시 일어날 수 있고, 우리가 상상하지 못한 새로운 위험들이 계속 등장하고 있다. 물류업계는 이제 "예외적 사건에 대응"하는 업종에서 "상시적 변동성을 관리"하는 업종으로 완전히 바뀌어야 한다.

그렇다면 이 혼란의 시대에 어떻게 살아남을 것인가? 답은 하나다. 더 똑똑해져야 한다.

5가지 뇌관: 물류를 위협하는 지정학적 리스크들

2020년 이후 세계는 급격히 변했다. 지역 간 패권 다툼이 심해지고,

경제 블록화가 가속화되면서 자국 우선주의가 대세가 되었다. 미국 트럼프 2기 정부의 'MAGA(Make America Great Again)' 정책과 관세 전쟁이 대표적인 예다. 이런 변화는 물류업계에 5개의 주요 리스크를 만들어냈다.

5가지 뇌관: 물류를 위협하는 지정학적 리스크들

1. 홍해·수에즈 운하의 불안정
   아시아-유럽 항로의 악몽
2. 러시아-우크라이나 전쟁
   철의 장막이 다시 내려지다
3. 미중 패권 경쟁
   공급망 블록화의 가속
4. 대만해협·남중국해
   아시아 물류의 생명줄
5. 파나마 운하와 미국항만
   서반구 물류의 병목점

[그림 1] 물류를 위협하는 5가지 지정학적 리스크 현황

첫째, 홍해·수에즈 운하의 불안정: 아시아-유럽 항로의 악몽

홍해와 수에즈 운하는 아시아와 유럽을 잇는 최단 항로다. 전세계 컨테이너 물동량의 약 12%가 이곳을 지난다. 하지만 가자 전쟁의 영향으로 이 지역이 위험해지자 선박들은 아프리카 희망봉을 돌아가야 했다.

그 결과는? 평균 운송 시간 2-3주 증가, 운임비 300% 급등, 보험료 상승, 항만 적체까지. 마치 도미노처럼 연쇄 반응이 일어났다. 어떤 화주사는 재고를 2배로 늘려야 했고, 어떤 기업은 납기를 지키지 못해 고객을 잃기도 했다.

국제해사기구(IMO) 데이터에 따르면, 홍해 우회로 인한 추가 운송 비용은 연간 2,000억달러에 달하며, 이는 글로벌 무역 비용을 평균 1.2% 증가시키는 수준이다.

둘째, 러시아-우크라이나 전쟁: 철의 장막이 다시 내려지다

러시아-우크라이나 전쟁은 단순한 국지전이 아니다. 유럽과 러시아 간 오래된 안보 갈등의 연장선이기에 장기화될 가능성이 높다. 흑해 항로의 불안정성은 물론, 아시아-유럽을 연결하는 철도 운송망까지 차단되면서 에너지와 곡물, 광물 가격의 변동성이 커졌다.

세계은행 자료에 따르면, 전쟁 발발 이후 국제 밀 가격은 70% 상승했고, 천연가스 가격은 400% 급등했다. 이는 단순히 해당 품목의 문제를 넘어 전체 물류 비용 구조를 흔들고 있다.

셋째, 미중 패권 경쟁: 공급망 블록화의 가속

30년간 이어져온 WTO 체제 하의 자유무역주의가 흔들리고 있다. 미중 전략 경쟁으로 공급망이 블록화되면서 기업들은 근본적인 고민에 빠졌다. "어디서 무엇을 만들어 어디로 보낼 것인가?"

트럼프 정부가 관세 부과를 통해 미국 내 제조업 부활을 추진하면서 글로벌 공급망을 처음부터 다시 설계해야 하는 상황이 벌어졌다. 2025년 기준 미국의 대중국 관세율은 평균 25%에 달하며, 일부 품목은 60%까지 오를 예정이다. 이는 수십 년간 진행될 거대한 변화의 시작일 뿐이다.

넷째, 대만해협·남중국해: 아시아 물류의 생명줄

대만해협과 남중국해는 인도양과 태평양을 연결하는 물류의 핵심 통로다. 전세계 컨테이너 물동량의 60% 이상이 이곳을 지난다. 하지만 중국의 굴기와 미국의 견제가 맞물리면서 이 지역의 긴장도가 높아지고 있다.

대만은 정치적으로나 경제적으로 미중 갈등의 핵심이다. 군사적으로는 중국의 해양 진출 견제의 요충지이고, 경제적으로는 AI 시대의 핵심 자원인 반도체의 주요 생산 기지이기 때문이다. 전세계 반도체 생산의 63%가 대만에 집중되어 있어, 이 지역의 불안정은 글로벌 공급망에 치명적 영향을 미친다.

다섯째, 파나마 운하와 미국 항만: 서반구 물류의 병목점

파나마 운하는 수에즈 운하와 함께 세계 해운의 양대 축이다. 하지만 최근 정치적 이슈와 기후 변화가 복합적으로 작용하면서 불안 요소가 커지고 있다.

파나마 운하 터미널에 중국 자본이 투자하자 미국의 견제가 심해졌고, 가뭄으로 인한 수위 저하는 통행량 제한으로 이어졌다. 2024년 기준 파나마 운하 통행량은 전년 대비 32% 감소했으며, 이로 인한 추가 운송비용은 하루 평균 20만 달러에 달한다. 게다가 미국 서부 주요 항만인 LA/LB 항만의 혼잡도가 매년 증가하고 있어 서반구 물류의 불안정성을 키우고 있다.

기술이 답이다: '보이는 운영'의 3대 혁신

지정학 리스크가 커질수록 중요한 것은 기술이다. 변동성에 신속하게 대응하려면 무엇보다 '보이는 운영'을 구현해야 한다. 이를 위한 3가지 핵심 기술 환경을 살펴보자.

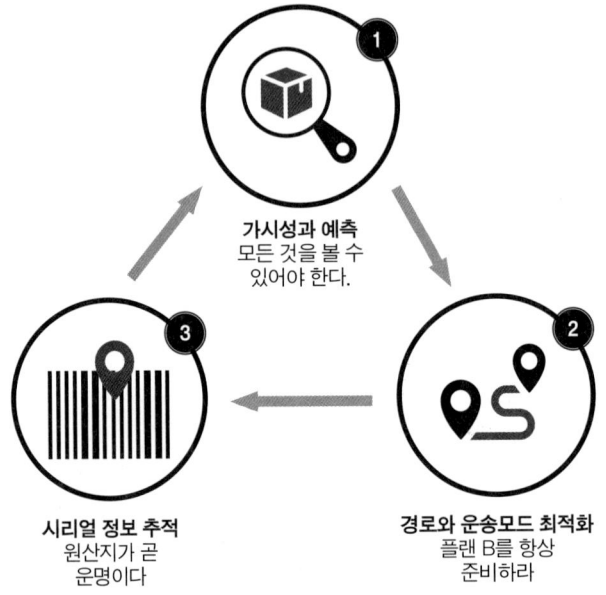

[그림 2] '보이는 운영'을 위한 3대 핵심 기술 환경

첫째, 가시성과 예측: 모든 것을 볼 수 있어야 한다

"보이지 않으면 관리할 수 없다." 물류업계의 오랜 격언이다. 지정학 리스크는 변동성을 확대시키기 때문에 그 변화에 신속하게 대응하는 것이 핵심이다. 이를 위해서는 물류 흐름의 가시성을 높이고 이에 기반한 예측 정확도를 향상시켜야 한다.

선박, 항공기, 트럭의 위치 정보, 예정 도착 정보(ETA), 지연 원인 등을 한 화면에서 보면서 의사결정을 할 수 있는 시스템이 필요하다. 단순히 위치만 아는 것이 아니라, 기상 상황, 항만 혼잡도, 파업 정보까지 종합적으로 분석해 미래를 예측할 수 있어야 한다.

최신 AI 기술을 활용한 예측 시스템은 과거 데이터를 기반으로 95%

이상의 정확도로 운송 지연을 예측할 수 있다. 예를 들어, 머스크(Maersk)의 TradeLens 플랫폼은 블록체인 기술을 활용해 실시간 화물 추적과 예측 서비스를 제공하고 있다.

둘째, 경로와 운송모드 최적화: 플랜 B를 항상 준비하라

하나의 운송 수단에만 의존하면 리스크 발생 시 큰 타격을 받는다. 상황 변동에 따라 운송 모드를 신속하게 변경할 수 있도록 미리 시나리오를 준비해야 한다.

예를 들어 해상 운송 리드타임이 30% 이상 늘어지는 경우 운송 물량의 일부를 강제적으로 항공 운송으로 할당하는 방법을 사전에 정의해 놓는 것이다. 운임 급등(월간 30% 이상), 전쟁 위험 수수료 부과, 항만 혼잡 지수(평균 대기시간 3일 이상) 등을 트리거로 설정해두면 상황 발생 시 준비된 시나리오대로 대응할 수 있다.

DHL의 '리질리언트 네트워크(Resilient Network)' 시스템은 실시간으로 전세계 130개 노선의 리스크를 분석해 최적 경로를 자동 제안한다.

셋째, 시리얼 정보 추적: 원산지가 곧 운명이다

공급망 블록화가 강화되고 관세 부과가 일상화된 새로운 무역 질서에서는 관세 영향 최소화와 공급망 리드타임 안정화가 필수다. 이를 위해서는 원산지, 최종 용도, 성분 증빙을 체계적으로 추적하고 관리하는 역량이 더욱 중요하다.

최근 미국 정부는 외국산 철강 부품 비중에 따라 최대 50%의 관세를 부과하는 정책을 시행하고 있다. 원산지 증명, 역외산 부품 비중 등을 효율적으로 추적 관리하는 체제 없이는 예기치 못한 관세 폭탄을 맞을 수 있다.

블록체인 기반 원산지 추적 시스템 활용이 급증하고 있다. 월마트는 IBM의 푸드 트러스트(Food Trust) 플랫폼을 통해 식품 공급망의 투명성을 99.9% 수준까지 끌어올렸다.

화주사의 생존 전략: 4가지 핵심 변화

지정학 리스크에 가장 직접적인 영향을 받는 것은 화주사다. 자사의 공급망을 어떻게 구성하고 운영할 것인지, 효율성과 회복 탄력성을 어떻게 균형 있게 갖출 것인지 결정해야 한다. 화주사가 리스크에 대응하는 전략을 한마디로 정리하면 "여러 공급망 운영 옵션을 유연하게 운영할 수 있는 사전 준비 태세를 갖춘다"고 할 수 있다.

〈표 2〉 화주사 리스크 대응 전략별 핵심 과제

전략 영역	핵심 메시지	기대 효과
공급망 다변화	계란을 한 바구니에 담지 마라	공급 리스크 분산 및 조달 안정성 확보
스마트 물류 계약	비상시를 대비한 계약서	예측 불가능한 상황에 대한 대응력 강화
창고·CY 운영 역량 강화	병목 현상을 미리 차단하라	물류 흐름 최적화 및 운영 효율성 향상
관세·통관 시스템 고도화	세금 폭탄을 피하는 법	비용 절감 및 통관 지연 최소화

첫째, 공급망 다변화: 계란을 한 바구니에 담지 마라

과거에는 전체 공급망 비용을 최소화하는 것이 최우선이었다. 하지만 리스크가 예측 불가능하게 발생하는 지금은 "효율성"뿐만 아니라 위기 대응 "회복 탄력성"을 중요하게 고려해야 한다.

마치 보험료가 비싸다고 보험을 들지 않았다가 사고 발생 시 감당할 수 없는 비용으로 사업 전체를 중단하는 상황을 방지하는 것과 비슷하다. 이를 위해 공급망 구성에 다양한 옵션을 부여해 회복 탄력성의 수준을 높여야 한다.

맥킨지 조사에 따르면, 공급망을 3개 이상 지역으로 다변화한 기업들의 리스크 대응 시간은 평균 40% 단축된 것으로 나타났다. 애플은 중국 의존도를 낮추기 위해 베트남과 인도에 투자를 확대하고 있으며, 이를 통해 지정학적 리스크를 30% 이상 줄였다고 발표했다.

둘째, 스마트 물류 계약: 비상시를 대비한 계약서

공급처를 다변화하면 필연적으로 더 복잡한 공급망 네트워크를 운영하게 된다. 이에 상응하는 물류망 운영 계약 구조를 새롭게 설계해야 한다.

예를 들어 노선별로 발생할 수 있는 상황에 따라 대응 플랜 A/B/C 등을 준비하여 문서화하고, 각 상황이 발생하는 트리거(운임 변동이 1개월 이내 30% 이상 상승, 전쟁 위험 수수료 부과, 항만 대기 시간 3일 이상 증가 등)가 발동되면 비상 계약 조건이 발효되어 추가적인 서비스를 보장받도록 설계할 수 있다.

리스크 대응형 계약 조건 예시:
- 기본 운임 대비 50% 이상 급등 시 → 항공 운송 전환 보장
- 항만 대기시간 5일 초과 시 → 대체 항만 활용 및 비용 분담
- 전쟁위험 수수료 부과 시 → 보험료 50% 화주사-물류사 분담

셋째, 창고·CY 운영 역량 강화: 병목 현상을 미리 차단하라

공급망에서 리스크가 발생하면 해상·항공·철도 등 운송 모드에만 집중하기 쉽다. 하지만 화물이 잠시 머무는 항만, 창고, CY 등에서 병목 현상이 발생하면 결국 전체 공급망이 마비된다.

운송 경로상의 출발지, 환적지, 도착지의 대기 시간, 혼잡도, 화물 입출입 운영 속도, 필요 장비 확보 가능성 수준 등을 상시 모니터링하는 시스템을 구축해야 한다. 급격하게 물동량이 증가할 경우를 대비해 사전에 운영 역량을 확보하는 투자도 필요하다.

아마존은 팬데믹 이후 창고 운영 역량을 50% 확대했으며, AI 기반 수요 예측 시스템으로 창고별 적정 재고 수준을 실시간 최적화하고 있다.

넷째, 관세·통관 시스템 고도화: 세금 폭탄을 피하는 법

미국이 관세 전쟁을 시작한 이후 관세 관련 규정이 계속 변화하고 있다. 협상 결과에 따라 지금은 무관세로 보낼 수 있는 상품이 내일부터 30% 이상의 고율 관세를 부과받을 수도 있다.

통관 과정에서 이슈가 자주 발생하는 제품에 대해 인보이스 가격, 원산지 증명, 성분, 최종 용도 등을 사전에 상시 점검하는 체계를 만들어야 한다. 고가이거나 규제가 강한 제품은 바코드나 RFID 등의 시리얼 추적기술을 통해 통관에 영향을 미치는 부품들을 실시간 관리하는 것이 좋다.

통관 리스크 관리 체크리스트:

- [ ] 품목별 최신 관세율 모니터링 시스템 구축
- [ ] 원산지 증명서 디지털화 및 자동 검증
- [ ] 주요 품목별 대체 원산지 확보 현황 점검
- [ ] FTA 활용 최적화 방안 수립

물류회사의 혁신 과제: 서비스의 상품화

화주사들이 리스크에 대응해 새로운 계약 조건을 요청하는 상황에서 물류회사도 적절한 서비스 방식을 사전에 준비해 제시할 수 있어야 한다. 화주사의 변화 요구가 더욱 분명하고 구체적이 될 것이기 때문에 물류사들도 그에 맞는 서비스 상품을 개발하는 것이 중요하다.

〈표 3〉 물류회사 서비스 혁신 전략

전략	핵심 메시지
서비스 역량의 상품화	보험 같은 물류 서비스
대체 패키지 운영	플랜 B는 기본, 플랜 C까지
공급망 모니터링의 고도화	예측이 곧 경쟁력

첫째, 서비스 역량의 상품화: 보험 같은 물류 서비스

화주사들의 요청은 단순한 공급망 효율화를 넘어 리스크 발생에 대비한 대안 마련을 원하고 있다. 기존 서비스에 기반한 가격 책정 뿐만 아니라 비상상황을 가정하고 그에 따른 서비스 역량에 대해 선제적으로 비용을 고정화시켜 화주사의 수요를 만족시키는 것이 필요하다.

리드타임 보장형 서비스를 합리적인 추가 비용으로 제시하거나, 추가 서비스 프리미엄에 따라 선적 공간을 보장하는 서비스, 일정 기간 이상 운송 지연 시 화주에게 크레딧을 제공하는 옵션 등을 계약에 적용할 수 있다.

서비스 상품화 예시:
- **리드타임 보장 서비스**: 기본 운임 + 15% 프리미엄으로 납기 100% 보장
- **스페이스 보장 서비스**: 성수기에도 확정 선적 공간 제공
- **지연 보상 서비스**: 3일 이상 지연 시 운임 20% 환급

둘째, 대체 패키지 운영: 플랜 B는 기본, 플랜 C까지

기존의 해상 운송으로 운영되던 공급망을 유사시 철송 연계 인터모달이나 항공 연계 운송 등의 대체 서비스로 변경할 수 있어야 한다. 사전에 고객과 합의해 운영 준비를 하거나 신속하게 대체 서비스를 제시하는 것이 필요하다.

순수 해상 운송 서비스 계약과 함께 해상-항공 연계 운송, 해상-철송 연계 운송 등을 패키지로 제시하거나, 도착지 항만/공항의 옵션을 유연하게 바꿔 운용하는 서비스를 만들 수 있다. 대체 서비스가 발동되는 조건들을 사전에 화주사와 협의해 정의해 놓으면 불확실한 공급망 변화에 안정적으로 대응할 수 있다.

멀티모달 서비스 패키지 예시:
- **기본**: 해상 운송 (14일)
- **옵션 A**: 해상 70% + 항공 30% (10일, 비용 40% 증가)
- **옵션 B**: 철도-해상 연계 (12일, 비용 20% 증가)
- **비상**: 전량 항공 운송 (3일, 비용 300% 증가)

셋째, 공급망 모니터링의 고도화: 예측이 곧 경쟁력

리스크 발생에 대응하는 모든 방안의 핵심은 화물이 "현재 어디에 있고 어디로 이동할 예정인데, 그 이동 중에 어떤 위험성에 노출되어 있으

며 그로 인한 영향을 얼마나 정확히 예측"할 수 있느냐다.

공급망 흐름의 가시성을 상시적으로 모니터링해 선제적으로 신속하게 의사결정을 하는 역량이 매우 중요하다. 많은 물류사가 실시간 관제 시스템을 운영한다고 하지만, 실제로 화주들이 현장에서 기민하게 의사결정하는 데 실질적인 도움이 되는 수준은 아직 부족하다.

공급망 모니터링 체계는 직접적인 운송 정보뿐만 아니라 날씨, 자연재해, 파업, 전쟁, 혼잡도 등 다양한 간접 정보들을 종합해 분석하고 예측하는 역량이 필요하다. 현재 급격히 발전하고 있는 AI 기술을 접목해 다양한 시나리오를 정확하게 예측하고 대안을 만들 수 있는 역량이 점점 중요해지고 있다.

차세대 모니터링 시스템 구성요소:
- 실시간 위치 추적 (GPS, AIS, 센서)
- 외부 데이터 통합 (기상, 교통, 정치 리스크)
- AI 기반 예측 모델 (머신러닝, 딥러닝)
- 자동 알림 및 대안 제시 시스템

페덱스의 SenseAware 시스템은 실시간으로 온도, 습도, 압력, 충격, 빛 노출 등을 모니터링하며, 이상 상황 발생 시 즉시 대안을 제시한다.

현실적 도전 과제들: 이상과 현실 사이

지정학 리스크에 대응하는 여러 방안들이 적절하게 실행되면 불확실성으로 인한 비용을 통제하고 공급망의 안정성을 높일 수 있다. 하지만 현실에서는 여러 어려움이 있다. 주요 과제들을 살펴보자.

첫째, 공급망 다변화의 시간과 비용

한번 구축된 공급망 클러스터를 다른 나라나 지역으로 이동시키는 데는 상당한 비용과 시간이 든다. 어쩌면 그 비용이 기존 공급망을 유지하는 것보다 더 비쌀 수도 있고, 현실적으로 공급망 변경이 불가능할 수도 있다.

보스턴 컨설팅 그룹(BCG) 조사에 따르면, 공급망 다변화에 소요되는 평균 기간은 3-5년이며, 초기 투자 비용은 기존 운영비의 15-25%에 달한다. 이런 현실적 어려움을 적절히 고려한 단계적 다변화 전략이 필요하다.

둘째, 새로운 계약 관계의 구축

화주사와 물류회사 간의 계약을 새롭게 정의하기 위해서는 상호 간의 많은 소통과 협의가 필요하다. 기존 계약 관계는 대부분 공급망 비용의 "최소화"에 맞춰져 있기 때문에 리스크 비용을 감안한 보험형 프리미엄을 고려한 "최적화" 방식의 새로운 계약은 양쪽 모두에게 쉽지 않은 변화다.

딜로이트 연구에 따르면, 리스크 대응형 계약으로 전환하는 기업 중 68%가 초기 협상에 6개월 이상을 소요한다고 답했다.

셋째, 창고 운영 역량의 정확한 측정

창고의 처리 역량, 즉 입출고 처리량, 보관 역량, 단위 화물당 창고 운영 비용 등은 화물의 특성, 입출고 패턴 변화, 작업자 생산성, 창고 위치 등 복잡하고 다양한 변수에 따라 변화하기 때문에 표준화된 화물 처리 역량을 정의하기가 쉽지 않다. 화주사와 물류회사의 상호 협업과 경험, 노하우에 따라 창고의 운영 역량이 달라질 수 있다는 점도 고려해야 한다.

넷째, 예측 모델의 현실 적용

"예측"을 정확히 한다는 것은 어느 분야에서든 매우 어려운 일이다. AI 기반 컴퓨팅 파워가 대폭 발전해 과거에는 시도하기 어려웠던 거대 예측 모형을 구성해 운영하는 것이 가능해졌지만, 여전히 "시스템이 만들어 주는 예측은 잘 맞지 않는다"는 현장의 오래된 선입견을 극복하기 위한 지속적인 노력이 필요하다.

가트너 조사에 따르면, AI 기반 물류 예측 시스템을 도입한 기업의 85%가 예측 정확도 향상을 경험했지만, 실무진의 신뢰도는 여전히 60% 수준에 머물러 있다.

즉시 실행 가능한 액션 플랜

〈표 4〉 [체크리스트] 우리 회사 리스크 대응 진단표

공급망 현황 파악
- [ ] 주요 공급업체의 지리적 분산도 분석
- [ ] 단일 공급원 의존도 70% 이상 품목 식별
- [ ] 대체 공급업체 확보 현황 점검

운송 경로 다변화
- [ ] 주요 운송 경로별 리스크 수준 평가
- [ ] 비상시 대체 경로 및 운송 수단 사전 협의
- [ ] 멀티모달 운송 서비스 계약 검토

재고 및 창고 관리
- [ ] 안전재고 수준 재검토 및 조정
- [ ] 지역별 창고 분산 배치 현황 점검
- [ ] 창고 운영 역량 확장 가능성 검토

관세 및 통관 대비
- [ ] 주요 수출입 품목별 관세율 변동 모니터링 체계 구축
- [ ] 원산지 증명 시스템 디지털화
- [ ] FTA 활용 최적화 방안 수립

리스크 모니터링 시스템
- [ ] 실시간 공급망 가시성 시스템 도입
- [ ] 외부 리스크 정보 통합 모니터링 구축
- [ ] 예측 및 조기 경보 시스템 운영

새로운 물류의 시대를 열다

이런 모든 리스크 대응 방안들은 화주사나 물류회사 단독으로는 절대로 구현될 수 없는 것이기 때문에 상호 긴밀한 협의를 통해 새로운 협업

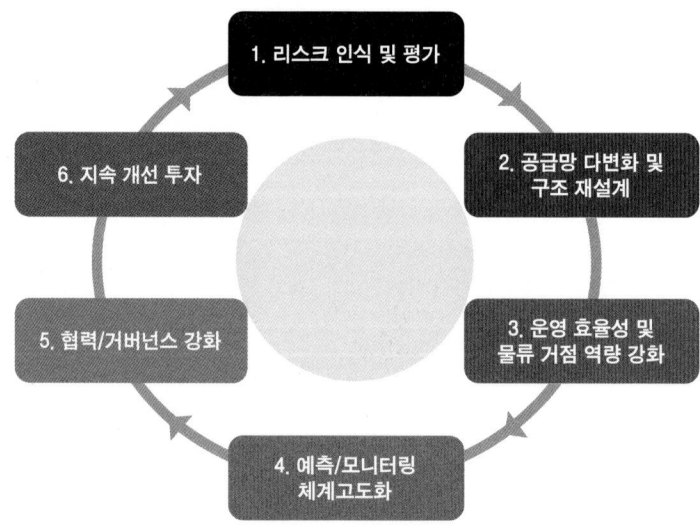

[그림 3] 변화에 대응하는 순환형 물류 혁신 구조

모델과 계약 구조를 만들어 가야 한다.

아울러 공급망의 상황을 상시 모니터링하고 리스크 발생 가능성을 사전에 평가하고 즉각적인 대응방안을 실행하기 위해서는 "예측" 역량을 고도화시켜 나가야 하며, AI 등 최근의 빅테크 기술들을 적극적으로 활용하기 위한 투자를 지속해 나가는 것도 중요하다.

이 대전환의 시기에 화주사와 물류회사는 단순한 전체 물류비 최소화가 아닌 전체 공급망의 안정성과 회복 탄력성을 함께 고려한 "최적화"를 얼마나 잘 만들어낼 수 있는지가 더욱 중요해지고 있다.

변동성이 큰 시대에 승패는 사전 준비의 깊이에서 갈린다. 공급망을 다변화해 만일의 공급망 불안정성에 대응하고, 어떤 경우라도 관세 등 무역 장벽을 무난히 넘어갈 수 있도록 원산지 증명, 부품 구성 요소 등을 사전사후에 체계적으로 추적 관리하는 시스템을 구성할 수 있는 전략적 파트너십을 만들어가는 노력이 필요하다.

화물이 머물러야 하는 창고, CY 등에서 입출고와 보관이 막힘없이 처리될 수 있도록 처리 역량과 운영 프로세스를 상시 점검하는 것이 필수적이다. 화주사와 물류회사의 상호 협력과 경험 공유를 통해 어떻게 합리적으로 창고 운영 역량을 정하고 공급망의 변동성 발생을 모니터링하고 예측해 대응방안을 실행해야 한다.

에필로그: 위기를 기회로

지정학적 리스크가 언제 어디서든 발생하는 새로운 시대에 우리는 살고 있다. 30여 년간 이어온 글로벌 자유무역 체제가 자국과 지역 우선주의라는 공급망 블록화의 시대로 빠르게 전환되면서 이런 리스크는 변수가 아닌 상수가 되어가고 있다.

하지만 위기는 기회이기도 하다. 변화에 빠르게 적응하고 새로운 기술을 적극적으로 도입하는 기업들은 경쟁자들을 제치고 앞서 나갈 수 있다. 반대로 과거의 관행에 안주하며 변화를 거부하는 기업들은 도태될 수밖에 없다.

앞으로 10년은 물류업계의 판도를 완전히 바꿀 것이다. 인공지능, 빅데이터, IoT 등의 기술이 물류와 결합하면서 우리가 상상하지 못했던 새로운 서비스들이 등장할 것이다. 자율주행 트럭, 드론배송, 스마트 창고가 더 이상 먼 미래의 이야기가 아니다.

중요한 것은 준비다. 지금 당장 할 수 있는 것부터 시작해야 한다. 공급망을 점검하고, 리스크를 분석하고, 대응 계획을 세우고, 파트너사와 협의하는 것. 이 모든 것이 오늘부터 시작되어야 한다.

물류는 이제 단순히 물건을 A지점에서 B지점으로 옮기는 업종이 아니다. 글로벌 경제의 혈관이자, 국가 경쟁력의 핵심이며, 기업 생존의 열쇠다. 이 새로운 시대에서 살아남고 번영하려면 지금부터 준비해야 한다.

지정학적 리스크에 효과적으로 대응하는 변화를 통해 물류 서비스가 "예외적 사건"에 잘 대응하는 수동적인 산업이 아니라 "상시적인 변동성"을 선제적으로 관리하는 주동적인 산업으로 새롭게 혁신해 나가기를 기대해 본다.

변화의 물결을 타고 새로운 물류의 시대를 열어가는 모든 이들에게 박수를 보낸다. 우리의 도전은 이제 막 시작되었다.

조선업계의 기회와 도전

글로벌 정세 변화 속 한국 해운·조선의 생존 전략

최중효

한화오션 제품전략기술원 책임연구원 | jhyochoi@hanwha.com

> 2000년부터 한화오션에 근무하고 있으며 ULCC(Ultra Large Crude oil Carrier), 200K LNG선, 24,000TEU 컨테이너선, MCTIB(Manganese steel Cargo Tank independent Type-B) LNG 탱크 및 LNG 추진 컨테이너선, Arctic LNG선 등 신규 제품 개발에 주도적인 역할을 해오고 있다. IR52 장영실상과 대한조선학회 구봉상을 수상했으며, 극지기술연구회 부회장으로 최근 쇄빙선 개발 과제에 연구 책임자로 참여 중이다.

환율이 기술력보다 중요한 시대

 2025년 1월 도널드 트럼프 미국 대통령이 재집권한 후 금융시장이 요동치고 있다. 미국 국채금리 급등, 달러 가치 상승과 함께 컨테이너 운임지수는 하락하고 발틱운임지수는 상승하는 상반된 흐름을 보이고 있다. 특히 국내 비상계엄 선포 같은 추가 변수도 있었지만, 트럼프 재집권에 따른 달러 강세로 원달러 환율이 1,400원대를 넘나들면서 국내 조선소들은 모두 예상치를 웃도는 영업이익을 기록하고 있다.

 선박을 수주한 후 통상 3년간 건조하는 동안 환율로 대표되는 경제 지표 변화는 어쩌면 기술력보다 더 선박 프로젝트의 성공(흑자)과 실패(적자)를 좌우하는 핵심 요소다. 지난 30여 년간 조선산업에서는 일본과의 경쟁에서 이기기 위한 기술적 차별화 제품 개발, 주문주 요구에 신속히 대응할 수 있는 요소 기술 확보 등 기술력 향상을 위한 적극적인 활동이 이어졌다. 또한 저렴한 인건비와 대규모 자본 투자를 바탕으로 떠오르는 중국 조선산업과의 경쟁에서 살아남기 위해 글로벌 금융시장 동향 조사 및 전망, 프로젝트 심층 분석, 극한의 원가 절감과 이익 최대화를 위한 사업 구조 재검토 및 설정 등이 추가로 수행되고 있다.

이 글에서는 세계 조선산업의 흥망성쇠를 돌아보며, 현재의 국제 정세 변화 속에서 국내 조선산업이 어떻게 생존할 수 있을지 함께 고민해 보려 한다.

혁신의 출발점, 리버티선이 남긴 유산

19세기 프랑스 혁명 전후를 배경으로 하는 영화 '레 미제라블'의 첫 곡 'Look Down'이 불려지는 초반 장면에서 다수의 대형 범선과 조선소에서 강제 노역하는 주인공의 모습을 볼 수 있다. 프랑스 해군 기지가 있는 툴롱이 이 장면의 배경 도시다. 중세시대 프랑스 국왕 직속 항구로 시작해 현재 대표적인 프랑스 해군 기지로 알려져 있다.

신항로 개척 시대(대항해시대)라고 불리는 15~18세기에 조선 기술과 항해술이 크게 발전했고, 지금도 사용하는 전세계 해역의 항로들이 개척됐다. 중세 시대부터 제2차 대전 전후까지 조선 및 해운산업에서 유럽이 전세계의 정책적, 금융적, 산업적 중심이었다고 볼 수 있다. 현재 사용되는 대부분의 조선 및 해운산업 전문 용어들이 모두 이 시기에 정의됐고, 선박 발주의 다양한 방법, 선박 자금 조달 방법, 선박 보험, 선박 제조 기술, 선급 협회 등 조선 및 해운산업의 거의 모든 것들이 이 시기부터 개발되어 적용되고 있다.

몇 세기에 걸친 조선산업의 전성기는 기반 기술 축적을 통해 아직까지도 조선산업에 영향을 미치고 있지만, 제2차 대전이라는 큰 전쟁으로 인한 사회 기반시설 및 조선소의 파괴와 몰락은 미국이라는 새로운 산업국가의 등장으로 이어져 유럽 중심의 조선산업이 미국으로 옮겨지게 됐다.

미국의 독립 운동가 중 한 명인 패트릭 헨리는 "자유가 아니면 죽음을 달라"라는 연설로 유명하지만, 첫 번째 리버티선의 선명으로도 알려져 있다. 영국의 화물선을 기초로 생산성을 향상시키기 위한 설계를 해 개발된 C1형 수송함의 이름이 첫 번째 배의 선명으로 인해 리버티선으로 불리게 됐다. 약 10,000톤급인 이 수송함은 제2차 대전 기간인 1941년부터 1945년까지 5년이라는 기간 동안 18개 조선소에서 총 2710척이 건조됐다.

물론 선박의 종류와 품질 수준이 다르긴 하지만, 현재 우리나라 조선소의 선박 건조기간이 통상 2~3년인 점을 감안할 때 당시 미국의 생산성과 기술력이 얼마나 대단했는지 알 수 있다. 현재 대형 조선소에도 적용 중인 여러 생산 방법들이 리버티선 제작을 위해 처음 개발되고 적용됐다.

리벳 연결을 대체한 철판을 용접으로 연결하는 방식, 선박 전체를 몇 개의 블록으로 분류해 용골 적치 후 동시 제작된 블록들을 조립해 나가는 블록 생산 방식, 숙련공 양성을 위한 교육 과정 등 당시 조선산업에서는 혁신적인 기술들이 빠르게 개발되어 전쟁 중인 이유로 즉시 적용됐다.

생산성 향상을 위한 용접 적용은 리버티선 운용 중 응력 집중으로 인한 손상, 용접 불량으로 인한 균열 발생 및 균열 전파, 취성 파괴로 인한 침몰, 저온에 대한 내충격성 등의 문제 발생 및 원인 추정이 있었고, 이

[그림 1] 리버티선 : SS Patrick Liberty 진수식과 1994년에 운항한 Jeremiah O'Brien
출처 : National Liberty Ship Memorial Foundation

후 보다 안전한 구조설계 기준 정립, 강재 및 용접봉 개발, 용접 방법 개선, 피로 및 파괴 역학 개념 확립, 재료 거동 및 물성치 확보를 위한 표준 실험법 정립 등 조선산업 기술적인 발전에 큰 밑거름이 됐다.

선박 표준화와 블록 건조 방식 적용으로 한 달에 한 척의 선박이 건조되는 매우 혁신적인 생산 방법은 현재 조선소에서 적용 중인 건조 공법의 시조라고 볼 수 있다. 또한 전쟁으로 인해 상당수 남자들이 징집되어 새로운 교육 과정을 통해 숙련공을 단기간에 양성해야 했으며, 이 중 상당수는 여성이었다. 용접 및 후판 성형 숙련공 양성을 위한 교육 과정은 이 시기에 개발된 과정을 기반으로 발전되어 오늘날의 교육 과정이 되어 있다.

리버티선은 설계, 생산, 교육 등의 분야에서 현대 조선산업에 매우 큰 영향을 끼친 선박으로, 혁신을 통한 경쟁 우위를 점하기 위해 조선소들은 리버티선 건조 과정의 교훈을 토대로 선박의 표준화, 대형화, 대량 생산, 생산 자동화 등을 적용하기 시작했다.

일본 조선산업, 미국의 유산을 물려받다

리버티선 대량 건조로 대표되는 제2차 대전 중 미국의 조선산업 발전은 전쟁 후 너무나 쉽게 허물어졌다. 짧은 기간에 대량으로 제작된 수송선들은 전쟁 후 축소된 물동량을 고려했을 때 너무 많은 수였고, 이로 인해 새로운 선박을 건조하기보다는 기존에 제작된 수송선을 다른 나라에 매도해야만 하는 상황이었다.

그리스와 이탈리아에서 이 수송선들을 대량으로 매입했고, 이는 아리스토틀 오나시스로 대표되는 오늘날 그리스 대형 해운산업의 시작이 됐다. 또한 여성 비율이 높았던 숙련공들은 전쟁 종료와 급감한 신조 발주로 더 이상 산업에 종사하기 힘든 여건이 됐고, 다수의 조선소들이 문을 닫는 선택을 할 수밖에 없었다. 전쟁 중 전세계 선박의 90%를 생산했던 미국의 조선소들은 1950년대에는 생산 점유율 2% 수준으로 생산량이 크게 하락했다.

[그림 2] 1970년대 일본 조선소 모습
출처 : 마이니치 신문

미국에서 조선소와 해운회사를 운영했던 다니엘 루드윅은 엘머 한과 함께 더 큰 선박을 이용한 장거리 해상 운송의 발전 가능성을 높게 평가해 대형선 건조가 가능한 일본 구레 지역의 조선소를 임대해 사용했다. 미국에서 개발된 설계, 생산 방식을 이 일본의 조선소에 적용해 일본 조선산업의 시초가 됐다.

1951년 일본에서의 조선 사업 시작 후 1952년 38,000톤급, 1954년 45,000톤급, 1958년 100,000톤급 유조선을 건조했고, 각각 그 시대의 세계 최대 선박으로 기록됐다. 이 조선소는 후에 일본 IHI 조선소에 인수되어 현재도 운영 중이다.

미국에서 적용되었던 용접과 블록 생산 방식은 더 큰 규모의 설비를 활용해 더 안전하고 대형화되어 적용됐으며, 항공기 제조 경험으로 얻어진 상세한 도면 작성 및 이를 활용한 생산은 새로운 대형 선박 개발에 큰 도움이 됐다. 또한 용접 방법 개선, 블록 대형화와 상세 도면 작성 등은 세밀한 공정 관리를 가능하게 해 공정 관리를 통한 재료 표준화, 오차 관리, 품질 향상 등이 가능하게 됐다.

20~30톤 수준의 미국 조선소 블록 크기는 일본에서 100~300톤 수준으로 증가했으며, 상세화된 도면과 오차 추정 기술을 활용해 선체와 의장품까지 함께 블록 단계에서 생산하게 됐다. 이 현대화된 설계와 생산 기술을 통해 선박 대형화에 큰 성공을 거뒀고, 1950년 한국전쟁의 후방 효과로 일본의 조선 해운산업은 큰 성장을 했다.

산업의 발전은 대규모 연구 투자로 이어져 벌버스 바우(Bulbous bow, 배의 수면 아래에 혹 모양의 구상돌기를 만든 선수를 말함)와 같은 혁신적인 연구 결과를 만들어 내었고, 차별화된 대형 선박 건조를 가능하게 해 유럽 조선산업의 몰락을 야기시켰다. 이 성공은 2000년대 초반까지 이어져 약 50년 동안 일본 조선산업은 세계 1위의 지위를 누렸다.

한국 조선산업, 세계 1위로 도약하다

조선산업 규모를 평가하는 지표는 수주 또는 건조된 선박의 중량을 기준으로 하는 방법, 고부가가치선 건조를 강조하기 위한 선박의 수주 또는 건조 가격을 기준으로 하는 방법 등 여러 가지가 있다. 1990년대부터 수주된 선박의 총 중량 기준으로 대한민국이 일본을 넘어섰고, 2000년대부터 수주 금액을 기준으로, 즉 고부가가치선을 더 많이 수주해 일본을 넘어섰다고 보는 것이 조선 업계에서의 일반적인 시각이다.

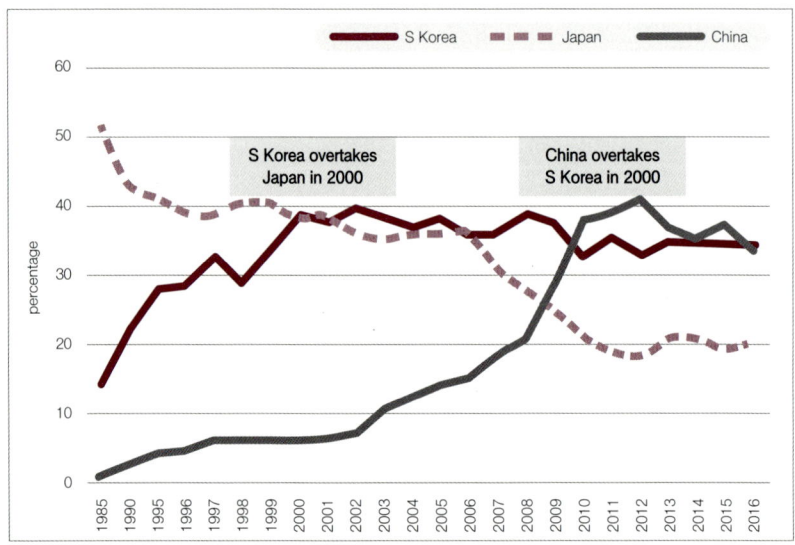

[그림 3] 한중일 조선산업 점유율 출처 : Soo Kee Tan, Race in the Shipbuilding Industry

이 지표들을 잘 조합해 점유율이라는 표현으로 다시 정리하면 [그림 3]과 같다. 1970년대 정부의 중화학공업 육성 정책으로 수주 물량 및 당시 경제 규모와 별개로 조선소는 대형화되어 설비가 건설됐고, 1980년대부터 본격적으로 시작된 수주는 1990년대부터 수주가 크게 증가해

2000년부터 일본을 넘어서게 됐다.

전체적인 산업 발전으로 위험 산업인 조선 분야의 기술발전 및 인재 양성이 저하되기 시작한 일본은 선주의 요구에 대응하기보다는 대형화된 선박을 보다 더 표준화해 시장에 내놨고, 새로운 육성 산업이 된 대한민국의 조선산업은 대규모 설비 확장과 공격적인 인재 양성을 통해 단기간에 높은 수준의 기술과 생산 시설을 보유하게 됐다.

이런 기반은 보다 더 성능이 향상된, 보다 더 안전한, 보다 더 품질이 좋은 선박 생산을 가능하게 했고 세계 1위의 지위를 얻게 됐다. 조선 3사로 불리는 대형조선소 3개사가 세계 조선소 중 1~3위를 기록했고, 세계 상위 10개 조선소에 6개 국내 조선소가 선정되기도 했다.

산업 호황은 인건비 상승과 더불어 대형조선소에 블록 납품을 주로 하던 중소형 조선소의 시설 투자 및 신조 사업 참여를 일으켜 대형조선소들은 중국 생산 설비 투자를 통해 블록 제작을 시작하게 됐다. 2000년대부터 급성장한 중국은 저렴한 인건비를 기반으로 노동집약 산업인 조선산업을 발전시키기 시작했고, 국내 조선 3사의 블록 공장은 생산 기술이 중국에 빠르게 이전되는 데 영향을 미쳤다.

2008년 세계 경제 위기 이후 중국 조선산업은 급성장해 2025년 현재 세계 1위 자리를 유지하고 있다. 대한민국 조선산업은 2018년 이후 LNG

[그림 4] 최고 수준 기술의 집약체인 쇄빙 LNG선 4척 동시 건조와 북극해 운항 모습
출처 : 한화오션

선 등 고부가가치선을 독점적으로 건조해 수주 금액 기준으로 세계 최고 자리를 다시 탈환했고, 대기오염물질 배출 규제로 인한 친환경 선박의 발주는 압도적인 기술 우위를 가진 국내 대형 조선소들이 시장 위치를 지킬 수 있는 밑거름이 됐다.

중국의 거센 도전, 한국 조선산업의 대응책은?

조선산업의 발전은 대규모 산업을 육성해야 가능하다. 신일본제철, 포스코, 바오스틸 등 가까운 거리에서 해상운송을 통한 대형화된 강재를 공급할 수 있는 대형 제철소는 조선산업을 위해서 필수적이다. 무게 500~2000톤, 높이 10~15m 정도 되는 선박 엔진 또한 근거리에 위치한 엔진 제작사가 필요하다. 정밀한 기계 제작품인 대형 엔진을 외부 환경에 노출된 형태의 장거리 해상 운송은 건조 기간과 큰 폭의 건조비용 증가를 야기하기 때문이다.

조선산업과 연관된 이 두 개의 산업에서 높은 기술과 생산 품질을 보유한 제철소와 엔진 제작사는 매우 중요하다. 일본, 대한민국과 달리 중국은 제철소와 엔진 제작사가 세계 최고 수준까지 도달하지는 못하고 있다. 하지만 해외 엔진 개발사인 WinGD 인수 등 산업 발전을 위한 공격적인 투자가 진행 중이다. 다른 산업들과 유사하게 가까운 시일 내에 중국 업체가 세계적인 수준까지 도달할 것이라는 전망은 당연할 것 같다.

MOL(일본), COSCO(중국) 등 대형 해운사들을 보유한 일본, 중국과 달리 우리나라는 해운사의 자국 발주가 많지 않아 조선산업 불황 시기에 버텨낼 수 있는 여력이 일본, 중국 대비 크게 열위에 있는 것도 사실이다. 그림 5에 보이는 것과 같이 2024년 기준 중국의 수주 점유율은 50%

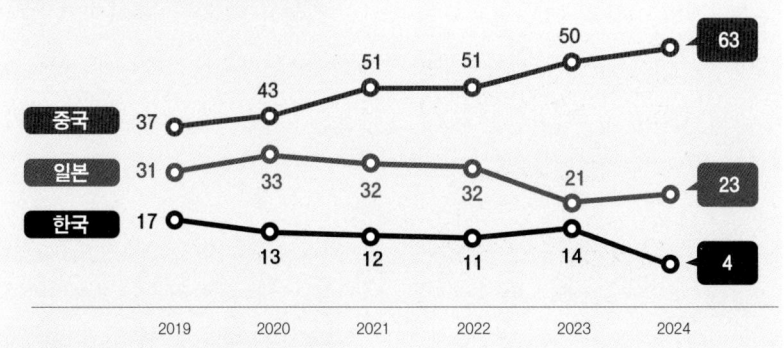

그룹명	2023년 신규 수주량		2024년 3월 기준 수주잔량		국가
	척수	천CGT	척수	천CGT	
1. CSSC(17)	285	8,301	658	23,118	중국
2. HD현대(4)	154	6,993	421	19,237	한국
3. 삼성중공업(1)	27	1,765	140	10,110	한국
4. 한화오션(1)	10	616	104	7,874	한국
5. 양즈장조선(4)	86	2,715	182	6,067	중국
6. 중원해공중공(6)	81	1,907	174	5,780	중국
7. 이마바리조선(10)	78	2,360	148	4,705	일본
8. 초상국중공(5)	78	2,122	153	4,523	중국
9. 신시대조선(1)	39	1,170	92	3,107	중국
10. 피난티에리(11)	19	419	55	2,633	이탈리아
전 세계(301개 그룹)	1901	44,085	4,598	125,876	

[그림 5] 조선산업 국가별 수주 점유율 및 수주 잔량 기준 조선소 순위
출처 : 클락슨리서치 & 머니투데이

를 이미 넘어 63% 수준이고, 세계 1위 조선소 역시 더 이상 대한민국 조선소가 아닌 중국 CSSC다.

조금 자세히 살펴보면 CSSC 2023년 신규 수주량이 285척으로 우리나라 조선 3사를 전부 합친 수준이고, 2024년 기준 수주잔량 또한 우리나라 조선 3사 모두를 합친 물량과 유사한 수준이다.

과거 50% 이상의 시장 점유율을 가졌던 일본은 10%대로 낮아졌고, 대부분의 물량이 자국 해운 선사로부터 수주한 물량으로 알려져 있다. 30~40% 수준의 점유율을 유지 중인 국내 조선소들은 대표적인 고부가가치선인 LNG선 건조로 점유율을 유지 중이나, 중국 해운선사의 발주로 2014년부터 LNG선을 건조 중인 중국 조선소와의 기술격차가 점점 줄어들고 있다.

대기오염가스 배출 기준 강화로 인한 LNG, 메탄올, 암모니아, 수소 등 친환경 연료를 사용하는 대형 선박의 발주 증가는 기술적 우위에 있는 국내 조선소들의 또 다른 시장이 될 것으로 예상되고 있지만, 연료 저장 방식으로 가장 많이 적용될 것으로 예상되는 Type-C 압력용기 형태의 연료탱크 제작이 이미 CIMC 등 중국 독점적 시장으로 형성된 상황으로 향후 매우 어려운 경쟁이 예상되고 있다.

또한 LCO_2선, LH_2선 등 미래 대형 운반선으로 예상되는 선박의 저장 방식도 Type-C 압력용기 형태가 현재 기술로는 가장 일반적인 적용 방법이기 때문에 대형 Type-C 탱크 제작사가 거의 없는 국내 여건을 고려하면 중국과의 경쟁에서 불리한 위치에 있는 것으로 판단된다.

새로운 활로를 찾아서

고부가가치선과 미래 선종 경쟁에서 조금 더 유리한 위치를 점하고자 지속적인 연구 개발이 수행되고 있지만, 중국 내 대규모 자본을 활용한 설비 구축, 시험선 건조 등으로 부정적인 예상이 더 많아지고 있다. 생산공정 최적화 및 생산설비의 자동화 또한 지난 10년간 지속적으로 연구 개발 투자가 진행 중이나, 대형 구조 중량물을 다룰 수 있는 설비 개발의 한계가 있으며 생산성을 높이기 위한 웨어러블 장비들은 더 커질 것으로 예상되는 안전 사고 규모로 인해 적극적인 도입에 어려움이 있다.

대형 해운 선사가 없는 우리나라에서는 일본과 같은 자국 물량을 통한 생존 전략도 어렵기 때문에 다른 방식으로의 생존 전략이 진행 중에 있다.

스마트십 플랫폼, 자율운항 선박 개발 등 IT 기술과 연계된 사업분야로의 진출, 건조 선박 수의 증가와 환경 규제를 만족시킬 수 있는 선박 개조 사업과 맞물린 유지 보수(Maintenance, Repair, Operation/Overhaul) 사업 진출, 중국 조선소의 미개척 영역 중 하나인 FPSO, FLNG 등 대형 해양구조물 건조 사업 강화, 수출형 수중함과 수상함 성능 향상을 통한 방산 사업 강화 등이 추진 중이고 좋은 결실들을 맺고 있지만, 시장 점유율을 높일 수 있는 수준까지는 아직 부족한 것 같다.

인건비 절감을 위해 동남아 등 해외 조선소를 활용한 선박 건조도 검토되고 있으나, 후판, 엔진 등 연관 산업 제작사의 부재로 재료비 상승이 예상되어 긍정적인 검토 결과를 기대하기 어려운 상황이다.

트럼프 시대, 미국과의 협력이 답인가?

앞서 언급되었듯 현대적인 조선산업의 시작은 미국에서 시작되었으나, 세계 대전 후부터 급격히 쇠퇴하기 시작해 일반 상선 건조 분야에서는 존스법에 의한 자국 내 발주 선박 이외에는 존재감을 상실한 상태이고, 설비 노후화와 인력난으로 유지 보수도 적절히 수행되지 못하고 있는 상황이다.

함정 건조 분야 또한 건조비용 증가로 인해 경쟁력을 상실한 상황으로 중국 조선업 성장으로 해군 전력 격차가 위협적으로 좁혀지고 있다는 위기감이 고조되고 있다. 미국 전략국제문제연구소(CSIS)는 중국 조선산업 분석을 통해 아래와 같은 정책을 제안했으며, 트럼프 행정부를 통해 입법 제안 및 행정명령 시행 등이 진행되고 있다.

- 중국 건조 선박 미국 항만 입항 시 차별적 수수료 부과
- 중국 CSSC 조선소 및 자회사에 대한 금융 및 사업 관계 단절
- 중국 조선소 해군 함정 건조 등 군사 목적 활동에 대한 모니터링 및 필요 조치 시행
- 군 연계된 중국 조선소와 동맹국의 관계 축소
- 장기적인 관점에서 미국 내 조선산업에 대한 투자 실시
- 미국 조선산업에 대한 해외 투자 유치 및 파트너들과 경제/안보 관계 강화
- 중국 외 국가들의 조선 경쟁력 확대를 위한 협력

미국 의회도 기존 법률 개정과 함께 '조선 및 항만 인프라법'과 '해군 및 해안경비대 준비태세 보장법' 등 미국 조선산업 지원과 동맹국과의 협력을 위한 신규 법안을 발의했으며, 이 법안에는 동맹국 조선소에서 미 함정을 건조할 수 있도록 하는 예외 규정이 포함되어 있다.

하지만 1920년에 제정된 '존스법'을 통해 조선산업 보호 및 국가 안보에 기여하고 있다는 의견이 아직까지 존재하며, 선박 구성품 비용의 55% 이상을 미국에서 생산/제조할 것으로 요구하는 '미국산 우선 구매법' 등 미국 발주 선박 수주를 위한 적극적인 영업 활동에는 제약이 있는 상황이다.

한국 조선소들의 미국 진출 전략

중국과의 힘겨운 경쟁 중인 국내 조선소들은 생존 전략 중 하나로 미

국과의 협력 사업을 매우 적극적으로 진행할 것으로 예상된다. 대한민국 기업 최초로 2024년 미국 내 조선소를 인수한 한화오션은 월등한 국내 생산 기술을 한화필리조선소에 적용하기 위한 노력을 진행 중이고, HD현대는 미국 최대 방산 조선소인 헌팅턴 잉걸스와 상선 조선소인 에디슨 슈에스트 오프쇼어 등과의 건조 협력 사업을 추진 중에 있다.

상선 및 함정 분야에서 미국의 대량 발주가 예상되고 있지만, 아직까지는 미국 국내법 제·개정 여부, 미국 내 기자재 공급망 미비, 선박 및 기자재에 대한 관세 등으로 인해 불확실성이 높은 상태다.

MASGA 프로젝트와 미래 전망

최근 미국과의 관세 협상 과정 중 MASGA(Make American Shipbuilding Great Again) 프로젝트가 미국 정부에 제안된 상태이며, 실행을 위해 상세 협의가 진행될 예정이다. 미해군 및 해안경비대 함정 시장에서 미 해군력 강화를 위해서는 조선 기술 1위 한국 조선소와의 신조 및 유지 보수에 대한 협력점은 분명히 존재하며, 최근 한화오션의 미해군 군수지원함 및 급유함 유지 보수 사업 수주는 신뢰 구축을 통한 사업 확대에 큰 역할을 할 것으로 예상된다.

상선 분야에서는 노후화된 알로하급 컨테이너선의 교체 수요, 미국 남부 LNG 수출을 위한 LNG 운반선과 알래스카 LNG 프로젝트도 장기적으로 협력 가능 사업이 될 것으로 예상되며, 향후 CO_2 포집 및 저장을 위한 설비 및 운반선 건조 사업도 기대되고 있다.

향후 10~13년간 250~400척 규모의 발주가 예상되고 있지만, 향후 미국 조선산업 육성 계획의 구체화가 필요하며 10년 내 인프라 및 인력 양성

[그림 6] 한화필리조선소 4도크에서 국가안보다목적선박(NSMV: National Security Multi-Mission Vessel)을 건조하고 있다. (출처: 한화오션)

을 통해 발주 물량을 소화할 수 있는 생산 역량 확보가 과제가 될 것으로 예상된다. 한화 필리 조선소는 현재 1~1.5척/년 규모의 생산 능력을 기술 전수와 투자를 통해 10척/년 이상으로 건조 능력을 확대할 것을 중장기 목표로 삼고, 한화오션이 보유하고 있는 세계 최고 수준의 자동화 설비, 스마트 야드, 안전 시스템 등을 도입할 계획이다.

최근 한화오션이 수주한 PC3급 쇄빙 연구선의 선가는 약 2700억원인 반면, 미국 내 발주가 예상되고 있는 미국 해안경비대의 PC2급 쇄빙선의 예상 선가는 약 2조원, PC4급 쇄빙선의 선가는 약 1조원이 넘는 것으로 알려져 있다. 높은 사업적 불확실성에도 불구하고 선가로만 보아도 우리나라 조선소에게는 큰 기회가 될 수 있을 것 같다.

결론적으로, 트럼프 행정부의 재집권으로 촉발된 국제 정세 변화는 한국 조선산업에 기회와 도전을 동시에 제공하고 있다. 중국의 압도적인 성장 앞에서 기존의 기술 우위만으로는 더 이상 경쟁력을 유지하기 어려운 상황이다.

리버티선에서 시작된 현대 조선산업의 혁신 정신을 되새기며, 미국과의 협력, 신기술 개발, 새로운 사업 영역 진출 등 다각도의 생존 전략을 통해 이 격랑의 시대를 헤쳐 나가야 할 때다. 선택의 여지가 많지 않은 현실에서도 철저한 준비와 전략적 사고로 한국 조선산업의 미래를 개척해 나가야 할 것이다.

S
USTAINABILITY

지속가능성

바다 위의 자율주행 혁명

스마트쉽이 그려내는 해상물류의 미래 지도

임도형

HD현대 아비커스 대표 | dohyeong.lim@avikus.ai

HD현대중공업 연구원과 HD한국조선해양 디지털기술연구센터장, 자율운항연구실장을 거쳐 현재 HD현대의 자율운항 전문 자회사 아비커스의 대표를 맡고 있다. 아비커스는 세계 최초로 자율운항 기술을 통해 태평양을 횡단하는 역사적 성과를 달성했으며, 업계 유일의 대형 상선용 자율운항 선박 기술 상용화 기업으로 글로벌 자율운항 기술을 선도하고 있다. 또한 해양수산부, 산업통상자원부와 협력하여 국제해사기구(IMO)의 자율운항 법규 개발에 적극 참여하며 국제 표준 수립에도 기여하고 있다. 조선업계의 풍부한 현장 경험과 첨단 자율운항 기술 개발을 통해 해상물류의 미래를 설계하는 혁신가이자 기술 리더다.

바다가 왜 물류의 왕일까?

지금 이 순간에도 전세계 무역 화물의 80% 이상이 바다를 통해 움직이고 있다. 왜 하늘을 나는 비행기도 있고, 땅 위를 달리는 기차와 트럭도 있는데 굳이 바다일까? 답은 놀랍도록 단순하다. 효율성이다.

비행기를 생각해보자. 무거운 동체를 하늘에 띄우려면 출력 밀도가 가장 높은 고가의 터빈이 필요하고, 옥탄가가 가장 높은 항공유를 써야 한다. 반면 선박은 저절로 물에 떠오르고, 추진을 위해서는 최소한의 에너지만 있으면 된다. 고철 가격에 가까운 비용으로 제작되는 디젤엔진(효율 약 50%)을 기반으로 원유에 가까운 HFO(Heavy Fuel Oil, 중유)를 연료로 사용한다. 그 결과 비행기 대비 약 1,000배의 비용 효율성을 갖는다.

현재 가장 큰 컨테이너 운반선은 20피트짜리 컨테이너를 2만 2천 개 이상 실을 수 있다. 이 컨테이너들을 일렬로 나열하면 서울에서 대전까지 이어진다. 이것이 바로 선박이 운송수단으로서 지닌 압도적인 수송 능력이다.

바다 위에도 변화의 바람이 분다

하지만 이런 해상물류산업도 오늘날 새로운 도전에 직면하고 있다. 선원 수 부족, 환경 규제 강화, 디지털 전환의 필요성, 지정학적 리스크, 공급망 불안정 등이 그것이다. 그리고 이 모든 문제에 대한 해답 중 하나로 '자율운항 선박'이 주목받고 있다.

자율운항 선박이란 인공지능(AI), 사물인터넷(IoT), 빅데이터, 센서 등 첨단 디지털 기술을 활용해 사람의 개입을 최소화하거나 없이도 스스로 운항할 수 있는 선박을 말한다. 자동차 산업의 자율주행차, 항공 산업의 무인 드론에 이어 해운 산업에서도 이러한 혁신이 등장한 것이다.

일부 전문가들은 자율운항 선박 기술이 "컨테이너의 등장 이후 50년 만에 가장 큰 물류 혁신"을 가져올 것으로 전망하기도 한다.

테슬라가 보여준 미래의 청사진

자율운항 선박을 이해하려면 먼저 자동차 산업의 변화를 살펴봐야 한다. 2000년대 초반 자동차 산업에서는 ADAS(Advanced Driver Assistance System, 주행 보조 시스템)가 차간 거리 유지, 비상 정지, 차선 유지 등의 기능으로 안전성과 편의성을 제공하며 대부분의 신차에 적용되었다.

특히 딥러닝 기술의 보편화로 ADAS 성능이 비약적으로 향상되었고, 테슬라는 자율주행 하드웨어와 소프트웨어에서 독보적인 기술력을 바탕으로 End-to-End AI 기반의 자율주행 기술을 개발했다. 이로 인해 테슬라는 전세계 시가총액 1위라는 높은 시장 가치를 인정받았다. 한때 전세계 자동차 기업의 시가총액을 모두 합한 것보다 높았던 적도 있으며, 지금도 시총 2위에서 10위의 주요 자동차 업체 가치를 모두 합한 것보다 높다.

8개의 카메라와 End-to-End 딥러닝 기술만으로 구축한 테슬라의 자율주행 기술은 거의 완성 단계에 이르렀다. 이러한 기술 발전은 가까운 미래에 자동차 산업, 더 나아가 육상 물류의 모습을 혁명적으로 변화시킬 것이다.

우리나라 자동차 1위 기업인 현대차 그룹은 전기차 전략과 브랜드 혁신 등으로 세계 3위 수준의 매출을 달성했음에도 불구하고, 그에 걸맞은 시장 가치를 인정받지 못하고 있다. 많은 사람들이 꼽는 주요 원인은 '자율주행 경쟁에서 뒤처졌다'는 점이다.

이는 자동차 기업의 가치가 더 이상 차량 디자인의 혁신성이나 엔진 성능·품질에 의해 좌우되지 않는다는 것을 의미한다. 이미 상향 평준화된 자동차 플랫폼 위에 구축되는 자율주행 하드웨어·소프트웨어 플랫폼과 데이터 기반 AI 소프트웨어 성능이 새로운 기준이 된 것이다.

AI 기술의 발전과 타 분야로의 확장 속도는 놀라울 정도로 빠르다. 특히 최근 로보틱스 기술 분야의 진보가 두드러진다. LLM(Large Language Model) 기반의 인간과의 의사소통 능력, AI 파운데이션 모델 기반의 통합 인지·판단·제어 성능, 그리고 물리 AI 학습 플랫폼 기반의 빠른 학습 속도에 힘입어, 과거에는 수십 년이 걸릴 것으로 예측되었던 휴머노이드 로봇의 상용화 시대가 머지않았다는 평가가 나오고 있다.

예를 들어, 테슬라의 옵티머스 로봇은 올해 안에 약 5,000대가 테슬라 생산 공장에 투입될 예정이며, 가격은 3,000만원대 수준이다. 휴머노이드 로봇의 양산화는 생산 현장, 물류, 가정 등 다양한 분야로 급속히 확산되어 우리의 생활을 근본적으로 변화시킬 것으로 전망된다.

자동차 자율주행 기술과 휴머노이드 로봇에서 검증된 AI 알고리즘, 특히 딥러닝과 머신러닝 기술은 자율운항 선박의 환경 인식, 경로 계획, 충돌 회피에 직접 적용할 수 있다. LLM 기반 커뮤니케이션, AI 파운데이션 모델, 물리 AI 학습 플랫폼은 자율운항 선박의 인지·판단·제어 시스템 개발에 중요한 참고가 된다.

또한 레이더, LiDAR, 카메라, GPS, IMU 등 센서의 정밀도 향상은 복잡한 해양 환경에서도 정확한 데이터 수집을 가능하게 한다. 이러한 기술들은 선박뿐만 아니라 농기계, 도심 항공 모빌리티(UAM) 등 다양한 산업으로도 확장되고 있으며, 자율운항 선박의 상용화 속도를 더욱 가속화할 잠재력을 지니고 있다.

자동차 자율주행 기술의 상용화에 약 20년이 걸린 반면, 자율운항 선박은 육상에서 이미 검증된 기술을 활용하고, 급속도로 발전하는 인공지능 기술의 지원을 받아 초창기 자율주행 자동차보다 훨씬 더 빠르게 상용화될 것으로 예상된다.

현실적인 상용화 전략: 단계별 접근

자율운항 기술이 빠르게 상용화될 것이지만, 어느 날 갑자기 전세계 모든 선박이 무인선박으로 전환될 가능성은 없다. 자율운항 선박의 상

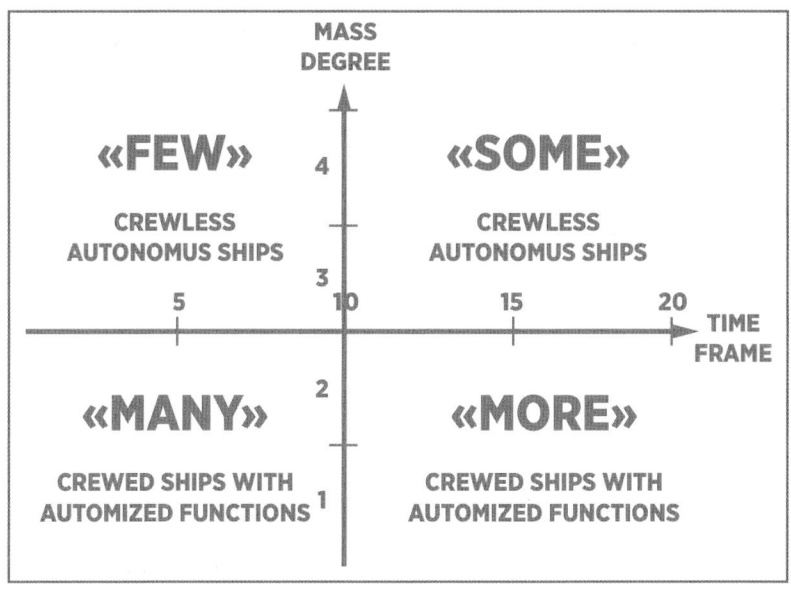

[그림 1] 자율운항 선박의 상용화 방향 전망 출처: IALA Report 2024

용화와 고도화를 위해서는 점진적인 접근이 필요하다.

처음부터 높은 자율도(레벨 3 이상)를 목표로 하면 기술적 완성도, 경제성, 법규, 보험, 제조물 책임, 이해관계자 수용 등 복합적인 문제를 해결해야 하므로 상용화 시점이 지연될 수 있다.

국제해사기구(IMO)는 2026년 자율운항 선박 관련 비강제 규정을 마련하고, 2032년 강제 규정 발효를 목표로 법률을 제정하고 있다. 이는 곧 2032년 이후에나 레벨 3 이상의 자율운항 선박 상용화가 가능하다는 의미이다.

국제항로표지협회(IALA) 역시 향후 20년 내 대부분의 선박이 여전히 사람에 의해 운항될 것이며, 무인 선박은 특수 목적선에 한정될 것이라고 전망한다. 다수의 선사들도 이와 유사한 견해를 보이고 있다.

따라서 조선·해운 업계는 레벨 2 이하의 항해 보조 시스템을 조기에 상용화하여 기술과 경험을 축적한 뒤, 점진적으로 자율도를 높이는 전략이 바람직하다. 이는 마치 낮은 단계의 자율주행 시스템이 안전·편의·경제성 측면에서 충분한 고객 가치를 제공하며 시장에 보편화되고, 축적된 실적과 데이터에 기반해 보다 높은 단계의 자율주행 솔루션이나 로보택시가 도입되는 것과 같은 이치다.

낮은 단계의 자율운항 시스템 도입은 기술적 안정성과 시장 수용성을 확보하는 데 필수적이며, 이는 자동차 자율주행 기술의 점진적 발전에서 얻은 중요한 교훈을 반영한 접근이다.

바다가 직면한 4가지 위기

1. 선원이 부족하다

글로벌 해상물류는 숙련된 선원 부족이라는 심각한 인력난에 직면해 있다. 국제해운회의소(ICS)와 발틱국제해사회의(BIMCO)의 보고서에 따르면, 2025년까지 약 15만 명의 선박 장교급 인력이 부족할 것으로 예상되며, 이는 전세계 선원 수요의 약 20%에 해당한다.

특히 필리핀은 하급 선원의 30%를 공급하지만 해사학교 지원자가 1/3 부족하며, 일본 내항선은 50세 이상 선원이 50% 이상, 60세 이상이 30%를 차지하는 등 고령화가 심각하다. 코로나19 팬데믹 기간 동안 선원 교대 위기와 이동 제한은 인력 부족이 공급망 리스크로 이어질 수 있음을 보여주었다.

자율운항 선박은 이러한 문제를 해결하는 핵심 솔루션이다. 현재 대형 상선에 20~30명이 승선하지만, 자율화 및 자동화 시스템 도입으로 선박에서 필요한 인원을 대폭 줄여(예를 들면 5~10명 수준) 인력난을 완화하고 선박의 운영 비용을 크게 절감할 수 있다.

2. 인간의 실수가 너무 많다

통계에 따르면 해상 사고의 약 80%가 인적 과실에 의해 발생한다. 특히 선박의 견시시스템은 자동화가 되어있지 않으며 전적으로 사람에 의존하는 문제가 있다. 365일, 24시간 사람에 의해 견시한다는 것은 필연적으로 인적과실에 의한 사고를 내재하고 있다.

이렇게 발생한 해양사고는 막대한 경제적 손실과 환경 오염을 초래한다. 대표적으로 2021년 수에즈 운하 사고는 하루 약 1조원의 손실을 초래했고, 2024년 볼티모어 다리 붕괴 사고는 4~5조원의 피해를 낳았다. 이러한 대형 사고는 글로벌 공급망에 심각한 영향을 미치며, 해양 오염 같은 부수적 피해를 동반한다.

자율운항 선박은 AI 기반의 환경 인식, 경로 계획, 충돌 회피 기술을 통해 인적 오류를 최소화하고, 신뢰성 높은 운항으로 안전성을 강화한다.

3. 환경 규제가 강해진다

해운 산업은 전세계 온실가스 배출의 약 2~3%를 차지하며, 운송 분야에서 13%를 담당한다. 국제해사기구(IMO)는 2018년 온실가스 감축 전략을 통해 2050년까지 2008년 대비 연간 배출량을 최소 50% 감축하고, 2030년까지 탄소집약도를 40% 개선하며, 2023년에는 2050년 탄소 순배출량 제로(Net-Zero)를 목표로 수정 전략을 논의했다.

유럽연합은 2024년부터 해운을 EU-ETS(탄소배출권 거래제)에 포함시켜 탄소세를 부과하며, IMO의 MEPC 83차 회의는 온실가스연료집약도(GFI)에 따른 탄소배출권 구매를 의무화했다.

여기서 주목할 점은 탄소 비용의 크기다. 선박이 1년간 쓰는 비용 중

절반이 선박의 연료비인데, 선박의 수명을 25년으로 가정해서 2025년부터 2050년까지 선박을 운영한다고 가정하면 탄소비용은 연료비의 4~5배를 넘는 것으로 계산된다. 연료소모를 5% 줄일 수 있는 기술이 있다면 이 기술의 가치는 기존에 비해 4~5배의 가치를 갖게 된 것이다.

선박 연료 소모는 대체로 선박 속도의 세제곱에 비례한다(선속을 2배로 높이기 위해서는 8배의 연료를 소모해야 한다). 저속 운항이 배출 저감의 제일 효과적인 방법이지만, 물류 정시성을 위해 적정 속도가 필요하다.

자율운항 선박은 Just-in-time 도착 전략과 바람, 파도, 해류를 고려한 최적 항로 및 속도 운항을 자동화하여 연료 소비와 탄소 배출을 최소화한다.

4. 공급망이 불안정하다

2020년대 초 코로나19로 인한 항만 봉쇄, 선복 부족, 운임 폭등, 2021년 수에즈 운하 마비 사태는 해상물류망의 취약성을 드러냈다. 미·중 무역분쟁, 지역 분쟁으로 인한 항로 변경, 항만 적체 등 지정학적 리스크도 공급망 불안정성을 가중시킨다.

자율운항 선박은 선원 부족, 해상 사고, 환경 규제, 공급망 불안정성이라는 글로벌 해상물류의 주요 도전을 해결하는 핵심 기술이다. 인력난을 완화하고 운영 비용을 절감하며, 인적 오류를 줄여 안전성을 높이고, 최적 항로와 Just-in-time 전략으로 연료 효율성과 친환경성을 동시에 달성한다.

자율운항 선박의 발자취

자율운항 선박에 대한 업계의 관심과 기대는 높지만, 상용화 속도는 육상의 자율주행 기술에 비해 훨씬 뒤처져 있다. 이는 조선·해운 시장이 자동차 시장에 비해 규모가 훨씬 작고, 기술적 특성 역시 크게 다르기 때문이다.

자율운항 선박 개념은 2010년대 초반 유럽연합(EU)의 MUNIN 프로젝트에서 처음 연구되었으며, 2020년대 들어서야 본격적인 상용화가 시작되었다. 이는 자율주행 자동차가 2000년대 초반 ADAS를 도입하며 상용화를 시작한 것보다 약 20년 늦은 출발이다.

[그림 2] 자율운항 선박 기술의 역사

주요 개발 프로젝트들

- MUNIN 프로젝트 (2012~2015): 유럽연합의 지원으로 시작된 MUNIN (Maritime Unmanned Navigation through Intelligence in Networks) 프로젝트는 자율운항 건조 화물선의 개념을 최초로 체계화한 기념비적 프로젝트

다. 충돌 회피, 원격 운영, ICT 아키텍처 개선 등 핵심 기술을 개발하며 자율운항의 기술적 가능성을 입증했다.

- **Yara Birkeland 프로젝트 (2017~2022)**: 노르웨이의 Yara International과 Kongsberg가 협력하여 개발한 세계 최초의 전기 및 자율운항 컨테이너 선박인 Yara Birkeland는 2022년 상용 운항을 시작했다. 이 선박은 배터리와 전기모터를 활용해 탄소 배출을 제로화하며, GPS, 레이더, 카메라, 센서를 통해 장애물 회피와 자율 도킹을 구현한다.
- **Meguri2040 프로젝트 (2020~현재)**: 일본재단이 주도하는 Meguri2040 프로젝트는 2025년까지 완전 자율운항 선박의 상용화를 목표로 한다. 2022년에는 200미터 길이의 대형 페리에서 자율운항 시험을 성공적으로 완료하며, 자동 도킹과 최적 경로 운항 기술을 실증했다.
- **KASS 프로젝트 (2020~현재)**: 한국의 자율운항선박기술개발사업(KASS, Korean Autonomous Surface Ship)은 실시간 해양 상황 인식과 지능형 경로 계획 기술 개발에 중점을 둔다. 24미터급 시험 선박을 통해 기술 검증을 진행하며, 사고 예측 및 진단, 원격 지원 기술을 포함한 자율운항 시스템을 개발하고 있다.

세계 각국의 경쟁 현황

- **유럽**: 유럽은 항해 기자재 업체와 정부의 협력을 통해 자율운항 기술 개발과 표준화를 주도하고 있다. 노르웨이는 Kongsberg와 Yara International의 협력으로 Yara Birkeland를 상용화하며 선도적 위치를 확보했다. Kongsberg는 2018년 롤스로이스의 상선 부문을 인수하며 무인 선박 시장을 선점하고, Adaptive Transit 및 Auto-docking 기술로

연료 절감과 탄소 배출 저감을 실현했다.
- **일본**: 일본은 Meguri2040 프로젝트를 통해 상선 분야 자율운항 기술을 선도하며, 2025년까지 완전 자율운항 상용화를 목표로 한다. Nippon Foundation의 지원 아래, 대형 페리와 화물선에서의 자율운항 시험을 성공적으로 수행했으며, 항해 기자재 리더십을 활용해 국제 표준화를 추진하고 있다.
- **중국**: 중국은 군사 분야의 해상 무인 드론 기술을 바탕으로 자율운항 상선 개발에 진출하고 있다. COSCO와 같은 국유 선사는 자율운항 기술 도입을 검토하며, 스타트업과 협력해 센서 및 AI 기술 개발에 주력하고 있다.
- **미국**: 미국은 군사 중심의 자율운항 드론 기술에서 강점을 보이며, 상선 분야에서는 스타트업이 기술 개발을 주도한다. 미국은 자율운항 선박의 사이버 보안과 IoT, 빅데이터 기술에 초점을 맞추며, 상용화보다는 기술 혁신과 군사적 활용에 우선순위를 두고 있다.
- **한국**: 한국은 대형조선소와 아비커스가 자율운항 기술 개발을 주도하며, KASS 프로젝트를 통해 실증과 표준화를 추진하고 있다. 아비커스는 HiNAS를 통해 상선과 레저보트에서 자율운항 기술을 상용화하며, 2022년 세계 최초의 자율운항 태평양횡단을 성공적으로 수행했다.

자율주행과 자율운항, 비슷하지만 다른 세계

자율주행 자동차와 자율운항 선박은 기본적으로 인지, 판단, 제어라는 세 단계의 기술적 구조를 공유한다. 두 기술 모두 다양한 센서를 통해 주변 환경을 인식하고, 그 데이터를 바탕으로 최적의 경로를 계획하며, 이후 정밀한 제어 기술을 통해 계획된 경로를 따라 움직인다. 즉, '주변을 인식하고, 최적의 결정을 내리며, 그것을 실행한다'는 점에서는 동일한 원리에 기반한다.

그러나 이 공통된 구조가 실제로 구현되는 환경은 매우 다르다. 자율주행 자동차는 차선, 신호등, 표지판 등으로 잘 구조화된 도로 위에서 운행한다. 이러한 체계적인 신호와 규칙 덕분에 자동차의 인지와 판단은 비교적 명확한 기준 위에서 이루어질 수 있다.

반면 자율운항 선박은 바다라는 비구조화된 공간에서 작동한다. 해상에는 차선이 없고, 시시각각 변하는 바람과 파도, 조류, 기상 상황이 항해에 직접적인 영향을 미친다.

선박은 자동차와 달리 브레이크가 없어 정지 거리가 길고, 방향 전환에도 수십 초가 걸리기 때문에 훨씬 더 먼 거리에서 작은 장애물까지 탐지하고 대응해야 한다. 더 나아가, 해류와 바람, 파도가 끊임없이 작용하기 때문에 선박은 제자리에 가만히 머무르는 것조차 어렵다.

실제로 선박을 정해진 위치에 고정하는 기술인 Dynamic Positioning(DP) 시스템이 업계에서 매우 고난도의 기술로 인정받는 것도 이 때문이다. 자동차에게는 정차가 기본 기능인 반면, 선박에게는 정지 자체가 기술적으로 큰 도전인 셈이다.

단계별로 살펴보는 기술적 차이

- **인지 단계**: 자동차는 카메라와 레이더, LiDAR로 차선과 차량, 보행자를 비교적 안정적으로 인식할 수 있다. 그러나 해상에서는 안개와 폭우가 시야를 가리고, 높은 파도가 카메라의 탐지 범위를 제한한다. 또

한 수평선까지 확장된 개방된 환경에서는 작은 부유물이나 소형 어선을 조기에 구별해내는 것이 큰 과제로 남는다.
- **판단 단계**: 자동차는 도로 규칙과 신호 체계라는 명확한 기준 속에서 경로를 계획할 수 있지만, 선박은 COLREGs라는 국제 충돌방지 규칙을 지키면서도 복잡한 상황을 실시간으로 해석해야 한다. 특히 항만이나 협수로처럼 선박이 밀집한 구역에서는 정밀한 판단이 요구된다. 수심 정보가 부정확하거나 해도의 오차가 존재할 때는 경로 계획의 위험이 더 커진다.
- **제어 단계**: 자동차는 밀리초 단위로 빠른 조향과 제동이 가능하지만, 선박은 큰 관성과 느린 응답성 때문에 방향을 바꾸거나 속도를 줄이는 데도 긴 시간이 필요하다. 여기에 바람과 파도, 조류가 끊임없이 영향을 주기 때문에 단순한 제어 알고리즘으로는 안정적인 항해가 어렵다.

결국 자율운항 선박은 자동차와 같은 기본 원리를 공유하지만, 해양이라는 특수하고 불확실한 환경으로 인해 인지, 판단, 제어 모든 단계에서 훨씬 높은 난이도를 가지게 된다.

바다 위의 똑똑한 두뇌: 자율운항 시스템의 구성

자율운항 선박은 말 그대로 "바다 위의 지능형 시스템"이다. 거대한 선박이 파도와 바람, 조류 같은 힘을 이겨내고 목적지에 도달하려면, 주변을 살피는 감각과 상황을 판단하는 능력, 그리고 실제로 선박을 움직이는 제어 과정이 끊김 없이 이어져야 한다. 선박은 먼저 자신의 상태와 주변 환경을 모니터링하고, 목적지까지 갈 수 있는 항로를 계획한다. 항해 도중에는 센서를 통해 더 정밀하게 상황을 파악하고, 국제 규칙에 맞는 결정을 내린 뒤 방향타와 엔진을 정밀하게 제어한다. 각 단계는 따로 작동하면서도 서로 연결되어 있어, 한 부분에 문제가 생기면 다른 부분이 보완하도록 되어 있다. 이런 순환 구조가 복잡한 바다에서도 안전을 지켜주는 힘이 된다.

운항 모드는 상황에 따라 네 가지로 바뀐다. 시스템이 켜지거나 정해진 영역(ODD)을 벗어나면 모니터링 모드가 활성화되어 기본적인 감시와 경고 기능을 수행한다. 정상 항해에서는 추천 모드가 작동해 회피 방법이나 속도 조정, 항로 수정안을 제시하고, 최종 결정은 선원이 내린다. 문제가 없으면 자동 운항 모드로 전환되어 계획된 항로와 속도를 스스로 따른다. 만약 충돌 위험이 감지되면 충돌 회피 모드가 즉시 개입해 국제 규칙에 맞게 새로운 경로를 찾고, 위험이 해소되면 다시 자동 운항 모드로 돌아간다. 중요한 점은 이 시스템이 사람을 완전히 대신하기보다는, 상황에 따라 "도와주고, 대신 맡아주고, 다시 돌려주는" 협력 구조를 만든다는 것이다. 사람은 규범과 맥락 판단에 강하고, 기계는 감시와 계산, 정밀 제어에 강하기 때문에 서로 보완하는 관계를 이룬다.

하드웨어는 감각, 연산, 통신, 항법, 구동의 다섯 층으로 이루어져 있다. 레이더와 카메라, LiDAR(Light Detection And Ranging), Sonar(Sound Navigation And Ranging), AIS(Automatic Identification System) 등 여러 센서가 다양한 데이터를 만들면, 고성능 연산 장치가 이를 실시간으로 통합한다. 연산 과정에서는 빠른 처리가 중요하기 때문에, 큰 계산이 필요한 모델은 경량화해야한다. 통신은 위성, 지상망, 해상 전용 통신망을 조합해 원격 관제와 데이터 공유를 지원한다. 항법은 GPS와 IMU(Inertial Measurement Unit), 전자 나침반, 전자해도를 함께 사용해 정밀도를 확보하며, GPS 신호가 약할 때는 관성항법과 지도 일치 기능이 보완한다. 구동은 오토파일럿과 추진 제어장치가 바람과 파도 같은 외부 힘을 보정하며 목표 항로를 따른다. 전원 이중화와 네트워크 분리, 보안 모듈은 시스템 전체의 안정성을 유지한다.

소프트웨어는 하드웨어를 하나의 두뇌처럼 묶어준다. 인지 영역에서는 여러 센서를 융합하고, AI 모델이 선박·부표·장애물을 식별한다. 여기서 중요한 것은 잘못된 경보와 놓친 경보의 균형이다. 경보가 너무 많으면 운항이 불안정해지고, 경보가 빠지면 안전이 위협받기 때문에 지속적인 학습과 보정이 필요하다. 의사결정 영역에서는 다양한 알고리즘과 AI가 연료 효율, 도착 시간, 안전을 고려해 최적의 항로를 선택한다. 충돌 회피는 국제 규칙을 철저히 지키면서도 상대 선박의 움직임을 예측해 자연스럽게 회피할 수 있도록 설계된다. 제어 영역은 제어 알고리즘을 통해 선박의 움직임을 안정화하고 외부 힘을 보상한다. 통신·운영 영역은 경보 관리와 원격 관제 연결, 데이터 전송을 담당하고, 안전·보안 영역은 이상 탐지와 암호화, 침입 방지 기능을 갖는다. 사용자 인터페이스는 선원이 쉽게 이해할 수 있도록 단순하고 명확하게 설계되며, OTA 업데이트를 통해 기능이 지속적으로 개선된다.

통합의 관점에서 HD현대 아비커스의 HiNAS(Hyundai Intelligent Navigation Assistant System)**는** 선박 내부와 육상, 클라우드를 매끄럽게 연결한다. 선내에서는 전자해도와 연동해 계획과 실시간 위치, 회피 결과가 하나의 화면에 표시된다. 육상 관제센터는 선박의 상태를 살피고, 비상 상황에서 개입할 수 있다. 클라우드에서는 기상과 해류, 항만 상황을 분석해 선대 전체의 효율을 높이는 전략을 계산한다. 이런 연결 구조는 연료 절감, 정박 대기 시간 단축, 탄소 배출 감소로 이어진다.

도전 과제도 여전히 많다. 첫째, 센서 융합은 바다 특유의 난반사와 노이즈를 처리해야 하는 어려움이 있다. 둘째, 사이버 보안은 GPS 위조나 해킹 같은 공격으로부터 안전을 보장해야 하는 중요한 과제다. 셋째, 바람과 파도 같은 외부 힘에 대응하는 정밀 제어 기술도 필요하다. 넷째, 법적 책임과 규제 문제는 자율운항이 고도화될수록 더 복잡해진다. 마지막으로 경제성도 중요하다. 초기 설치 비용이 크지만, 연료와 탄소, 보험료와 사고 위험 감소 효과가 누적되면 충분히 설득력을 가질 수 있다.

예를 들어 맑은 날 공해상에서 자동 운항 모드로 항해하던 선박이 있다고 하자. 이때 전방 4해리 지점에서 소형 어선이 AIS에는 잡히지 않고 레이더에도 희미하게 보인다. 하지만 카메라와 열화상 센서가 이를 탐지하고, 센서 융합으로 신뢰도가 올라간다. 위험도가 기준치를 넘으면 충돌 회피 모드가 즉시 작동해 국제 규칙에 맞는 회피 경로를 계산한다. 제어 시스템은 바람과 파도의 영향을 보정하면서 선박을 부드럽게 움직이고, 위험이 지나가면 다시 원래 항로로 복귀한다. 항해가 끝나면 모든 데이터는 클라우드로 전송되어 분석과 재학습에 활용되고, 다음 항차에서는 시스템이 조금 더 똑똑해진다.

결국 자율운항은 "사람 없는 바다"를 목표로 하는 기술이 아니라, "사람이 더 안전하고 효율적으로 일하도록 돕는" 기술이다. 지금의 레벨 1~2 단계만으로도 연료 절감과 안전 향상이라는 의미 있는 성과가 나타나고 있다. 앞으로 표준 정립과 데이터 축적, 지속적인 업데이트가 이어지면 더 높은 단계의 자율로 자연스럽게 발전할 것이다. 바다 위의 물류 혁명은 단 한 번의 거대한 사건이 아니라, 매 항차마다 이루어지는 작은 개선이 쌓여 만들어진다. 그 변화의 중심에서 HiNAS는 선박의 감각과 판단, 제어를 하나로 묶어 바다의 새로운 기준을 만들어가고 있다.

HiNAS가 보여주는 자율운항의 현실

1. 360도로 바라보는 똑똑한 눈

자율운항 선박의 핵심 기능 중 하나는 전방 및 주변 환경을 실시간으로 인식하여 충돌 위험을 평가하고 안전한 항해를 보장하는 것이다. 이를 위해 HiNAS는 다양한 센서를 통합하여 해상 환경의 복잡성을 극복한다.

HiNAS는 레이더, AIS(Automatic Identification System), 전자광학(EO) 및 적외선(IR) 카메라, 전자해도(ENC)를 활용해 선박 주변의 다른 선박, 부표, 해양 구조물, 수심, 기상 조건 등을 종합적으로 분석한다.

그러나 각 센서는 고유한 한계를 지닌다. 예를 들어, AIS는 다른 선박의 위치, 속도, 항로 정보를 제공하지만 업데이트 주기가 10초 이상으로 실시간성이 부족하며, 소형 어선이나 레저보트는 탐지하지 못할 수 있다. 레이더는 장거리 탐지(10㎞ 이상)에 유리하지만, 안개나 폭우 같은 악천후와 주파수 특성에 따라 성능이 저하되고, 근거리 소형 물체 탐지에 한계가 있다.

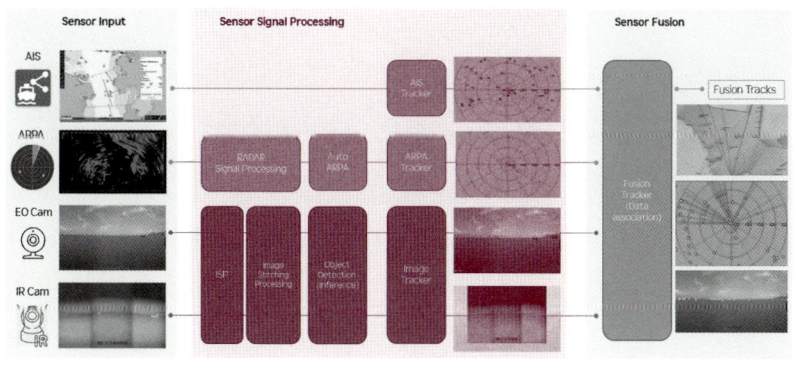

[그림 3] 통합 상황인지를 위한 센서융합 기술 그림

[그림 4] 카메라와 인공지능 기술을 이용한 자동 타선 인지기술

HiNAS는 이러한 한계를 극복하기 위해 센서 융합 기술을 적용한다. Kalman Filter와 Particle Filter 같은 알고리즘을 통해 센서 데이터를 통합하고, 딥러닝 기반의 객체 탐지 모델(CNN)을 활용하여 AIS로 탐지되지 않는 소형 선박이나 부표를 카메라로 식별한다.

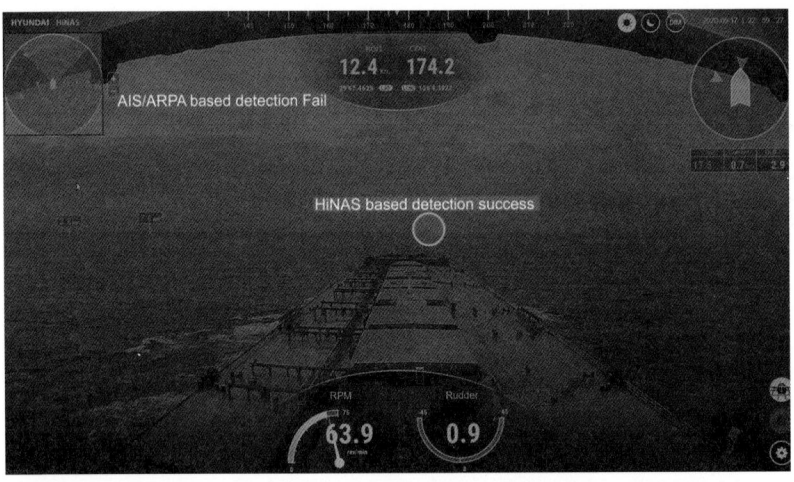

[그림 5] AIS로 탐지가 불가능한 선박을 자율운항시스템으로 탐지한 사례

HiNAS는 AIS로 감지되지 않는 소형 선박을 카메라와 AI로 탐지하여 충돌 위험을 사전에 경고한 사례를 통해 센서 융합의 효과를 입증했다.

2. 주변을 살피는 감시 시스템

선박 주변 모니터링은 자율운항 선박이 운하 통과, 좁은 수로 항해, 접안 및 출항 같은 복잡한 상황에서 안전성을 확보하는 데 필수적인 기능이다.

[그림 6] 선박 Surround view 시스템의 구현 예

HiNAS의 SVM(Surround View Monitoring) 시스템은 다중 카메라(EO/IR)를 활용하여 선박 주변 360도 환경을 실시간으로 시각화하며, AI 기반 객체 인식 기술로 다른 선박, 장애물, 잠재적 위험(무장 강도, 밀항자, 밀수)을 감지한다.

실제 사례로, 싱가포르 근처에서 HiNAS SVM은 밀항 시도를 사전에 탐지하여 보안 조치를 가능하게 했으며, 그물 손상이나 타 선박과의 충돌 관련 영상을 기록하여 법적 증거로 활용했다.

3. 최적 항로와 스스로 피하는 기술

최적 항로 계획, 자율항해와 충돌 회피는 자율운항 선박의 경제성과 안전성을 동시에 달성하는 핵심 기능이다.

[그림 7] HiNAS Control 사용자 화면

　　HiNAS Control은 항로계획, 자율항해, 충돌회피가 가능한 올인원 솔루션이다. 먼저 기상 정보(바람, 파도, 조류), 선박 동역학(속도, 관성), 연료 효율, 예상 도착 시간(ETA)을 종합적으로 고려하여 ECDIS와 연동된 최적

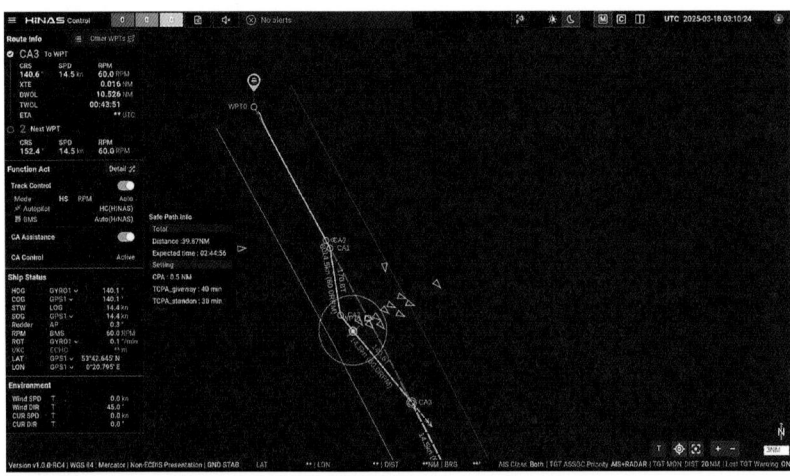

[그림 8] HiNAS의 충돌회피 기능을 이용한 Solong호 충돌회피 시뮬레이션

항로를 계획한다.

HiNAS Control은 스스로 위험을 인지하여 충돌회피 경로를 생성하고 충돌회피 제어까지 수행한다.

바람, 파도, 해류를 고려한 최적항해는 선박, 프로펠러, 엔진 동특성과 효율을 실시간으로 고려하여 항로와 엔진 속도를 최적화해주는 원리다.

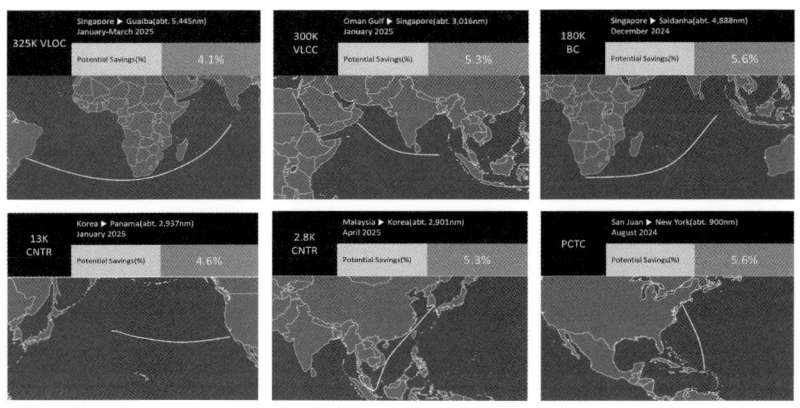

[그림 9] HiNAS Control 연료절감 실증 테스트 결과

특히 브라질-중국 간 325k VLOC(초대형 광석 운반선)에 설치된 HiNAS Control은 한 달간의 항해에서 자율 운항을 수행했다. 항해사들은 HiNAS가 ETA를 충족하면서 안전성과 편리성을 제공한다고 평가했으며, 운항 조건에 따라 5~25%의 연료 절감을 달성했다.

예를 들어, 15k 컨테이너선(일일 연료 소비량 135톤, 연간 200일 운항 기준)에서 5% 연료 절감 시 연간 약 80만달러의 연료비와 10만유로의 EU ETS 탄소세를 절감할 수 있으며, CII(Carbon Intensity Indicator) 등급이 1등급 향상되어 환경 규제 대응에도 기여한다.

바다 위의 자율주행 혁명　267

4. 클라우드로 관리하는 선단

[그림 10] 실시간 영상기반의 선단관리 시스템 HiNAS Cloud

육상 선대 관리 솔루션은 자율운항 선박의 운영 효율성과 안전성을 극대화하는 클라우드 기반 솔루션이다. HiNAS Cloud는 선박에 설치된 HiNAS의 영상과 데이터를 이용하여 육상관리자가 HiNAS가 설치된 선단 전체를 실시간으로 관리하는 툴이다.

실시간 전방 파노라마와 Top view 영상을 제공하며, 선박의 안전 점수, 연료 소비, 온실가스 배출량(GHG), ETA를 시각화한다. Fleet Dashboard는 선단 전체의 상태를 한눈에 확인할 수 있는 대시보드를 제공하며, Video Recording & Replay 기능은 중요한 사건을 기록하고 재생하여 사고 분석과 법적 증거로 활용한다.

5. 현재의 한계와 미래의 가능성

HiNAS는 IMO 레벨 1~2의 낮은 단계 자율운항 시스템으로, 완전 자율운항(레벨 4)보다는 선원의 의사결정을 보조하는 데 중점을 둔다. 연료 절감(5~25%), 탄소세 절감, CII 등급 향상으로 경제성과 환경성을 달성한다.

그러나 레벨 2 단계의 솔루션이라는 점은 여전히 시스템이 항해사를 대체할 수 없음을 의미한다. 사람을 대체할 수 있는 레벨 3 이상의 자율운항을 구현하기 위해서는 현재 국제해사기구에서 개발 중인 자율운항 법규(MASS Code)를 통해 법적 근거가 마련되어야 한다.

긍정적인 점은 HiNAS를 비롯한 대부분의 자율운항 시스템이 인공위성을 통한 소프트웨어 업데이트가 가능하다는 것이다. 동일한 하드웨어를 기반으로 현재는 레벨 2에 머물러 있지만, 향후에는 레벨 3 이상의 단계로 발전할 수 있는 잠재력을 충분히 갖추고 있다.

글로벌 물류를 바꾸는 5가지 파급효과

1. 경제적 변화: 비용 구조의 재편

자율운항 선박은 해운업의 비용 구조와 경쟁력을 재편한다. 선원의 개입을 최소화함으로써 인건비와 숙소·식량·복지 등 부대 비용을 줄일 수 있으며, 원격 관제를 통해 육상에서 소수의 전문가가 다수의 선박을 관리하는 새로운 운영 모델이 가능해진다.

HiNAS 실증 결과에 따르면 5~25%의 연료 절감 효과가 입증되었으며, 대형 컨테이너선 기준으로 연간 수십만 달러의 비용과 EU ETS 탄소세 절감 효과를 거둘 수 있었다. 이는 선사의 수익성을 높이고 화물 운송 단가를 낮추어 글로벌 물류 비용 절감에 직접적으로 기여한다.

또한 자율운항 선박은 항만 도착 시간을 정밀하게 조정하는 Just-in-time 전략을 가능케 하여 대기 시간을 줄이고, 공급망 전반의 병목 현상을 완화한다.

2. 환경적 변화: 친환경 해운의 구현

해운업은 전세계 온실가스 배출의 약 3%를 차지하고 있으며, IMO는 2030년까지 40%, 2050년까지 70% 감축이라는 목표를 세웠다. 자율운항 선박은 최적 항로 계획과 기상 적응형 운항을 통해 연료 소비를 줄여 탄소 배출을 감소시키고, 이는 CII(Carbon Intensity Indicator) 등급 향상과 같은 규제 준수에도 도움이 된다.

더 나아가 전기, 수소, 암모니아 연료 등 차세대 친환경 추진체계와 결합될 경우, 에너지 관리 효율성을 극대화할 수 있다. 배터리 관리 시스템(BMS)과 자율운항의 결합은 전기 선박의 안정적 운항을 보장하며, 태양광·풍력 같은 재생에너지원과의 연동도 가능하게 한다.

3. 사회적 변화: 일자리와 노동 환경의 전환

자율운항은 선박 내 인력을 줄이고 육상 기반 운영으로 전환함으로써 전통적 의미의 선원 수요는 감소시킬 수 있다. 그러나 동시에 원격 관제 전문가, AI 시스템 엔지니어, 데이터 분석가와 같은 새로운 직업군을 창출한다.

이는 해상 근무 시간을 단축시키고 가족과 함께할 수 있는 시간을 늘려 노동 환경을 개선할 수 있지만, 기존 선원들의 재교육과 전직 지원이 필수적이다.

아울러 자율운항은 안전성 향상에도 기여한다. 해상 사고의 주된 원인이 되는 인간의 피로와 부주의를 줄이고, AI 기반 충돌 회피와 센서 융합 기술로 사고 가능성을 낮출 수 있다.

4. 기술적 변화: 첨단 기술의 융합

자율운항 선박은 다양한 첨단 기술의 융합체다. AI의 딥러닝과 강화학습, IoT, 빅데이터, 5G, 그리고 Starlink 같은 위성통신은 실시간 의사 결정과 원격 관제를 가능하게 한다.

HiNAS는 레이더, LiDAR, 카메라, AIS 데이터를 통합해 기존 기술의 한계를 보완하며, 실시간 기상 데이터 기반으로 항로를 최적화한다. 이러한 기술은 스마트 항만, 블록체인 기반 물류 추적, IoT 기반 화물 관리와도 연계되어 글로벌 물류의 디지털화를 가속화한다.

5. 규제적 변화: 새로운 국제 질서

IMO는 2026년까지 MASS Code를 완성해 자율운항 선박의 안전성과 상호운용성을 보장하는 국제 규범을 마련하고 있다. 이는 COLREGs(국제해상충돌예방규칙) 개정, 사이버 보안 가이드라인, 원격 관제 규정 등을 포함하여 글로벌 물류 체인의 일관성을 강화할 것이다.

그러나 지역별 규제 차이는 여전히 도전 과제로 남는다. 유럽은 환경규제를 강화하여 친환경 자율운항을 촉진하는 반면, 아시아나 아프리카 일부 지역은 제도적 준비가 더딘 상황이다.

앞으로 풀어야 할 숙제들

기술적 신뢰성의 벽

바다는 기상 변화가 심하고 예상치 못한 상황이 빈번히 발생하는 환경이기 때문에, 자율운항 AI는 정상 항해뿐 아니라 갑작스러운 악천후, 주변 선박의 돌발 행동, 해양 부유물, 장비 고장 등 다양한 비정형 시나리오에서도 안전한 판단을 내려야 한다.

현재 기술은 안정적인 조건에서의 자율항해에는 근접했지만, 극한 상황에서의 복잡한 의사결정 능력은 여전히 개발 중인 분야다. 특히 화재, 엔진 고장, 조난 선박 구조와 같은 비상 상황에서 무인선은 즉각적인 인적 개입이 어렵다는 점이 한계로 지적된다.

법적·제도적 정비의 필요성

현재 국제 해사 규범은 선장과 선원의 존재를 전제로 설계되어 있어 무인선박에는 그대로 적용하기 어렵다. 「SOLAS(해상인명안전조약)」이나 「COLREGs(국제해상충돌예방규칙)」에서 요구하는 당직근무, 충돌방지 의무가 무인선박에 어떻게 적용될지 명확하지 않다.

이에 따라 IMO는 2028년까지 자율운항선박 국제 행동강령(MASS Code)을 마련하기로 했으며, 2026년까지 비구속적 가이드라인, 2030년 의무 규범 발효, 2032년 본격 적용이라는 로드맵을 제시했다.

사회적 수용성과 인력 전환

선원 노조와 국제운수노조연맹(ITF)은 자율운항이 대량 해고로 이어질 수 있다고 우려하며 신중한 접근을 요구하고 있다. 실제로 조사에 따르면 선원의 80% 이상이 일자리 감소에 불안을 느끼고 있다.

그러나 전문가들은 단기적으로는 오히려 원격조종 오퍼레이터, 유지보수 인력 등 새로운 직종 수요가 늘어날 것으로 보고 있으며, 향후 20년간 해기사 수요가 급감하지는 않을 것이라고 전망했다. 다만 선원들이 육상 기반의 관제사나 기술 관리자로 전환할 수 있도록 재교육과 경력 전환 지원이 체계적으로 이뤄져야 한다.

미래를 내다보며

단계적 상용화 전망

자율운항 선박은 단계적으로 상용화될 가능성이 크다. 당분간은 완전 무인보다는 부분 자율과 승무원 감축 형태로 운영될 것이고, 연안의 소형선부터 무인화가 시작되어 점차 원양 대형선으로 확대될 것이다.

2030년 전후로는 단거리 피더 컨테이너선, 연안 여객선, 예선 분야에서 상용화가 본격화될 가능성이 높고, 2030년대 중반에는 대형 상선이 원격관제 하에 부분 무인운항을 도입할 수 있을 것으로 보인다. 장기적으로는 2040년 이후 완전 자율운항이 해상운송의 일반적인 모습으로 자리잡을 수 있다는 전망도 있다.

스마트 공장이 된 바다

장기적으로 볼 때, 자율운항 선박은 단순한 비용 절감 수단을 넘어 글로벌 물류 시스템 전체를 혁신하는 핵심 인프라로 자리매김할 전망이다. 미래에는 완전 무인화된 선단이 "항해하는 데이터 센터"처럼 운용되며, 선박 간·항만 간 네트워크가 실시간으로 연결되어 최적화된 공급망을 구성하게 될 것이다.

예를 들어, 자율운항 선박과 스마트 항만이 연계되면, 항만 도착 직전에 자동으로 하역 장비와 트럭·철도가 동기화되어 정시 하역과 내륙 운송이 지연 없이 이어질 수 있다. 또한 선박의 운항 정보는 디지털 트윈(digital twin) 기술로 항만·물류센터와 공유되어, 선박의 위치와 화물 상태가 실시간으로 모니터링된다.

이 과정에서 드론이 항만 주변의 안전을 감시하고, 자율주행 트럭이 컨테이너를 육상 물류망으로 자동 이송하는 통합 시나리오가 구현될 수 있다.

탄소중립 시대의 핵심 축

에너지 측면에서는 자율운항과 수소·암모니아 추진, 재생에너지 기반 전력 시스템이 결합되어 해운업이 글로벌 탄소중립 달성의 핵심 축으로 발전할 것이다. 사회적으로는 기존 선원 직종이 점차 줄어들지만, 원격 관제·해양 AI 분석·사이버 보안 전문가 같은 고급 인력이 새로운 해운 산업의 중심이 된다.

국가 간 협력과 국제 규제가 정착되면, 해상 교역은 지금보다 더 안전하고 예측 가능한 체계로 발전할 것이다.

마치며: 바다 위 새로운 질서의 시작

자율운항 선박 기술은 해상물류 분야에 거대한 변화를 불러일으킬 미래 혁신 기술로 자리매김하고 있다. 기술적 개념과 단계적 발전상은 이미 실증 사례를 통해 현실화 단계에 접어들었고, 글로벌 해상물류의 현안인 선원 인력난, 안전사고, 환경규제, 공급망 비효율에 대한 유력한 해법으로 부상하고 있다.

육상에서 자율주행 자동차는 이미 안전, 편의, 경제성 측면에서 충분히 검증되었다. 테슬라 FSD(Full Self Driver) 사례에서 보듯이 자율주행 기술은 사실상 완성 단계에 가까운 수준을 보여주고 있으며, 이는 곧 해상 분야에도 큰 변화를 예고한다.

해상에서도 자율운항은 단순한 개념을 넘어 실제 가치를 만들어내고 있다. HiNAS는 아직 레벨 2 수준이지만, 연료 절감과 항해 안전성 강화, 선원 편의 향상, 환경 규제 대응 측면에서 이미 의미 있는 성과를 보여주고 있다. 항해 조건에 따라 3~8% 수준의 높은 연료 절감 효과를 달성하였고, 안전 항해를 보조하며, 선원들의 업무 부담을 경감하는 등 충분한 가치를 입증하고 있다.

이는 기술적 완성도가 높아짐에 따라 앞으로 소프트웨어 기반으로 빠르게 고도화되고, 그 유용성은 더욱 커질 것임을 시사한다.

물론 기술적 신뢰성 강화, 국제 규범 정립, 법적 책임 소재, 사회적 수용성 확대와 같은 과제들이 여전히 남아 있다. 그러나 지금 당장의 가치가 제한적이고 기술이 완벽하지 않다는 이유로 자율운항을 외면하는 것은 과거 산업혁명기에 기계를 파괴했던 러다이트 운동과 다를 바 없다.

오히려 현재의 도전과제를 해결하며 단계적으로 도입해야만, 더 안전하고 효율적이며 친환경적인 미래 해상 물류 체계를 구축할 수 있을 것이다.

앞으로 자율운항 선박은 단순히 비용 절감의 도구가 아니라, 글로벌 물류를 스마트 공장처럼 자동화된 시스템으로 탈바꿈시키는 핵심 인프라가 될 것이다. 선박 스스로 최적 항로를 결정하고, 항만과 실시간 교신해 정시에 접안·하역하며, 사고 없이 조용히 바다를 누비는 모습은 더 이상 공상이 아니다.

국제 협력과 표준화, 신중한 단계적 도입, 사람과 기술의 조화라는 전제가 충족된다면, 해운업은 새로운 질서 속에서 진화할 것이다.

요컨대, 자율운항 선박은 해운산업의 난제들을 풀어낼 혁신의 열쇠이자 동시에 해결해야 할 새로운 문제들의 출발점이다. 이 거대한 변화의 물결을 선도하기 위해 각국 해운업계와 관련 산업은 이미 분주히 움직이고 있으며, 그 결실은 머지않아 우리가 이용하는 일상 속 물류에 스며들게 될 것이다.

해상물류의 미래, 그 중심에는 자율운항 선박이 자리하고 있으며, 앞으로 바다 위의 새로운 질서를 정의하게 될 것이다.

참고문헌

1. IALA, The Future of Maritime Autonomous Surface Ships (MASS), IALA Report 2024
2. Rødseth, Ø. J., & Burmeister, H. C. (2015). Risk assessment for an unmanned merchant ship. MUNIN Project Report. Retrieved from http://www.unmanned-ship.org/munin
3. The Nippon Foundation. (2021). MEGURI 2040 Fully Autonomous Ship Program - Interim Report. Tokyo: The Nippon Foundation. Retrieved from https://www.nippon-foundation.or.jp/en
4. Korea Research Institute of Ships and Ocean Engineering (KRISO). (2020). KASS: Korea Autonomous Surface Ship R&D Roadmap. Daejeon: KRISO. Retrieved from https://www.kriso.re.kr
5. International Maritime Organization (IMO). (2023). Maritime Autonomous Surface Ships (MASS) - Regulatory scoping exercise and development of the MASS Code. Retrieved from https://www.imo.org
6. DNV. (2022). Autonomous ships: Regulatory and class perspectives. DNV Maritime Report. Retrieved from https://www.dnv.com/maritime
7. Avikus, HiNAS User Manual. Retrieved from https://avikus.ai

5분 충전이 바꾸는 배송 생태계

배터리 스와핑 서비스가 열어가는 친환경 물류

김세권

㈜피트인 대표이사 | sk@pitin-ev.com

현대자동차에서 약 15년간 책임연구원으로 재직하며 차량 전장 개선, 품질 개선 총괄, 개발 프로세스 혁신 기획 등의 업무를 수행했다. 이후 현대자동차 사내 스타트업 프로그램인 제로원을 통해 '피트인'을 창업했으며, 스핀오프를 거쳐 현재 피트인 대표로서 사업을 경영하고 있다. 피트인은 배터리 교체형 구독 서비스(BSS)를 비롯해, 미래의 LPG 충전소를 대체할 전기차 기반의 에너지 스테이션 플랫폼을 구축하며 상용 전기차의 운영 방식 혁신을 추진하고 있다. 로봇과 AI 기술 기반의 인프라 전환 모델을 통해 지속가능한 상용 모빌리티 생태계 조성을 목표로 하고 있다.

주유소에 들러 기름을 가득 채우는 데 걸리는 시간, 약 5분. 만약 전기차 배터리를 이 시간 안에 100% 충전할 수 있다면 어떨까? 공상과학 영화 속 이야기가 아니다. 배터리를 통째로 교체하는 배터리 교체 서비스(Battery Swapping Service, BSS)가 이 상상을 현실로 만들고 있다. 특히 1분 1초가 중요한 물류산업에서 BSS는 단순한 기술을 넘어, 산업 생태계 전체를 뒤바꿀 '게임 체인저'로 주목받고 있다.

프롤로그 - 멈출 수 없는 흐름, 그러나 보이지 않는 벽

21세기 인류가 마주한 가장 거대하고 시급한 과제, '탄소중립'. 파리기후변화협약 이후 전세계는 화석연료 시대의 종언을 고하고 지속가능한 미래로 나아가기 위한 대전환의 길에 들어섰다.

이 거대한 전환의 중심에 '수송(Transportation)' 부문이 있다. 특히 도로 위를 쉼 없이 달리는 '상용차(Commercial Vehicle)'는 문제의 핵심이다. 대한민국만 해도 전체 수송 부문 온실가스 배출량의 약 96%가 도로에서 발생하며, 그중 화물차가 내뿜는 비중은 경유차 기준 약 60%에 육박한다.

해법은 내연기관 상용차를 '전기 상용차'로 바꾸는 것이다. 하지만 현실은 더디다. 승용 전기차 시장이 폭발적으로 성장하는 동안, 상용 전기차 시장의 성장은 지지부진하다. 여기에는 상용차의 특수성에서 비롯된 '3대 허들(Hurdle)'이 존재하기 때문이다.

첫째, 시간의 허들 (The Hurdle of Time)

영업용 차량은 충전량이 곧 매출로 직결되기 때문에 100% 충전을 선호한다. 하지만 현재의 급속 충전 기술로도 배터리를 100%까지 채우는 데 최소 40분에서 1시간이 걸린다. 주유소에서 5분이면 가득 채우고 다시 도로로 나설 수 있는 내연기관차와 비교할 때, 이 시간 격차는 상용차 운전자에게 치명적인 기회비용으로 다가온다.

둘째, 비용의 허들 (The Hurdle of Cost)

전기차 가격의 30~40%는 배터리가 차지한다. 동급 내연기관차보다 수천만 원 비싼 초기 구매 비용은 영세한 개인 차주나 비용에 민감한 물류 기업에 엄청난 부담이다. 눈앞의 높은 초기 비용은 구매 결정을 가로막는 가장 현실적인 장벽이다.

셋째, 수명의 허들 (The Hurdle of Lifespan)

상용차는 승용차보다 훨씬 긴 거리를, 더 가혹한 조건에서 운행한다. 이는 배터리에 극심한 스트레스를 주어 성능 저하를 가속화한다. 몇 년 뒤 배터리 성능이 절반으로 떨어지면 생업에 지장을 받을 수 있다는 불안감, 그리고 중고차 가격 폭락에 대한 우려는 운전자들의 잠재적 공포다.

5분의 마법, 패러다임을 바꾸는 열쇠 'BSS'

앞서 제기한 3대 허들, 즉 상용 전기차 보급을 가로막는 견고한 벽을 넘기 위해서는 기존의 방식을 개선하는 수준을 넘어선, 완전히 새로운 접근이 필요하다. 그 혁신적인 해법의 이름이 바로 '배터리 교체형 구독 서비스(BSS)'다. BSS는 마치 마법처럼, 우리가 전기차에 대해 가졌던 고정관념을 송두리째 바꾸고, 3대 허들을 정면으로 돌파할 가장 강력한 열쇠다.

[그림 1] BSS란 무엇인가?

〈표 1〉 BSS VS 전기차 충전 비교

구분	BSS	기존 충전방식
운영 효율성	교체 시간 약 5분 높은 회전율 확보	급속 충전 기준 40~60분 소요 운행 중단시간 장기화
공간 활용도	충전소보다 설치 수 적음 회차지 중심 운영 가능	주차장 등 넓은 공간 필요 충전 대기행렬 발생
전력사용 유연성	야간 완속 충전 가능 전력 피크 회피 가능	낮 시간대 급속 충전 전력망 부담 증가

구분	BSS	기존 충전방식
배터리 유지관리	AI 기반 진단, 예측정비 체계화 비파괴식 상태관리 가능	개별 운전자 의존 관리 효율 낮음
배터리 순환체계	배터리 공유 / 구독 방식 재사용 및 순환 체계 명확	소유 중심 잔존가치 및 폐기 불확실
기술 진화 적합성	자율주행차 시대의 무인 인프라 기반 교체로봇 연계 가능	수작업 위주 무인운영에 한계
표준화 문제 대응	다양한 차종 대응 가능한 AI+로봇 기반 교체 시스템	충전 위치, 커넥터 비표준 문제 존재
단점 부담요인	초기 스테이션 구축비 및 기계 설비 필요	초기비용 적지만 회전율/효율성 낮음

'소유'에서 '구독'으로, 발상의 전환

BSS의 핵심 철학은 지극히 단순하면서도 혁명적이다. 바로 '자동차와 배터리의 소유권을 분리하는 것'이다. 지금까지 우리는 전기차를 구매할 때 차체와 배터리를 하나의 패키지로 '소유'했다. 하지만 BSS는 이 공식을 깬다. 소비자는 배터리가 제거된, 상대적으로 저렴한 전기차 '차체'만을 구매한다. 그리고 배터리는 BSS 사업자로부터 필요한 만큼 '구독'하거나 '렌탈'하여 사용한다.

이는 우리가 이미 익숙하게 경험하고 있는 비즈니스 모델과 닮아있다. 최신 스마트폰을 구매할 때, 우리는 단말기 값과 통신 요금을 별개로 생각한다. 단말기는 할부로 구매하고, 데이터와 통화는 매달 요금제를 통해 '구독'한다. BSS는 이 모델을 전기차에 적용한 것이다. '전기차는 구매하고, 배터리(전기 에너지)는 구독한다.' 이 간단한 발상의 전환이 전기차 시장의 모든 규칙을 바꾸는 출발점이 된다.

5분, 충전의 개념을 바꾸다

BSS의 가장 직관적이고 강력한 장점은 '시간'이다. BSS는 '충전'이라는 개념을 '교체'라는 개념으로 대체한다. 운전자는 배터리가 방전되면 충전소를 찾아 몇십 분, 몇 시간을 기다릴 필요가 없다. 대신 가까운 '배터리 교체 스테이션'으로 향한다. 마치 자동 세차장에 들어가듯 차량을 정해진 위치에 세우면, 로봇 팔이 자동으로 차량 하부에서 방전된 배터리를 분리하고, 이미 100% 완충된 새로운 배터리를 장착해준다. 이 모든 과정이 걸리는 시간은 단 3분에서 5분. 주유소에서 기름을 가득 채우는 시간과 별반 차이가 없다.

이 '5분의 마법'은 프롤로그에서 언급한 '시간의 허들'을 완벽하게 해소한다. 1분 1초가 아쉬운 상용차 운전자에게 운행 중단 시간을 최소화하는 것은 수익성과 직결되는 문제다. BSS는 전기차의 가장 큰 약점이었던 충전 시간을 내연기관차의 주유 시간과 동등한 수준으로 단축시킴으로써, 전기 상용차가 비로소 내연기관 상용차와 동등한 '운행 효율성'을 갖추게 만든다.

BSS가 허무는 3가지 벽

BSS는 단순히 시간 문제만 해결하는 데 그치지 않는다. 앞서 언급한 3대 허들을 체계적으로, 그리고 동시에 무너뜨린다. 이는 BSS가 단순한 기술적 개선이 아닌, 비즈니스 모델의 혁신이기 때문에 가능하다.

- **비용의 벽을 넘다** (Breaking the Cost Barrier): BSS 모델에서는 차량 구매 시 가장 비싼 부품인 배터리 가격이 제외된다. 이를 'BaaS(Battery as a Service)' 모델이라고도 부른다. 차량 가격의 30~40%가 줄어드니, 초기 구매 비용이 획기적으로 낮아져 동급 내연기관차와 비슷하거나 오히려 저렴해질 수 있다. 이는 자본력이 부족한 개인 차주나 물류 기업의 진입 장벽을 극적으로 낮추는 효과를 가져온다. 매달 지불하는 배터리 구독료는 기존의 월평균 유류비와 비슷하거나 낮은 수준으로 책정될 수 있어, 총소유비용(TCO) 측면에서도 압도적인 경쟁력을 확보하게 된다.

- **시간의 벽을 넘다** (Breaking the Time Barrier): 앞서 설명했듯, 3~5분 내외의 신속한 배터리 교체는 운행 중단 시간을 최소화하여 운송 효율성을 극대화한다. 특히 여러 대의 차량을 운영하는 플릿(Fleet) 사업자의 경우, 차량 가동률을 획기적으로 높일 수 있다. 야간이나 새벽에도 24시간 운영되는 교체 스테이션은 상용차의 운행 패턴에 최적화된 에너지 공급 솔루션을 제공한다.

- **수명의 벽을 넘다** (Breaking the Lifespan Barrier): BSS 모델에서 배터리의 소유권과 관리 책임은 전적으로 BSS 사업자에게 있다. 운전자는 더 이상 배터리 성능 저하나 수명 단축, 고장에 대한 걱정을 할 필요가 없다. 언제나 최적의 성능을 유지하는 배터리를 공급받을 수 있으며, 기술이 발전하여 더 좋은 배터리가 나오면 자연스럽게 그 혜택을 누릴 수 있다. 이는 중고차 가치 하락에 대한 불안감도 해소해준다. 배터리는 차량의 일부가 아닌, 구독 서비스의 일부이기 때문이다. 운전자는 배터리라는 복잡하고 불확실한 기술적 문제로부터 완벽하게 해방된다.

〈표 2〉 BSS가 만드는 비즈니스 혁신

3대 허들	BSS의 해결 방법	기대 효과
비용	배터리 소유권 분리, 구독	구매 진입장벽 해소, EV보급촉진
시간	5분내 배터리 교체 시스템 도입	영업손실 최소화, 운영 효율 극대화
수명	배터리 관리, 보증 일원화 (BSS 운영자 책임)	장기간 안정적 운영, 파손/고장 수리부담 삭제

BSS의 잠재력은 단순히 전기차 보급을 촉진하는 데 그치지 않는다. BSS는 미래 에너지 산업의 핵심 인프라로 확장될 거대한 가능성을 품고 있다. 배터리 교체 스테이션은 단순히 배터리를 충전하고 보관하는 장소가 아니다. 수십, 수백 개의 고용량 배터리가 모여 있는 이곳은 그 자체로 하나의 거대한 '에너지 저장 장치(ESS, Energy Storage System)'가 될 수 있다.

BSS 사업자는 전력 수요가 적고 전기 요금이 저렴한 심야 시간에 스테이션의 배터리들을 일괄적으로 충전한다. 반대로, 전력 수요가 급증하는 피크 타임에는 충전된 배터리의 전력을 역으로 전력망에 판매(V2G, Vehicle to Grid)하여 부가 수익을 창출하고, 국가 전력망의 안정화에 기여할 수 있다. 이는 재생에너지의 간헐성 문제를 보완하는 중요한 수단이 될 수도 있다. 즉, BSS는 물류산업의 혁신을 넘어, 국가 에너지 패러다임 전환에도 기여하는 '에너지 신산업'으로 진화할 수 있는 것이다. 이처럼 BSS는 눈앞의 문제를 해결하는 동시에, 우리가 상상하지 못했던 새로운 가치와 기회를 창출하는 미래 기술의 총아라 할 수 있다.

아울러 전기차 보급 초기에는 '충전 시간'과 '배터리 수명' 같은 실용적 문제가 화두였다면, 가까운 미래에는 자율주행 시대에 걸맞은 인프라 구축이 새로운 과제로 떠오르고 있다. 특히 자율주행 택시와 자율주

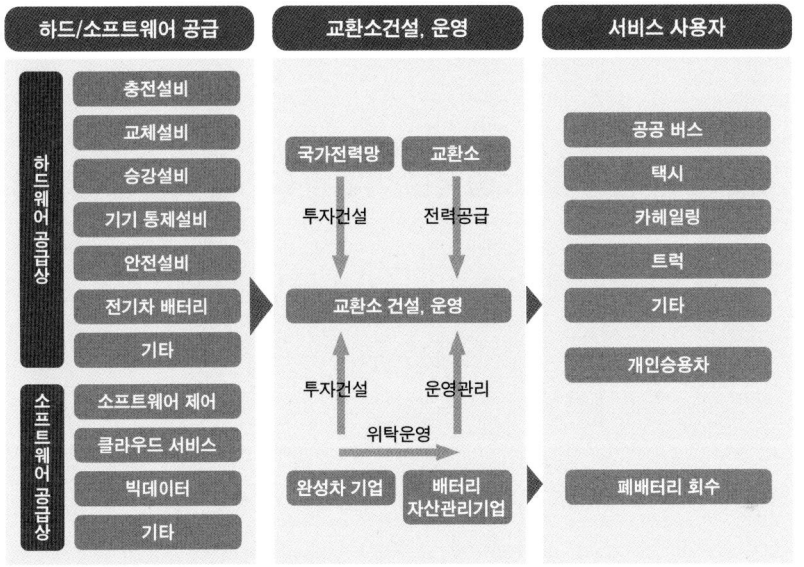

자료: iResearch 「中国新能源汽车换电市场研究报告 (2022.5)」

[그림 2] 전기차 배터리 스와핑 산업 구도

행 물류차량이 대중화될 경우, 사람의 개입 없이 자동차가 스스로 충전·정비·관리 인프라를 이용할 수 있어야 한다는 전제가 필요하다. 이때 기존의 느린 충전방식이나 사람의 손을 필요로 하는 정비 시스템은 한계에 부딪힌다.

바로 그 지점에서 BSS(Battery Swapping Station)는 자율주행 시대에 가장 적합한 인프라로 부상하고 있다. 왜냐하면 BSS는 차량이 정해진 위치에 도착해 자동으로 배터리를 교환하고, 필요한 진단·점검·세차 등의 작업까지 원스톱으로 진행할 수 있는 구조이기 때문입니다.

BSS는 단지 '배터리를 빠르게 교체하는 편리한 시스템'이 아니다. 그것은 미래 자율주행 모빌리티가 정상적으로 작동하기 위해 반드시 필요한 인프라이자, 스마트한 도시 전환을 위한 핵심 플랫폼이다. 이러한 관점에서 BSS는 '현재의 해결책'을 넘어, 미래 사회와 기술 패러다임에 적응하고 주도할 수 있는 국가 경쟁력의 한 축이라 할 수 있다.

4,000만 번의 증명: 중국은 어떻게 BSS의 허들을 넘었나

아무리 혁신적인 기술이라도 현실의 벽을 넘지 못하면 한낱 공상에 불과하다. BSS 역시 초기에는 수많은 의구심에 직면했다. 막대한 초기 투자 비용, 배터리 표준화의 어려움, 소비자의 심리적 저항 등 넘어야 할 산이 많아 보였다. 하지만 이 모든 우려를 비웃기라도 하듯, BSS를 국가적 차원에서 현실로 만들어낸 나라가 있다. 바로 중국이다.

2025년 현재, 중국 전역의 BSS 스테이션에서 이루어진 누적 배터리 교체 횟수는 무려 4,000만 회를 돌파했다. 이는 더 이상 BSS가 미래의 가능성이 아니라, 이미 성공적으로 작동하고 있는 현실의 비즈니스 모델임을 증명하는 압도적인 숫자다. 중국은 어떻게 세계 최대의 BSS 실험실이자 성공 사례가 될 수 있었을까? 그들의 성공 방정식은 '강력한 정책 의지'와 '과감한 민간 투자'의 완벽한 결합에 있었다.

세계 최대의 실험실, 중국의 선택

중국 정부가 BSS를 전기차 확산의 핵심 정책으로 채택한 데에는 여러 복합적인 배경이 있다. 첫째, 베이징을 비롯한 대도시의 극심한 대기오염 문제는 정권의 안정성을 위협하는 수준에 이르렀고, 내연기관차 퇴출은 시급한 국가적 과제였다. 둘째, 세계 최대의 자동차 시장을 전기차 중심으로 재편하고, 자국의 배터리 및 전기차 산업을 글로벌 리더로 키

우려는 원대한 산업 전략이 있었다. 셋째, 광활한 국토와 높은 인구 밀도 속에서 충전 인프라를 무한정 늘리는 것의 한계를 명확히 인지하고 있었다.

이러한 배경 속에서 중국 정부는 BSS를 '충전' 방식의 한계를 보완하고 전기차 보급을 가속화할 '게임 체인저'로 지목했다. 2020년, 중국 정부는 BSS를 양회(兩會)의 정부 업무 보고에 포함시키며 국가적 아젠다로 격상시켰다. 이후 BSS 스테이션을 '신 인프라(新基建)'의 일부로 규정하고, BSS 모델 차량에 대한 전기차 보조금 지급 기준을 완화하는 등 파격적인 지원책을 쏟아냈다. 이러한 정부의 강력한 드라이브는 니오(NIO), 올톤(Aulton)과 같은 민간 기업들이 BSS 시장에 과감하게 뛰어들 수 있는 비옥한 토양이 되었다.

중국은 BSS 상용화 과정에서 제기되었던 여러 허들을 매우 현실적이고 체계적인 방법으로 해결해 나갔다. 이는 다른 국가들이 벤치마킹할 수 있는 중요한 선례를 남겼다.

초기 비용 문제 해결: 'TCO 경쟁력'의 확보

중국은 '차체-배터리 분리 판매' 모델을 제도적으로 허용하고, 이를 위한 별도의 차량 등록 및 보험 제도를 마련했다. 니오(NIO)는 BaaS(Battery as a Service) 프로그램을 통해 배터리 가격(약 7만 위안)만큼 차량 가격을 할인해주고, 대신 매달 980위안(약 18만 원)의 구독료를 받는 모델을 선보였다. 이 월 구독료는 동급 내연기관차의 월 유류비보다 저렴하게 책정되어, 소비자들에게 총소유비용(TCO) 관점에서 확실한 경제적 이점을 제공했다. 정부는 BSS 모델 차량에 한해 30만 위안 이상의 고가 차량에도 보조금을 지급하는 예외를 둠으로써, BSS 모델의 가격 경쟁력을 더욱 강화했다.

충전 시간 및 인프라 문제 해결: '선택과 집중' 전략

중국은 BSS 인프라를 무작정 전국에 확산시키기보다, 가장 효과가 큰 영역에 '선택과 집중'하는 전략을 펼쳤다. 특히 운행 거리가 길고 충전 시간에 민감한 '택시'와 '트럭' 등 상용차 시장을 핵심 타겟으로 삼았다. BSS 전문 기업인 올톤(Aulton)은 베이징, 상하이 등 대도시의 택시 회사들과 협력하여 차고지, 주요 교통 거점, 공항 등에 교체 스테이션을 집중적으로 구축했다. 이를 통해 택시 기사들은 짧은 휴식 시간 동안 배터리를 교체하고 즉시 영업에 복귀할 수 있게 되었고, 이는 택시 업계의 전기차 전환을 폭발적으로 이끌었다. 특정 지역과 차종에 네트워크를 집중함으로써 '규모의 경제'와 '네트워크 효과'를 조기에 실현한 것이다.

배터리 표준 문제 해결: '정부 주도 표준화'와 '사업자 중심 관리'

BSS의 가장 큰 난제 중 하나는 제조사마다 다른 배터리 팩의 규격, 즉 '표준화' 문제다. 중국은 이 문제를 해결하기 위해 정부가 직접 나섰다. 공업정보화부(공신부)는 특정 차종, 특히 상용 트럭을 중심으로 배터리 팩의 물리적 규격, 통신 프로토콜, 안전 기준 등에 대한 국가 표준안을 제시하고, 이를 따르는 기업에 인센티브를 제공했다. 또한, 니오(NIO)와 같은 기업은 자사의 모든 차종에 동일한 규격의 배터리 팩을 적용하여 자체적인 BSS 생태계를 구축했다. 더 중요한 것은 BSS 사업자가 배터리의 제작-운영-성능 모니터링-재사용-재활용에 이르는 전 생애주기(Life Cycle)를 통합 관리하는 모델을 구축했다는 점이다. 이는 소비자에게 교체받는 배터리의 성능과 안전에 대한 높은 신뢰를 주었고, '남의 배터리를 쓴다'는 심리적 저항감을 해소하는 데 결정적인 역할을 했다.

중국의 BSS 도입은 단순히 전기차 몇 대를 더 보급하는 수준을 넘어, 산업 생태계 전반에 거대한 나비효과를 일으켰다.

첫째, 상용차의 전기차 전환이 가속화되었다. 특히 BSS가 집중적으로 보급된 대도시의 택시 시장은 빠르게 전기차로 대체되었고, 항만이나 물류단지에서 운행하는 중장비 트럭의 전동화도 눈에 띄게 증가했다. 이는 도시 대기질 개선에 직접적으로 기여했다.

둘째, 물류 기업과 개인 사업자의 수익성이 개선되었다. 유류비 대비 저렴한 배터리 구독료와 정비 비용 감소, 그리고 운행 효율성 증가는 운송 원가를 절감시켜 사업자들의 실질 소득 증대로 이어졌다.

셋째, 새로운 산업 생태계가 창출되었다. 배터리 구독 서비스를 제공하는 플랫폼 사업, 교체 스테이션을 제작하고 운영하는 인프라 사업, 수명이 다한 배터리를 ESS 등으로 재사용(Reuse)하고 희귀 광물을 추출하여 재활용(Recycle)하는 후방 산업 등 BSS를 중심으로 한 거대한 신산업 클러스터가 형성되기 시작했다. 중국의 성공은 BSS가 단순한 충전 대안이 아니라, 미래 모빌리티와 에너지 산업을 융합하는 핵심 플랫폼이 될 수 있음을 명확히 보여주었다.

[그림 3] 중국 NIO 승용 BSS

[그림 4] 중국 SANY 트럭 BSS

BSS를 향한 글로벌 경쟁

중국의 압도적인 성공은 BSS가 특정 국가의 특수한 환경에서만 가능한 모델이 아님을 시사한다. 오히려 중국의 사례는 전세계 국가들에게 BSS의 잠재력을 일깨우는 계기가 되었다. 현재 유럽, 미국, 인도 등 세계 각국은 각자의 필요와 환경에 맞춰 BSS 도입을 위한 실증 및 실험에 적극적으로 뛰어들고 있다. BSS는 이제 중국을 넘어, 글로벌 모빌리티 시장의 새로운 트렌드로 자리 잡고 있다.

세계 각국이 BSS에 주목하는 이유는 조금씩 다르다. 유럽은 세계에서 가장 강력한 탄소 배출 규제를 충족하기 위한 현실적 대안으로, 미국은 물류 효율성 극대화와 TCO 절감을 위해, 인도는 심각한 대기오염 문제 해결과 서민 교통비 부담 완화를 위해 BSS를 바라본다. 이처럼 각기 다른 동기를 가지고 있지만, 그들이 추구하는 궁극적인 목표는 하나로 수렴한다. 바로 '전기차 전환 과정의 허들을 넘어, 지속가능한 모빌리티 시대를 앞당기는 것'이다.

〈표 3〉 국가(지역)별 BSS 도입 동기

국가/지역	BSS 도입의 주요 동기
중국	산업 주도권 확보 및 정책적 드라이브 • 신 인프라 육성, 전기차 제조 및 배터리 기술혁신 입지 강화
유럽	엄격한 탄소규제(Euro7 등) 대응, 전동 트럭 해결방안 모색 • 배터리 순환경제 기반 마련 및 공급망 지속가능성 확보
미국	물류 효율성 및 TCO 절감 • 도시 밀집화에 따른 충전 인프라 부족 보완, 운행 효율성 향상
인도/동남아	대기 오염 개선 및 서민 모빌리티 개선 • 경량 이륜, 삼륜차 중심 BaaS 도입, 재생에너지 연계 강화

유럽: '규제'가 이끄는 대형 트럭 BSS

유럽은 2025년부터 발효될 '유로 7'과 같이, 내연기관차에 대한 환경 규제를 세계에서 가장 강력하게 조여오고 있다. 특히 장거리 운송을 담당하는 대형 트럭의 전동화는 유럽 물류업계의 발등에 떨어진 불이다. 수십 톤의 화물을 싣고 국경을 넘나드는 대형 트럭을 현재의 충전 기술로 감당하기란 불가능에 가깝다. 메가와트(MW)급 초고속 충전 기술이 개발되고 있지만, 인프라 구축 비용과 전력망에 가해지는 부담이 엄청나다.

이러한 상황에서 BSS는 가장 현실적인 대안으로 떠오르고 있다. 볼보(Volvo), 스카니아(Scania)와 같은 유럽의 주요 상용차 제조사들은 에너지 기업과 협력하여 고속도로 휴게소나 물류 거점에 대형 트럭용 BSS 실증 프로젝트를 진행 중이다. 이들은 표준화된 배터리 팩을 공동으로 개발하고, 로봇을 이용해 10분 내외로 트럭 배터리를 교체하는 기술을 시험하고 있다. 유럽의 목표는 명확하다. 강력한 규제를 기회로 삼아, BSS를

[그림 5] 독일 TU베를린 트럭 BSS 스테이션

통해 대형 상용차 시장의 전동화 패러다임을 선도하겠다는 것이다.

하지만 아직 BSS를 위한 전용 배터리 개발, 차량개조로 인한 주행안정성 등 넘어야할 산들이 많이 존재하고 있다.

미국: '효율'을 좇는 라스트마일 딜리버리 BSS

미국 시장의 BSS 논의는 '효율성'과 '경제성'에 초점이 맞춰져 있다. 특히 아마존, UPS, 페덱스와 같은 거대 물류 기업들은 수만, 수십만 대의 배송용 밴(Van)으로 구성된 플릿(Fleet)을 운영한다. 이들에게 차량 한 대 한 대의 가동률은 곧 기업의 수익성과 직결된다. 라스트마일 딜리버리 차량들이 충전으로 인해 몇 시간씩 운행을 멈추는 것은 용납할 수 없는 비효율이다.

[그림 6] 미국 ample社 모듈형 BSS

이러한 배경에서 앰플(Ample)과 같은 BSS 스타트업이 주목받고 있다. 앰플은 특정 차종(닛산 리프, 기아 니로 등)에 맞게 모듈화된 배터리와 소규모 로봇 교체 스테이션을 개발했다. 이들은 우버(Uber)나 렌터카 업체, 그리고 지역 물류 업체와 파트너십을 맺고 도심 내 주차 공간 등을 활용해 BSS 네트워크를 구축하고 있다. 하지만 이러한 모듈배터리 교체는 차량의 플랫폼 개조가 필요하고, 배터리 냉각 시스템이 공랭식이기 때문에 가속과 주행거리에 한계가 있어 개조된 차량의 인증문제 해결 및 고효율의 모듈배터리 개발이 추가적으로 진행되어야 한다. 이처럼 미국에서는 정부 주도보다는, 이처럼 시장의 필요에 의해 움직이는 민간 기업들이 BSS 생태계를 만들어가고 있다.

인도 및 동남아: '생존'을 위한 이륜/삼륜차 BSS

인도, 인도네시아, 베트남 등 인구 밀도가 높은 개발도상국에서는 이륜차(오토바이)와 삼륜차(오토릭샤)가 서민들의 핵심 교통수단이자 생계수단이다. 이들 차량이 내뿜는 매연은 도시 대기오염의 주범으로 꼽힌다. 이들 국가에게 전기차 전환은 환경 문제를 넘어 국민의 건강과 직결된 '생존'의 문제다.

하지만 개인 소유의 이륜/삼륜차 운전자들에게 비싼 전기차 구매와 불안정한 충전 환경은 큰 부담이다. 여기서 대만의 고고로(Gogoro)가 성공시킨 이륜차 BSS 모델이 해결책으로 떠올랐다. 고고로는 편의점, 주유소 등 도시 곳곳에 캐비닛 형태의 소형 배터리 교환 스테이션 '고스테이션(GoStation)'을 설치했다. 사용자들은 스마트폰 앱으로 가까운 스테이션을 찾아 방전된 배터리 2개를 빼고, 완충된 배터리 2개를 넣어 교체한다. 이 과정은 1분도 채 걸리지 않는다. 이 모델은 인도, 인도네시아 등에서 정부의 강력한 지원 아래 빠르게 확산되고 있다. 이는 BSS가 대형 트럭뿐만 아니라, 가장 작은 모빌리티 수단에까지 적용될 수 있는 매우 유연하고 확장성 높은 솔루션임을 증명한다.

이처럼 세계 각국은 자신들의 당면 과제를 해결하기 위한 도구로 BSS를 적극적으로 활용하고 있다. 이는 BSS가 더 이상 변방의 기술이 아닌, 글로벌 전기차 시장의 주류로 편입되고 있음을 보여주는 명백한 증거다.

[그림 7] 인도 Sun Mobility 릭샤 & 버스 BSS

⟨표 4⟩ 국가별 BSS 정책 요약 및 시사점

국가	차종	특징
중국	승용, 택시, 화물, 트레일러	정부 지원+OEM 협업, 다차종 교체소 수천기 확보
인도	이륜, 삼륜, 버스	BSS 정책 기반 확산, 경상비 절감 효과 입증
독일	트럭	TU 베를린 자동화 교체소 구축, EU 표준화 로드맵 반영
미국	트레일러, 자율주행 택시	스타트업 주도 혁신, 자율화 접목 실험 수준

기회와 과제의 땅, 한국의 BSS를 향한 여정

글로벌 BSS 시장의 역동적인 움직임은 이제 우리의 시선을 대한민국으로 향하게 한다. 세계 최고 수준의 배터리 기술과 ICT 인프라, 그리고 역동적인 물류 시장을 가진 한국에게 BSS는 위기일까, 기회일까? 결론부터 말하자면, BSS는 한국 물류산업의 고질적인 문제를 해결하고 새로운 성장 동력을 창출할 수 있는 '결정적 기회(Game Changer)'가 될 잠재력을 품고 있다. 하지만 그 기회를 현실로 만들기 위해서는 우리가 반드시 넘어야 할 몇 개의 높은 산이 가로놓여 있다.

BSS가 한국 시장에 갖는 의미는 단순히 친환경차 보급을 넘어, 경제, 산업, 환경적 측면에서 구조적인 변화를 이끌어낼 수 있다는 데 있다.

경제적 의미: 물류 경쟁력 강화와 상생의 구조

한국 화물 운송 시장은 다단계 하도급 구조와 치열한 운임 경쟁, 그리고 유가 변동성에 매우 취약한 구조를 가지고 있다. 특히 전체 화물 차주의 약 90%를 차지하는 영세 개인 차주들은 유가 급등 시기마다 생계를 위협받는다. BSS는 이러한 구조적 문제를 해결할 열쇠가 될 수 있다. BSS 기반의 전기 상용차는 초기 구매 비용 부담을 덜어주고, 유류비보다 저렴하고 안정적인 배터리 구독료를 통해 운송 원가를 획기적으로 절감시킨다. 이는 영세 차주의 소득 안정과 수익성 개선으로 이어져, 물류 시장의 가장 약한 고리를 튼튼하게 만드는 '상생의 효과'를 낳는다. 또한, 물류 기업 입장에서는 TCO 절감을 통해 확보한 비용 경쟁력을 바탕으로 서비스 품질을 높이고 새로운 사업에 투자할 여력을 갖게 된다.

산업적 의미: 'K-배터리'를 잇는 신산업 창출

대한민국은 세계 최고 수준의 배터리 셀 제조 기술을 보유하고 있다. 하지만 지금까지는 배터리를 만들어 파는 '제조업'에 머물러 있었다. BSS는 우리가 가진 배터리 기술력에 ICT 플랫폼 운영 능력과 서비스 디자인 역량을 융합하여, 배터리 생애주기 전체를 관리하는 고부가가치 '서비스 산업'으로 도약할 절호의 기회를 제공한다. BSS 플랫폼 개발 및 운영, 배터리 상태를 실시간으로 진단하고 예측하는 BMS(Battery Management System) 고도화, 사용 후 배터리를 활용한 ESS 및 재활용 사업 등은 'K-배터리'의 성공 신화를 이어갈 새로운 수출 산업이 될 수 있다. 이는 양질의 일자리를 창출하고 국가 경제에 새로운 활력을 불어넣을 것이다.

〈표 5〉 BSS기반 신사업 창출 및 산업구조 확장

핵심요소	설명	효과 및 확장산업
지능형 배터리 교체 로봇	고하중 협동로봇이 사람과 같은 공간에서 안전하게 작업 가능하도록 ISO 15066 기반 설계	스마트 제조, 물류 자동화, 협동로봇 산업으로 확장
배터리 AI진단 시스템	비파괴 방식으로 배터리 충전곡선 분석, 수명·화재위험 예측	배터리 헬스 모니터링, 중고 EV 거래 플랫폼, 자원순환 진단기술 산업
배터리 소유권 분리	배터리를 차량에서 분리하여 특정 기관이 소유·관리	자산운용, 배터리 금융, 리스·구독 플랫폼, 재사용/재활용 물류 거점 산업
재사용 기반 ESS기술	사용 후 배터리 재제조 또는 ESS로 활용	저가형 에너지저장장치(ESS) 수출, 재생에너지 확산, 이차자원 글로벌 공급망 진출

환경적 의미: 국가 목표 달성을 위한 가장 강력한 수단

정부는 '2030 국가 온실가스 감축 목표(NDC)'와 '2050 탄소중립'을 선언했다. 이 목표 달성을 위해 수송 부문, 특히 도로 위의 '이동 오염원'인 경유 상용차의 감축은 필수적이다. BSS는 상용차의 전기차 전환을 가로막는 핵심 장벽들을 제거함으로써, 친환경차 전환 속도를 비약적으로 높일 수 있다. 이는 국가 온실가스 감축 목표 달성에 실질적으로 기여하는 가장 효과적이고 강력한 수단 중 하나다. 또한, 경유차가 내뿜는 미세먼지와 질소산화물을 원천적으로 차단하여, 국민 건강을 위협하는 도시 대기질을 개선하는 데 직접적인 효과를 가져올 것이다.

우리가 넘어야 할 4개의 산

이처럼 BSS가 가져다줄 미래는 밝지만, 그 길은 결코 순탄치 않다. 한국에서 BSS가 성공적으로 안착하기 위해서는 반드시 해결해야 할 4가지 구조적인 과제가 존재한다.

첫째, 표준의 산 (The Mountain of Standardization)

BSS(Battery Swapping Station)를 이야기할 때 가장 먼저 제기되는 과제가 바로 '배터리의 표준화'이다. 많은 전문가들이 모든 전기차 제조사와 모델에 단일 규격의 배터리를 장착하도록 만드는 것이 교체 서비스의 전제 조건처럼 받아들이고 있다. 그러나 이는 전기차의 구조적 다양성과 각 제조사들의 기술적 차별성, 시장 경쟁 구도 등을 고려할 때 현실적으로 달성 불가능한 목표에 가깝다. 특히 상용 전기차 분야는 차량 크기,

용도, 주행 패턴 등이 천차만별이기 때문에 모든 배터리를 단일 규격으로 묶는 것은 오히려 시장 성장을 저해하는 요소가 될 수 있다.

이러한 현실적 제약을 극복하기 위해서는 '표준화'가 아닌 '비정형 대응 기술'에 초점을 맞추어야 한다. 다시 말해, 다양한 전기차 배터리를 AI 기반의 지능형 로봇 시스템으로 인식하고, 탈착 구조와 충전 상태 등을 실시간 분석해 자동으로 교체 작업을 수행할 수 있도록 하는 것이다. 이 기술은 마치 인간 정비공이 차량마다 다른 구조를 파악해 정비하듯, 다양한 전기차에 유연하게 대응하며, BSS의 확장성을 실현하는 데 핵심적인 역할을 한다.

결국 BSS의 본질은 단순히 배터리를 빠르게 교체해주는 '속도'의 문제에 있지 않다. 그보다 중요한 것은 다양한 전기차 플랫폼과 운영 환경 속에서도 일관되고 안정적인 서비스를 제공할 수 있는 '확장성'의 확보이다.

이는 단순히 기술적 혁신을 넘어, 미래의 자율주행 모빌리티 사회에서 요구되는 필수 인프라로 기능할 수 있다는 점에서 매우 중요한 시도다.

둘째, 투자의 산 (The Mountain of Investment)

배터리 교체 스테이션 1기를 구축하는 데에는 수억 원의 막대한 초기 투자 비용이 든다. 민간 기업이 BSS 수요가 불확실한 상황에서 선뜻 대규모 투자에 나서기는 어렵다. 전형적인 '닭이 먼저냐, 달걀이 먼저냐'의 딜레마다. 이 딜레마를 깨기 위해서는 정부의 '마중물' 역할이 필수적이다. 스테이션 구축 비용 일부를 지원하거나, 세제 혜택을 제공하고, 국유지나 공공기관 부지를 저렴하게 임대해주는 등의 초기 시장 형성 지원책이 필요하다. 동시에, 민간 투자를 유인할 수 있는 매력적인 비즈니스 모델(예: ESS 연계 수익 모델)을 설계하고, 이를 제도적으로 뒷받침해야 한다.

셋째, 제도의 산 (The Mountain of Regulation)

BSS는 기존에 없던 새로운 산업이기에, 현행 법규로는 규정할 수 없는 회색지대가 많다. 분리된 배터리의 소유권은 누구에게 있는가? 교체 스테이션은 전기사업법상 어떤 지위를 갖는가? 교체 과정의 안전 기준은 어떻게 마련할 것인가? 배터리 구독료는 어떤 기준으로 책정하고 과세할 것인가? 이 모든 질문에 대한 법적, 제도적 답이 부재한 상태다. 일시적인 '규제 샌드박스'를 통한 실증 사업을 넘어, BSS 산업 육성을 위한 특별법을 제정하거나 관련 법규(자동차관리법, 전기사업법 등)를 전면적으로 정비하는 본격적인 제도적 기반 마련이 시급하다.

넷째, 인식의 산 (The Mountain of Perception)

기술, 투자, 제도의 산을 넘더라도 마지막 관문이 남는다. 바로 소비자의 마음을 얻는 것이다. '내 차의 핵심 부품인 배터리가 남의 것과 수시로 바뀐다'는 것에 대한 심리적 저항감, 교체받은 배터리의 성능과 안전, 이력에 대한 불신은 BSS가 넘어야 할 중요한 허들이다. 하지만 BSS 모델의 핵심 전제는 바로 '배터리를 내가 소유하지 않는다'는 점에 있다. 이 구조의 본질은 소비자가 더 이상 배터리 상태나 수명, 파손과 같은 복잡한 문제에 대해 신경 쓸 필요가 없다는 것이다. 마치 통신요금만 내면 스마트폰을 빌려 쓰듯, 배터리는 소모품이자 서비스로 제공되는 대상이 되는 것이다.

따라서 BSS가 해결해야 할 과제는 이 심리적 저항을 무조건 없애는 것이 아니라, 이용자들이 '배터리를 소유하지 않는 것이 오히려 더 합리적이다'는 인식을 자연스럽게 받아들이도록 서비스 품질을 고도화하는 것에 있다. 예를 들어, 배터리의 충전상태(SOC), 잔존용량(SOH), 수명 예측 정보 등을 AI 기반 진단으로 정확하게 파악하고, 이를 투명하게 제공한다면 소비자들은 더욱 신뢰를 갖게 된다.

결국 소비자는 배터리에 대해 소유보다 "안심하고 빌려 쓰는 편이 더 낫다"는 경험을 통해 인식의 전환을 하게 된다. 이는 단지 기술적 문제를 넘어서, 서비스 기획과 고객 커뮤니케이션, 신뢰 형성의 전 과정이 어우러져야 가능한 일이다. BSS는 바로 이 '소유에서 이용으로의 전환'이라는 시대 흐름을 가장 잘 보여주는 전기차 인프라 서비스의 대표 사례가 될 수 있다.

에필로그: 5분의 마법을 현실로 만들기 위하여

우리는 지금까지 상용차의 전기차 전환이라는 시대적 과제 앞에서 'BSS'라는 혁신적인 해법이 어떻게 거대한 벽들을 허물 수 있는지 긴 여정을 통해 살펴보았다. BSS는 언뜻 '5분의 마법'처럼 보이지만, 그 본질은 결코 마법이 아니다. 이는 기술, 비즈니스 모델, 그리고 정책이 정교하게 맞물려 돌아가는 '설계된 혁신'이다. 전기차의 심장인 배터리를 '소유'의 대상에서 '공유와 구독'의 대상으로 전환하는 발상의 전환이, 물류의 효율성을 극대화하고 에너지 생태계를 바꾸며 지속가능한 미래를 여는 가장 현실적이고 강력한 열쇠임을 우리는 확인했다.

중국의 4,000만 번이 넘는 교체 경험은 BSS가 더 이상 이론이 아님을 증명했다. 유럽의 대형 트럭과 미국의 배송 밴, 동남아의 오토릭샤는 BSS가 각기 다른 시장의 필요에 맞춰 변주될 수 있는 유연한 플랫폼임을 보여주었다. 이제 질문은 한국으로 돌아온다. 우리는 이 거대한 흐름 위에서 어떤 선택을 할 것인가?

첫째, '거점 중심의 단계적 확산'이다. 전국에 한 번에 스테이션을 구축하기보다, 성공 확률이 높은 특정 거점을 중심으로 시범 사업을 시작해야 한다. 예를 들어, 수출입 물동량의 핵심인 부산항, 내륙 물류의 심장인 수도권 물류단지를 테스트베드로 삼아, 이곳을 오가는 컨테이너

트럭(야드 트랙터)이나 중형 트럭을 대상으로 BSS를 우선 도입하는 것이다. 혹은, 쿠팡, CJ대한통운과 같은 대형 택배사의 물류 허브를 중심으로 택배/배달용 소형 화물차에 특화된 도심형 BSS 네트워크를 구축하는 것도 좋은 출발점이 될 수 있다. 성공적인 레퍼런스를 만든 후 점차 전국으로 확대해 나가는 전략이 유효하다.

둘째, 'BSS 얼라이언스' 구축이다. BSS 생태계는 어느 한 기업의 힘만으로는 만들 수 없다. 정부가 제도적 판을 깔아주고, 확장성 확보를 위해, 배터리의 물리적 규격보다 BMS 정보 공유 기반의 협력이 중요하다. 완성차 기업과는 표준화를 전제로 한 협업보다는 시스템 호환성과 기술 개방성을 중심으로 연계해야 한다. 배터리셀 제조사와는 저비용·고안정성의 LFP 배터리 기술 고도화를 함께 추진할 필요가 있다. 아울러 자율주행, 택시 플랫폼, 물류회사, 항만공사 등 기업들이 과감한 투자와 운영을 담당하며, 혁신적인 아이디어를 가진 스타트업들이 새로운 서비스 모델을 제시하는 '오픈 이노베이션' 체계가 필수적이다. 이러한 얼라이언스를 통해 BSS의 실증과 사업화 속도를 높여야 한다. 이처럼 기술 공유와 산업 간 협력에 기반한 얼라이언스는 한국형 BSS의 빠른 확산을 가능하게 할 것이다. 이는 전기차 충전 인프라를 넘어, 미래 스마트 모빌리티 생태계의 핵심 인프라로 발전할 것이다.

"오늘 우리가 무심코 지나치는 주유소가 10년 뒤, 5분 만에 배터리를 갈아 끼우는 교체 스테이션으로 바뀌어 있다면, 우리의 도시와 물류, 그리고 환경은 어떻게 달라져 있을까?"

BSS는 단순히 자동차 기술의 하나가 아니다. 그것은 우리의 일과 삶, 그리고 우리가 살아갈 미래 환경을 바꾸는 거대한 변화의 시작점이다. 5분의 기적을 현실로 만드는 여정, 그 위대한 첫걸음은 바로 지금 우리의 선택에 달려 있다.

하늘을 친환경으로 물들이다

SAF·전기·수소 항공기가
만드는 지속가능한 항공물류

이헌수

한국항공대학교 명예교수 | hslee@kau.ac.kr

한국항공대학교 항공교통물류학부 명예교수이자, (사)한국물류산업정책연구원 원장, 우수물류기업 성장전략 포럼 의장 직을 맡고있다. 한국로지스틱스학회 회장, Asia Logistics Society 부회장, (사)아시아경영전략연구원 원장, 국가물류정책위원을 지냈으며, 항공물류, 글로벌 SCM, 국제물류 관련 강의, 연구, 자문 활동을 하고 있다.

비행의 대가, 항공 탄소 배출의 실체? 숫자로 보는 예상 밖의 현실

하늘을 나는 비행기가 환경에 미치는 영향의 규모를 살펴보면, 2023년 기준으로 전세계 운송 분야에서 발생한 탄소 배출량 약 80억 톤 가운데 항공 분야가 차지하는 비중은 9.9%에 달한다. 도로 운송이 75.2%로 압도적이지만, 항공기 이용객 수와 화물 처리량을 고려하면 항공업계의 탄소 배출량은 결코 적지 않은 수준이다.

더욱 주목할 점은 증가 속도이다. 1990년과 비교해 2023년까지 항공 분야의 탄소 배출량은 무려 90%나 늘어났고, 코로나19 팬데믹 이전인 2019년까지로 보면 그 증가율은 140%에 달한다. 전체 운송업계의 증가율 78%와 비교하면 거의 두 배에 가까운 속도로 늘어났다. 이는 항공 여행이 그만큼 대중화되고 활발해졌다는 의미이기도 하지만, 동시에 환경에 대한 부담도 빠르게 커지고 있다는 뜻이다.

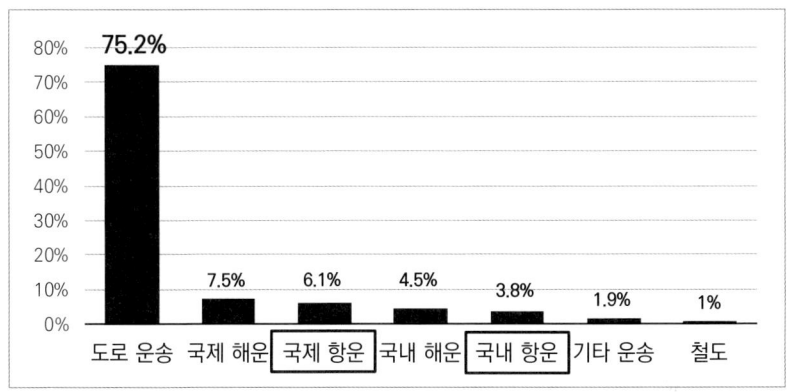

[그림 1] 2023년 운송 수단별 탄소 배출 비율 자료: Climate TRACE 2025.1

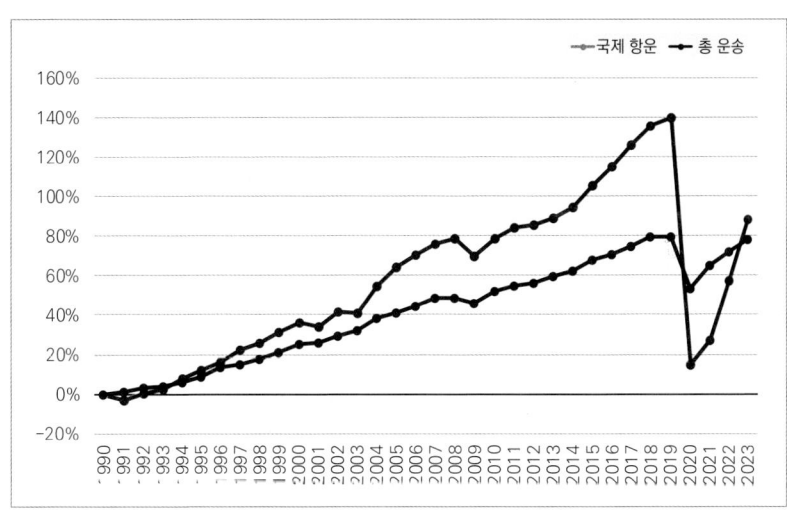

[그림 2] '90년 대비 세계 항공/운송 탄소 배출량 증가율 자료: Statista 2024.9

이러한 상황으로 인해 국제적으로 항공업계를 향한 환경 규제가 점점 엄격해지고 있다. 특히 국제민간항공기구(ICAO)가 운영하는 'CORSIA'라는 제도가 주목받고 있는데, 이는 '국제항공 탄소상쇄 및 감축 제도'의

줄임말로, 항공업계의 탄소중립을 목표로 하는 국제 규약이다.

CORSIA의 핵심은 간단하다. 2019년 수준을 기준으로 탄소 배출량을 동결하고, 그 기준을 넘어서는 부분에 대해서는 배출권을 구매해 상쇄하라는 것이다. 마치 탄소 배출의 '상한선'을 정해둔 것과 같다. 현재는 2021년부터 2026년까지 자발적 참여 기간이지만, 우리나라 9개 국적 항공사가 이미 참여하고 있으며, 2027년부터는 의무화될 예정이다.

문제는 코로나19 이후 항공 수요가 다시 급증하면서 탄소 배출량도 함께 늘어나고 있다는 점이다. 이는 배출권 구매 비용의 증가로 이어지고, 결국 항공료 인상이라는 부메랑이 되어 소비자에게 돌아올 가능성이 높다. 항공업계로서는 생존이 걸린 문제가 된 것이다.

탄소 감축, 항공업계의 미래와 생존을 좌우할 과제

온실가스를 줄이는 것은 이제 항공업계에게 선택이 아닌 필수가 되었다. 실제로 프랑스 같은 나라에서는 탄소 배출을 줄이기 위해 아예 국내 단거리 항공편 운항을 제한하고 기차 이용을 권장하는 정책을 시행하고 있다.

더욱이 최근 비행 중 난기류를 만나는 일이 잦아지고 있는데, 이는 기후 변화의 직접적인 영향으로 보인다. 지구 온난화로 인해 기후가 불안정해지고 제트기류의 패턴이 변하면서 자연재해가 증가하고 있고, 대기 온도 상승으로 공기 밀도까지 변화하고 있다. 이 모든 것들이 항공편 지연과 운항 비용 증가의 원인이 되고 있어, 항공사들은 기상 데이터를 분석하고 전문 기상팀을 운영하는 등 다양한 대응책을 마련하고 있다.

그렇다면 항공업계는 어떤 해법을 찾고 있는가? 전기 및 수소 항공기

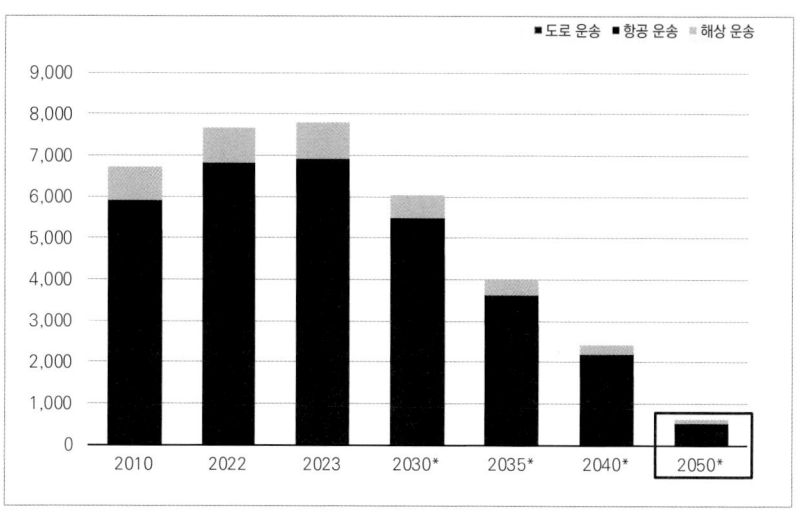

[그림 3] 2010-23년 세계 운송수단 탄소 배출량(단위: 백만 톤)과 2050년까지 탄소 제로에 따른 예측(모드별) 자료: Statista, IEA 2024.10

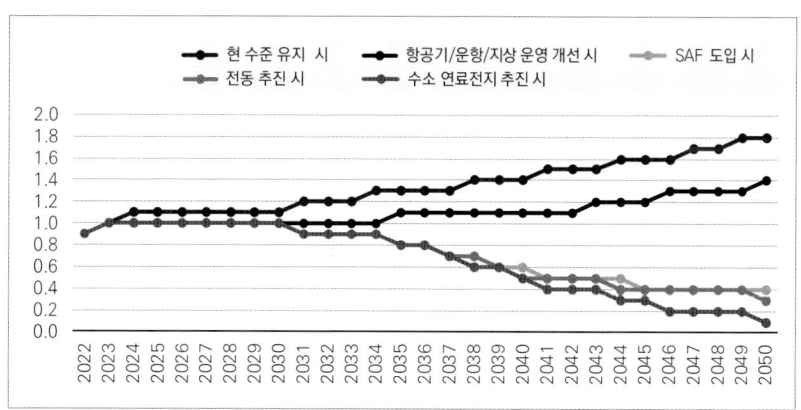

[그림 4] 시나리오별 2022-50년 항공 산업의 예상 CO_2 배출량(단위: 10억 톤)
자료: Oliver Wyman 2022.1

개발, 더 가벼운 소재로의 전환, 연료 효율을 높이는 기술 등이 활발히 연구되고 있다. 하지만 이런 첨단 기술들은 개발에 오랜 시간이 걸리고 투자 비용도 만만치 않다.

실제로 2050년 탄소 제로 시나리오를 살펴보면, 도로 운송은 2023년 60억 톤에서 2050년 3.4억 톤으로 대폭 감소할 것으로 예상되는 반면, 항공은 2.1억 톤 수준에 머물 것으로 전망된다. 즉, 다른 운송 수단에 비해 항공업계의 탄소 감축은 상당히 어려운 과제라는 뜻이다.

그렇다면 각각의 기술이 얼마나 효과적일까? 2022년부터 2050년까지의 감축 시나리오를 보면 흥미로운 결과를 확인할 수 있다. 현재 수준을 유지할 경우 2050년 탄소 배출량은 약 18억 톤에 이를 것으로 예상되지만, 항공기 성능 개선과 운항 효율 향상만으로도 14억 톤까지 줄일 수 있다.

여기서 진정한 게임 체인저는 지속가능항공유(SAF)이다. SAF를 도입하면 4억 톤까지 감축이 가능하고, 전기 항공기는 3억 톤, 수소 연료전지 항공기는 1억 톤까지 줄일 수 있을 것으로 예측된다.

하지만 각 기술마다 넘어야 할 산이 있다. 전기 항공기는 배터리가 무겁고 충전 인프라가 부족하며 항속거리에 제한이 있다. 수소 항공기는 장거리 운항에는 유리하지만 수소의 생산·저장·운송 인프라 구축에 막대한 비용이 든다. 결국 현실적으로 가장 빨리 도입할 수 있는 대안이 바로 SAF이다.

SAF, 비용을 넘어선 지속가능한 선택

지속가능항공유(SAF)는 항공업계가 찾은 현실적인 해답이다. 국제민간항공기구(ICAO)와 국제항공운송협회(IATA)는 2020년부터 SAF를 2050년 탄소중립의 핵심 전략으로 적극 지원하고 있다.

하지만 현실은 아직 험난하다. 2025년 SAF 예상 생산량은 약 200만 톤으로, 이는 전체 항공 연료 수요의 고작 0.7%에 불과하다. 더욱이 2030년까지 SAF에 대한 수요는 현재보다 10배 이상 증가할 것으로 전망되어, 공급 부족 현상은 상당 기간 지속될 것으로 보인다.

우리나라에서도 SAF 상용화가 서서히 시작되고 있다. SK에너지는 2024년부터 연간 수천 톤 규모로 SAF를 상업 생산하기 시작했고, 2025년 초 대한항공에 공급했다. 에쓰오일(S-Oil)도 시범 생산을 통해 대한항공의 인천-하네다 노선에 SAF를 시험 공급한 사례가 있다.

하지만 SAF 도입에는 여러 난관이 기다리고 있다.

비싸도 써야 하는 이유: SAF의 현실과 딜레마

첫째, 비용 문제이다. 유럽의 경우 SAF 가격이 기존 제트연료보다 2~5배나 비싸다. 항공사 입장에서는 엄청난 부담이다.

둘째, 공급과 인프라 부족이다. 전세계적으로 SAF 생산량이 수요에 턱없이 못 미치고, SAF를 혼합·저장·유통할 인프라도 부족한 상황이다.

셋째, 정책과 규제의 혼재이다. 국가별로 SAF 관련 정책이 제각각이라 기업들이 투자를 망설이게 된다.

넷째, 원료 확보의 어려움이다. SAF는 폐식용유, 농업 폐기물, 조류 등을 원료로 하는데, 이런 지속가능한 자원은 양이 제한적이고 다른 산업과의 경쟁도 치열하다.

이러한 문제들을 해결하기 위한 방안들도 속속 등장하고 있다.

정책 지원 강화가 핵심이다. 각국 정부는 보조금이나 세액 공제 제도(미국의 인플레이션 감축법 같은)를 통해 SAF 투자 위험을 줄이고 가격 경쟁력을 높여야 한다.

기술 개발과 투자도 병행되어야 한다. 폐식용유(UCO)나 재생합성연료 (e-fuel) 등을 활용한 SAF 개발을 촉진하고, 정제 효율을 높이는 기술에 대한 지원이 필요하다.

국제 협력도 필수적이다. 항공사, 정유사, 정부가 함께 참여하는 공동 프로젝트나 장기 구매 계약을 통해 SAF 시장의 안정성을 확보해야 한다.

정부가 나서는 이유: 국내외 SAF 정책 종합 분석

전세계적으로 SAF 확산을 위한 정책들이 활발히 추진되고 있다.

SAF 사용 의무화가 대표적이다. 유럽의 ReFuelEU 법안은 SAF 혼합 비율을 2025년 2%에서 2050년 70%로 확대하는 야심찬 계획을 담고 있다. 인도, 일본, 브라질 등에서도 비슷한 정책이 논의되고 있다.

탄소 과세 정책도 중요한 수단이다. 이산화탄소에 적절한 세금을 부과해 친환경 연료와 기존 연료 간의 가격 차이를 줄이고, 확보된 세수를 산업의 탈탄소화에 재투자하는 선순환 구조를 만들고 있다.

재정 인센티브도 마련되고 있다. SAF 생산자에게 세액 공제나 수익 보장을 제공하고, SAF 사용 비율이 높은 항공사에게는 공항 차원에서 혜택을 주는 사례도 늘고 있다. 런던 히드로 공항이 대표적인 예이다.

우리나라도 SAF 확산을 위한 정책을 본격화하고 있다. 2024년부터 SAF를 활용한 국제선 상용 운항이 시작되었고, 같은 해 8월에는 국산 SAF를 사용한 대한항공의 인천-하네다 노선에서 주 1회 SAF 1% 혼합 급유가 이루어졌다.

2026년까지는 항공사 9개사, 정유사 5개사, 공항공사 2개사가 참여하는 민관 협력 체계를 구축하고, SAF를 사용하는 항공사에게 국제항공

운수권 배점을 높여주는 인센티브를 제공할 예정이다.

2027년부터는 SAF 혼합 의무화 제도가 도입되는데, 흥미로운 점은 항공료 부담을 최소화하기 위한 다양한 방안들이 함께 검토되고 있다는 것이다. SAF 항공편 이용객에게 마일리지나 포인트를 적립해주는 '항공탄소마일리지 제도'가 대표적이다.

우리 지갑에 미칠 영향: 항공료 인상, 얼마나 오를까? 항공 수요에 대한 영향은?

결국 소비자들이 가장 궁금해하는 것은 "SAF 때문에 항공료가 얼마나 오를까?"일 것이다. 전문가들은 장거리 노선 기준으로 항공료가 약 10~15% 인상될 수 있다고 추정한다. 이는 연료비가 전체 운항 비용의 33%를 차지하고, SAF 가격이 기존 항공유의 3배, 탄소배출권 비용이 승객 1인당 20달러, SAF 혼합 비율이 30~50%라고 가정한 수치이다.

항공료가 10% 오르면 비즈니스 수요는 6~10%, 레저 수요는 12~18% 감소할 것으로 분석된다. 다만 대체 교통수단이 제한적인 중장거리 노선에서는 수요 감소 폭이 작을 것으로 예상되고, 저비용항공사(LCC)나 가격에 민감한 여행객들에게는 상대적으로 더 큰 영향을 미칠 것으로 보인다.

하지만 장기적으로는 희망적이다. SAF 생산 비용이 점차 낮아지고, 전기 및 수소 항공기 전환이 이루어지면서 항공료 상승 폭은 둔화될 것으로 전망된다. 정부의 보조금과 세액 공제, 항공사의 효율적 운영, 탄소중립 항공권에 대한 마일리지 보상 등을 통해 수요 감소를 완화할 수 있을 것으로 보인다.

하늘을 바꾸는 전기 항공기, 상용화는 얼마나 가까운가?

전기 항공기는 언제쯤 실제로 하늘을 날 수 있을까? 전문가들은 2025년부터 2035년 사이에 본격적인 상용화가 이루어질 것으로 예측한다. 처음에는 지역 간 단거리 여객 운송, 조종사 훈련, 관광용 에어택시, 도서·산간 지역 연결 등에서 우선 활용될 것으로 보인다.

전기 항공기의 매력은 확실하다. 비행 중 탄소 배출이 전혀 없고, 소음도 훨씬 적으며, 무엇보다 운영비가 기존 항공기의 10분의 1 수준이라는 점이 놀랍다. 연료비와 유지비가 대폭 절감되는 것이다.

물론 한계도 있다. 현재 배터리 기술로는 800km 이하의 단거리 노선이 주요 타겟이 된다. 하지만 이런 단거리 노선이 전세계 항공편의 45%를 차지하고, 전체 탄소 배출량의 17%가 여기서 발생한다는 점을 고려하면 결코 작은 시장이 아니다.

실제로 2022년 기준 전기 항공기의 순항 에너지 효율성은 기존 화석 연료 항공기보다 두 배 이상 높게 나타났다. 특히 소형 항공기의 경우 그 차이가 더욱 크다.

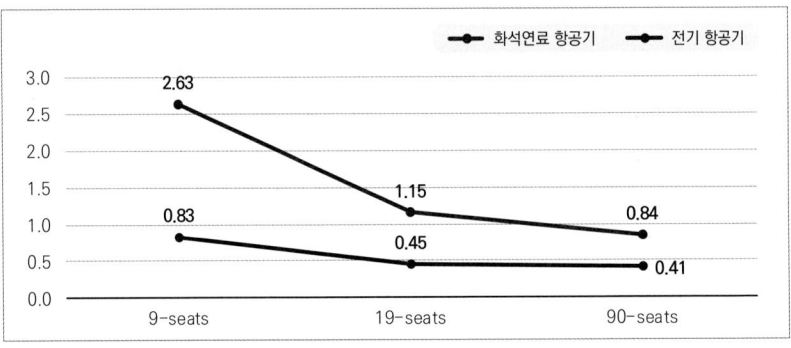

[그림 5] 2022년 전기 및 화석 연료 항공기의 순항 에너지 효율성(단위: MJ/RPK)
자료: Statista, IEA 2024.10

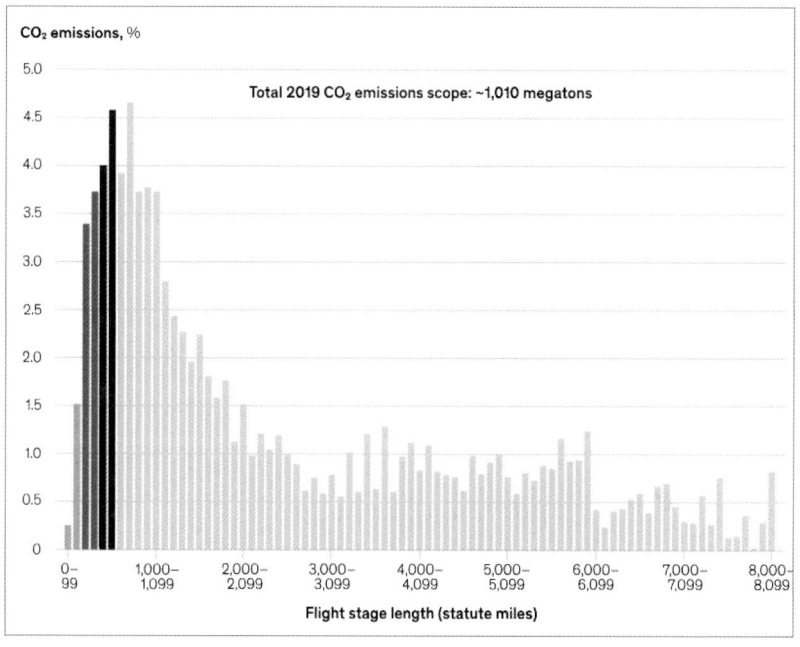

[그림 6] 2019년 비행 단계 길이 별 세계 상업 항공 CO2 배출량 비율(%)
자료: Oliver Wyman 2022,1

2025년부터 시작되는 전기 하늘길 혁명

전세계적으로 전기 항공기 개발이 활발하다. 스웨덴의 하트 에어로스페이스는 19~30인승 전기 항공기 ES-19, ES-30을 개발 중이며, 비행거리는 200~400km로 예상된다. 유나이티드항공과 에어캐나다가 이미 선주문했고, 2026~2028년 상용화를 목표로 하고 있다.

미국의 라이트 일렉트릭은 180인승 하이브리드 전기 항공기 Wright 1을 개발 중이며, 이지젯(EasyJet)과 협력해 2027~2030년 상용화를 계획하고 있다.

Eviation Alice
(전기 항공기)
(운항개시: 2022.9.27)

Empaire Eco Caravan
(하이브리드항공기)
(운항개시: 2022.11.18)

ZeroAvia HyFlyer II
(하이브리드항공기)
(운항개시: 2023.1.19)

Universal Hydrogen
(수소 항공기)
(운항개시: 2023.3.2)

[그림 7] 최근 개발된 전기/수소 항공기 자료: AIAA, 2023.6

Heart Aerospace
Electric Aircraft

Pratt & Whitney, Collins Aerospace
Hybrid-Electric Aircraft

EPFD / NASA, GE Aerospace, magniX
Hybrid-Electric Aircraft

Wright Electric
Electric Aircraft

image9.jpg
ZEROe Hydrogen Aircraft

magniX, Tier 1
Electric Helicopter

Wisk Aero
e-VTOL Air Tax-4-seat

[그림 8] 개발 중인 전기/수소 항공기 자료: AIAA, 2023.6

배터리 vs 항속거리: 아직 풀리지 않은 숙제들

하지만 전기 항공기 상용화에도 여러 장애물이 있다.

배터리 에너지 밀도 문제가 가장 크다. 현재 리튬이온 배터리는 무게 대비 에너지 출력이 낮아, 제트연료와 같은 수준의 에너지를 얻으려면 약 50배 무거운 배터리가 필요하다. 이는 항속거리와 탑재량에 직접적인 제약을 가한다.

안전 인증과 규제문제도 있다. 전기 항공기에 대한 안전 기준과 인증 체계가 아직 충분히 마련되지 않아 상용화의 걸림돌이 되고 있다.

충전 인프라 부족은 또 다른 큰 문제이다. 전기 항공기 충전은 공항의 전력 수요를 기존보다 6~7배까지 증가시킬 수 있는데, 대부분의 공항은 2~3배 수준까지만 수용 가능하다. 그 이상은 전력망 대대적 업그레이드가 필요하다.

전력 생산 과정의 탄소 배출도 고려해야 한다. 전기를 만드는 과정에서 탄소가 배출되면 전기 항공기의 전체적인 탄소 감축 효과가 떨어질 수 있다.

경제성 확보도 과제이다. 높은 연구개발 비용과 배터리 교체 비용 등이 부담으로 작용한다.

전기 항공기 상용화를 위한 기술과 인프라의 대전환

이러한 문제들을 해결하기 위한 노력도 활발하다.

NASA의 SABERS 프로젝트에서는 비가연성이고 고에너지 밀도를 가지며 최대 150도에서까지 작동 가능한 고체 전지를 개발하고 있다. 게임을 바꿀 수 있는 기술이다.

전기모터와 내연기관을 결합한 하이브리드 전기 시스템을 통해 항속거리를 확보하고 배터리 의존도를 줄이는 방식도 검토되고 있다.

충전 전력을 태양광이나 풍력 등 재생에너지와 연계하여 전체 탄소 배출을 최소화하는 전략도 중요하고, 정부와 공항, 항공기 제조사 간의 협력을 통한 인프라 공동 구축과 리스크 분담도 필수적인 대응 방안으로 제시되고 있다.

수소 항공기는 게임 체인저가 될 수 있을까?

수소 항공기는 전기 항공기보다 한 발 늦지만, 더 큰 가능성을 보여준다. 전문가들은 2030년대 후반부터 수소 연료전지를 활용한 완전 전기식 항공기의 상용화가 시작될 것으로 전망한다. 본격적인 상용화는 2040년대 중후반에 이루어질 것으로 예상되며, 80~200인승 항공기와 500~3,000㎞ 거리의 중단거리 노선이 주요 적용 대상이 될 것이다.

수소 항공기가 특히 주목받는 이유는 NASA에 따르면 2050년까지 탄소 배출량을 완전히 없앨 수 있는 유일한 연료로 판단되기 때문이다. 2050년 탄소중립 항공 실현을 위한 가장 유망한 장기적 대안이다.

2040년 수소 항공기 상용화, 현실이 될 수 있을까?

에어버스가 수소 항공기 개발의 선두 주자이다. 200명의 승객을 수용하고 3,200㎞를 비행할 수 있는 터보팬 항공기를 개발 중이며, 동시에

'수소 허브(Hydrogen Hub)' 프로그램을 통해 전세계 220개 이상의 공항, 에너지 기업, 항공사와 협력하고 있다.

우리나라에서도 인천국제공항이 에어버스, 에어리퀴드, 대한항공과 함께 액화수소 인프라 구축 로드맵을 수립하고, 수소 항공기 도입을 위한 지상 운용

[그림 9] 에어버스 수소 여객기 콘셉트 디자인. 위로부터 터보팬, 일체형, 터보프롭 여객기 자료: Airbus

시나리오 개발과 수소 충전소 및 물류 시스템 실증 사업을 공동으로 추진하고 있다.

전세계적으로도 관심이 뜨겁다. 2025년 1월 기준으로 35개 항공사가 수소 항공기 프로젝트에 참여하고 있으며, 이는 2023년 말 대비 두 배 이상 증가한 수치이다.

시장 규모 전망도 밝다. 전기 항공기 시장은 2021년 약 480만달러에서 2025년 34억달러, 2026년 66억달러까지 급성장할 것으로 예상된다. 수소 항공기 시장도 2021년부터 2030년까지 꾸준히 확대되어 2030년에는

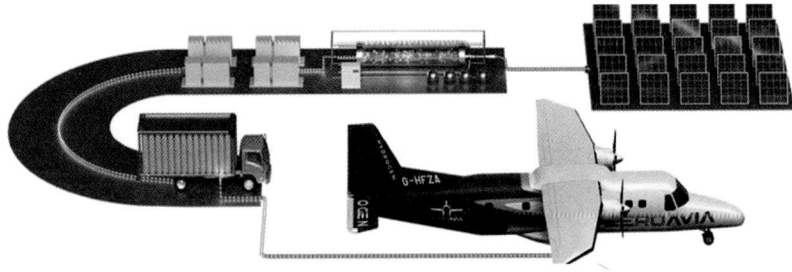

[그림 10] 수소 허브로서의 공항 자료: Paris Air Show 2023.6, https://www.zeroavia.com

약 17억달러에 이를 것으로 보인다.

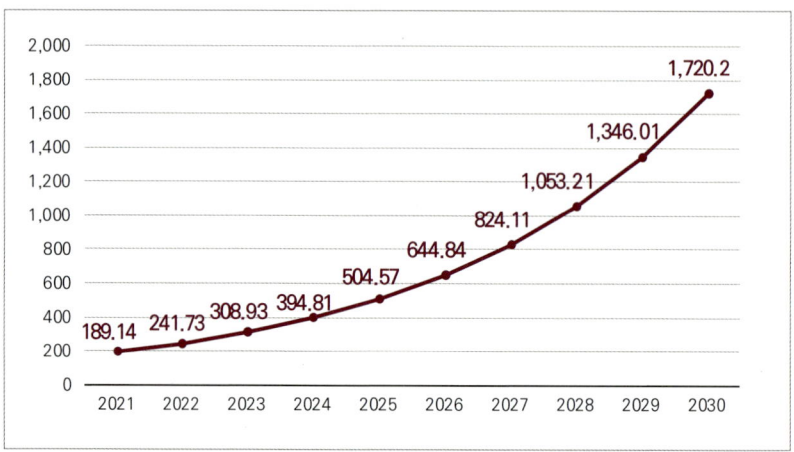

[그림 11] 2021-30년 세계 수소 항공기 시장 규모 (단위: 백만달러)
자료: Precedence Research 2022.4

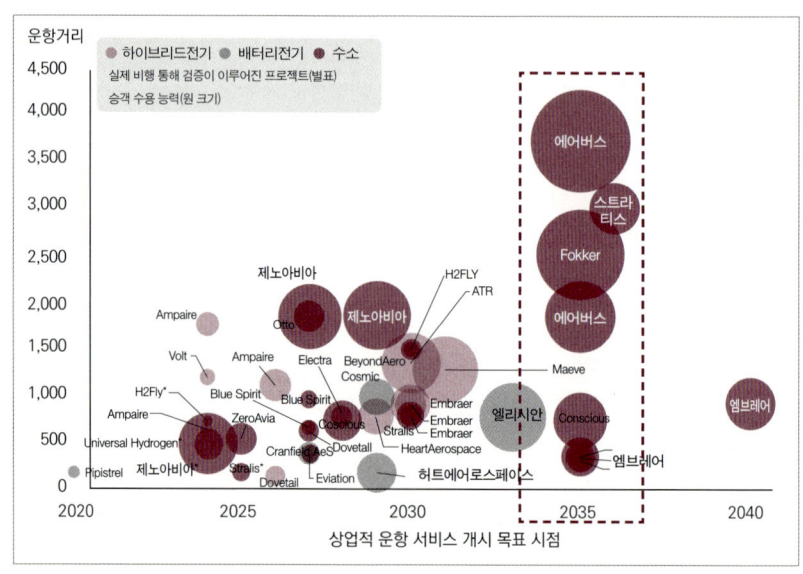

[그림 12] 수소, 배터리 및 하이브리드 전기 항공기 프로젝트 추진 현황
자료: IATA Sustainability and Economics

영하 253도의 연료를 실은 항공기, 수소 항공의 기술적 도전

하지만 수소 항공기 상용화에도 만만치 않은 과제들이 기다리고 있다.

연료 저장 문제가 가장 까다롭다. 액체 수소는 영하 253도라는 극저온에서 저장되어야 하기 때문에, 이를 위한 고성능 단열 탱크와 복합소재 기술이 필수적이다. 마치 하늘을 나는 초저온 저장소와 같다.

항공기 설계에서도 어려움이 있다. 수소는 부피당 에너지 밀도가 낮아 기존 항공기 구조로는 충분한 연료를 탑재하기 어렵다. 완전히 새로운 설계가 필요하다.

공항 인프라측면에서는 수소의 생산, 운송, 충전 관련 기반 시설이 거의 전무한 상황이다. 공항마다 수소 플랜트를 새로 건설해야 할 수도 있다.

국제적 안전 기준과 인증 체계도 아직 미비하다. 국제민간항공기구(ICAO), 유럽연합 항공안전청(EASA), 미국 연방항공청(FAA) 등 주요 기관의 기준이 마련되지 않아 상용화 일정에 영향을 줄 수 있다.

경제성 측면에서도 그린 수소의 생산 단가가 높고, 항공기 및 관련 인프라 개발에 수십억 달러 규모의 초기 투자가 필요하다는 점이 큰 부담이다.

수소 항공 시대를 향한 글로벌 청사진

이러한 문제들을 해결하기 위한 혁신적인 대응 방안들도 속속 등장하고 있다.

NASA는 항공기 시스템의 에너지 밀도를 2~3배 향상시키기 위해 복합재 기반의 극저온 연료탱크와 기내 연료 관리 시스템, 연료전지 통합 기술을 개발하고 있다. 에어버스는 블렌디드 윙 바디 구조나 동체 확장형 설계를 제안하고 있으며, NASA는 CH$_2$ARGE 프로젝트를 통해 수소 연료전지 기반 중형 항공기 설계 및 실증 로드맵을 추진하고 있다.

인프라 구축을 위해서는 미국 연방항공청(FAA)과 미국 국립 재생에너지 연구소(NREL)가 공항 내 수소 인프라 구축 가이드라인을 공동 개발 중이며, 일부 공항에서는 수소 허브 개념을 도입하고 있다.

실제 사례도 나오고 있다. 이지젯과 브리스톨 공항은 수소 기반 지상 장비 실증과 공항 내 수소 충전 실험을 통해 수소 연료 취급 및 안전 기준 마련을 위한 첫 사례를 만들고 있다. IATA는 수소 항공기 도입을 위한 국제 협력 및 규제 정비 로드맵을 제안했다.

경제성 확보를 위해서는 정부 보조금, 탄소세, 지속가능 항공 연료와의 혼합 전략, 민관 협력 등을 통해 초기 비용 부담을 줄이려는 노력이 활발히 진행되고 있다.

친환경 공항 시대: 전세계 645곳 vs 한국 1곳의 격차

항공기만 친환경으로 바뀐다고 해서 끝이 아니다. 공항 자체도 친환경으로 거듭나야 한다. 이를 위해 국제공항협의회(ACI)가 주관하는 '공항 탄소 인증제도(Airport Carbon Accreditation, ACA)'가 운영되고 있다. 이는 세계에서 유일한 공항 탄소 관리 인증 프로그램으로, 공항의 탄소 배출을 측정하고 감축하며 상쇄하는 노력을 7단계로 평가해 인증을 부여한다.

2024년 기준으로 전세계 645개 공항이 이 인증을 받았는데, 국가별 현황을 보면 흥미로운 차이가 드러난다. 미국은 64개, 인도는 30개, 영국은 24개 공항이 인증을 받은 반면, 우리나라는 고작 1개 공항만 4단계 인증을 받았다. 공항의 탄소 인증 수준에서 우리나라가 아직 많이 뒤처져 있다는 뜻이다.

〈표 1〉 인증 단계(Levels) 개요 및 단계별 공항

단계	내용	공항
Level 1: 측정	탄소 배출량 측정	Miami, Leipzig 공항 등 145개
Level 2: 감축	탄소 배출량 감소를 위한 탄소 관리	Pittsburgh 공항 등 196개
Level 3: 최적화	탄소 배출 감소 위한 제3자 참여	JFK, Changi 공항 등 155개
Level 3+: 탄소 중립	상쇄를 통한 직접 배출에 대한 탄소 중립성 확보	Hamburg, Stansted 공항 등 30개
Level 4: 탄소 전환	공항/비즈니스 파트너의 운영 혁신 통한 절대적인 배출량 감소 달성	인천, Hong Kong, Dubai, LAX, Narita 공항 등 47개
Level 4+: 탄소 중립 전환	국제 인정 상쇄 수단을 통한 공항이 통제하는 잔여 탄소 배출량 상쇄	Heathrow, Vancouver 공항 등 52개
Level 5: 탄소제로	전체 운영에서 실질적 탄소중립 달성	Schiphol, New Delhi 공항 등 20개

자료: Airport Carbon Accreditation(ACA)

2023년 기준으로 지속가능항공유(SAF)를 공급하는 공항은 전세계 96개이며, 이 중 63개 공항에서는 정기적으로 SAF를 공급하고 있다. 2015년에 단 한 곳의 공항만 SAF를 공급하던 것과 비교하면 괄목할 만한 성장이다.

지속가능한 공항의 설계 전략

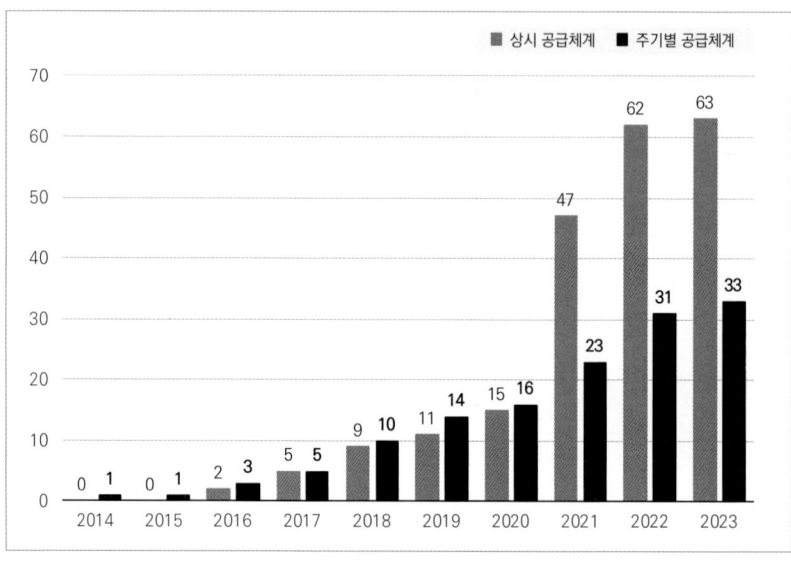

[그림 13] 2014-23년 배달 유형별 SAF 공급 공항 수 자료: ICAO 2023.2

지속가능한 공항을 만들기 위해서는 초기 계획 단계부터 환경적 요소를 고려하는 것이 중요하다.

싱가포르 창이공항은 설계 및 건설 단계에서부터 친환경적 요소를 적극 반영하여 환경친화적 랜드마크로 조성되었다.

미국 샌프란시스코공항은 태양광 발전을 활용한 재생

[그림 14] 창이공항의 친환경 공항 건설 사례
자료: Changi Airport website

에너지 시스템을 구축했다.

독일 뮌헨공항은 수소 연료의 생산과 공급 시스템을 도입해 탄소 배출을 줄이고 지속가능한 에너지 자립 구조를 마련했다.

SAF 공급부터 수소 허브까지, 공항 인프라 혁신 프로젝트

공항에서 SAF를 혼합하고 저장하며 공급하기 위한 인프라는 어떻게 구축해야 할까?

일반적으로 SAF는 기존 제트연료와 혼합된 후 공항의 연료 저장소로 공급된다. 소량이거나 100% SAF로 운항하는 항공기의 경우에는 전용 연료 트럭을 통해 특정 항공기에 직접 공급하는 방식이 사용된다.

현재는 비용이 상대적으로 저렴한 공동 처리 경로, 즉 바이오 원료와

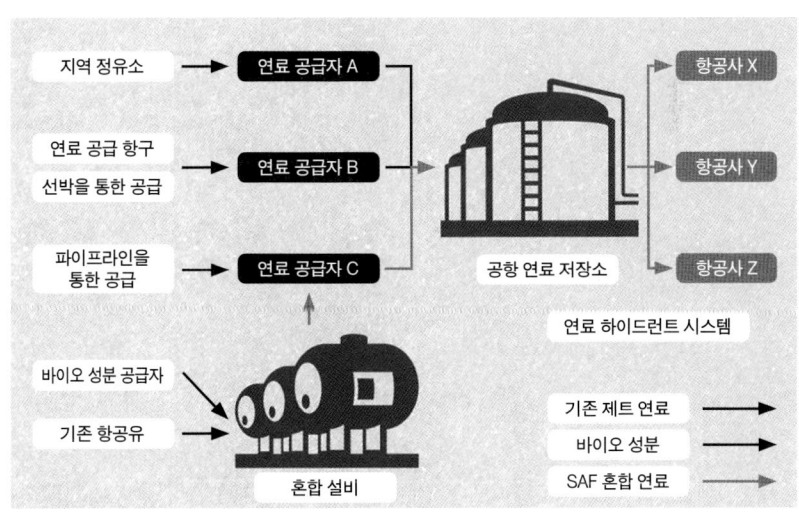

[그림 15] 공항 연계 SAF 혼합, 저장, 공급 인프라
자료: ICAO - SAF Logistics (ACT-SAF Series #7) 기반으로 작성

기존 제트연료를 정제소에서 함께 처리하는 방식으로 생산된 SAF가 이미 혼합된 상태로 공급되고 있다. 이 혼합 비율은 기존 5% 수준에서 최대 30%까지 확대될 수 있다.

[그림 16] 전기 지상조업장비 충전기 자료: Gse Expo 2025

다른 방식으로는 SAF와 제트연료를 각각 별도의 탱크에 저장한 뒤, 세 번째 탱크에서 혼합하는 방식

[그림 17] 전기 항공기 충전 인프라 자료: FAA 2024.8.28

도 활용된다. 공항에서는 혼합된 SAF를 파이프라인, 철도, 바지선, 연료트럭 등을 통해 공급받을 수 있으며, 인프라를 일부 개조하면 SAF를 일반 연료 저장 탱크에 저장하는 것도 가능하다.

전기 항공기 시대를 대비한 공항의 준비도 시급하다. 가장 큰 문제는 기존 공항의 전력망 용량이 충분하지 않다는 점이다. 전기 항공기 충전은 공항의 전력 수요를 6~7배까지 증가시킬 수 있는데, 대부분의 공항은 2~3배 수준까지만 감당할 수 있다.

이러한 상황에서 새로 건설되는 공항들은 충분한 전력망 확보와 함께 충전 표준에 기반한 시스템을 구축함으로써 차별적 경쟁 우위를 확보할 수 있다.

특히 eVTOL(전기 수직이착륙 항공기) 등 도심항공모빌리티(UAM)의 핵심 수단을 위한 인프라 구축이 중요한 과제로 떠오르고 있다. 이를 위해 전기 및 수소 기반의 버티포트 인프라가 마련되고 있다.

태양광 발전 등 재생에너지 기반의 전력망을 구축하고 이를 전기 항공기 충전 시스템 및 수소 허브와 연계하는 방식도 추진되고 있다. 전기 항공기 충전 인프라는 항공기뿐만 아니라 지상 조업 장비(GSE), 셔틀버스, 렌터카 등 다양한 분야에서도 활용될 수 있어, 종합적인 에너지 수요 파악이 중요하다.

친환경 공항의 미래, 수소 허브가 이끈다

미래의 수소 항공기 시대를 대비하기 위해, 공항 중심의 수소 허브 개발이 점점 더 중요해지고 있다. 수소 허브는 단순한 연료 공급소를 넘어, 친환경 수소 생산, 저장, 운송, 활용까지 아우르는 통합 에너지 생태계로 기능한다.

핵심은 공항 인근에 친환경 수소 생산 플랜트를 구축하고, 액화수소 저장소를 포함한 저장 및 공급 시스템, 수소 물류 체계, 항공기용 수소 충전소, 수소 기반 지상조업장비(GSE) 등을 통합적으로 갖춘 인프라를 조성하는 것이다.

이를 실현하기 위해서는 항공사, 공항 운영기관, 수소 기술 공급업체, 관련 인프라 개발 기업, 수소 항공기 제조사 등 다양한 이해관계자의 협력이 필수적이다. 또한 공항 배후지역의 도시 및 산업단지와 연계해 수소 연료 공급 체계를 확립하고, 해당 지역에 수소 생산 및 액화 시설을 구축하는 방안도 고려할 수 있다.

나아가, 해외 수소 항공기 취항 공항들과의 연계를 통해 공동 운항 네트워크를 구축하는 것은 수소 허브의 지속성과 확장성을 높이는 데 중요한 전략이 될 수 있다.

2050 탄소중립 항공, 실현 가능한 비전인가?

그렇다면 2050년 탄소중립이라는 야심찬 목표를 달성하기 위해서는 어떤 전략들이 얼마나 기여해야 할까? 국제항공운송협회(IATA)의 2024년 5월 분석에 따르면, 각 전략별 기여도가 구체적으로 제시되고 있다.

특히 주목할 점은 지속가능항공유(SAF) 사용이 전체 감축의 65%를 담당할 것으로 예상된다. 이는 SAF가 얼마나 중요한 역할을 하는지를 보여주는 수치이다.

탄소 상쇄 및 탄소 포집·저장·재활용 기술이 19%를 담당하고, 전기 항공기 및 수소 추진 엔진 등 신기술은 13%의 기여가 예상된다. 공항 인프라 및 운영 효율 개선은 3% 수준으로 분석되고 있다.

연도별 감축 목표를 보면 그 규모가 실감난다. 2021년부터 2025년까지 약 3억 8천만 톤, 2026년부터 2030년까지 약 9억 8천만 톤, 그리고 2046년부터 2050년까지는 무려 82억 톤의 감축이 목표로 설정되어 있다. 이 막대한 감축량은 SAF로의 전환과 새로운 항공기 기술 도입을 통해서만 달성 가능하다.

2050을 준비하는 항공산업의 5대 생존 전략

앞서 살펴본 친환경 전환 방향을 종합하면 다음과 같은 다섯 가지 축으로 정리할 수 있다.

첫째, 기술 개발 측면에서는 전기 및 수소 항공기, 고효율 엔진, 경량화 소재 등의 개발이 필요하다. 이는 항공업계의 근본적인 변화를 이끌 핵심 동력이다.

둘째, 연료 대체 전략으로는 SAF 생산 확대, 혼합 비율 의무화, 정부의 보조금 지원 등이 포함된다. 당장 실현 가능한 가장 현실적인 대안이다.

셋째, 운영 효율화 측면에서는 항로 최적화와 연료 절감 운항 기법의 도입이 요구된다. 기존 기술로도 상당한 효과를 낼 수 있는 분야이다.

넷째, 정책 개선을 위해서는 탄소세 도입, 배출권 거래제 운영, ESG 경영의 의무화 등이 필요하다. 정부와 국제기구의 역할이 결정적이다.

마지막으로 국제 협력 강화를 위해 국제민간항공기구(ICAO), 국제항공운송협회(IATA) 등과의 기술 및 정책 협력이 중요하게 다뤄지고 있다. 항공산업의 글로벌 특성상 국제 공조 없이는 성공할 수 없는 과제이다.

지속가능한 하늘, 선택이 아닌 생존의 과제

친환경 항공산업으로의 전환은 이제 선택이 아닌, 생존을 위한 필수 과제가 되었다. 기후 변화로 인한 운항 환경의 불안정성, 강화되는 국제 환경 규제, 높아진 소비자들의 환경 의식은 항공업계를 급격한 변화의 흐름 속으로 이끌고 있다.

그러나 이러한 변화는 동시에 새로운 기회의 문을 열고 있다. 지속가능항공유(SAF), 전기 항공기, 수소 항공기 등 혁신 기술은 새로운 시장을 창출하고 있으며, 친환경 공항 인프라의 구축은 미래 경쟁력의 핵심 자산으로 부상하고 있다.

물론 그 여정이 순탄하지만은 않을 것이다. 높은 비용, 기술적 제약, 인프라 부족, 국제 협력의 복잡성 등 다양한 도전 과제가 존재한다. 하지만 전세계가 공동의 목표를 향해 협력한다면, 2050년 탄소중립이라는 비전도 충분히 실현 가능하다.

결국 우리가 앞으로도 자유롭게 하늘을 날기 위해서는, 지금 이 순간부터 하늘을 지키는 노력이 필요하다. 친환경 항공산업으로의 전환은 그 여정의 첫걸음이다.